拉瑪那尊者

穆魯葛納

目次

第三章　上師和悟者

第四章　心思及其所造

第五章 實修

第六章　世界及其創造者

第八章　尊者對穆魯葛納的加持

譯序

蔡神鑫

本書記述印度靈性導師拉瑪那尊者的教誨精華。記錄者穆魯葛納是拉瑪那晚期極為卓越的親近信徒，在道場備受敬重，拉瑪那讚他是「高階的信徒，幾近悟道」[1]，兩人有莫逆於心的情誼。穆魯葛納感性豐沛，而悟性高明，廁身拉瑪那左右，聆聽教誨之餘，感性與悟性糅合流瀉，神理綿綿，匯為詩頌，譜寫成篇，名為〈獻給上師的花環〉，凡三〇五九則頌文；當今專研拉瑪那的國際知名學者大衛·高德曼擷其精華，彙編成一七五〇則，分體詮次，章節釐然，註解頌文，復廣泛援引拉瑪那教誨的文獻群籍，衍義頌文，參稽互證，使義蘊精微的教誨載述，體例完備，內容豐實，粲然可讀，書名《真我精粹》，成為拉瑪那教誨的扛鼎之作，今日全球的高階尋道者，無不奉為經典。

大衛·高德曼編輯三本重要的拉瑪那教誨總覽的書籍：《走向靜默，如你本來》、《真我精粹》、《真我語類》。其中《走向靜默，如你本來》[2]早期出版，風評甚佳，是教誨的初階版，本書《真我精粹》是教誨的進階版，《真我語類》體大思精，是教誨的權威版。三書並置以觀，則《真我精粹》內容精審，而立意警策，又可謂是《真我語類》的精華版，而三書皆是垂世經典、渡世津梁。今《真我精粹》中文版在台發行，昔之聖遠言湮，今而豁然在目，莫非拉瑪那之恩德惠然澤及全球華文讀者乎？

阿魯那拉佳！濕婆！

導讀

拉瑪那尊者的信徒中，穆魯葛納（1890-1973）是公認極為卓越又有影響力的智者。他曾祈請尊者譜寫《真理四十頌》（*Ulladu Narpadu*）及《教導精義》（*Upadesa Undiyar*）這兩部尊者的重要著作；他還記錄了尊者口述的教導，翻譯成八百餘則坦米爾文詩頌，並於尊者在世時發行，名為《真我語類》（*Guru Vachaka Kovai*），意思是上師的言論集。尊者親自完整校對了此書的初版，使其成為拉瑪那教誨最權威的作品。

一九二三年九月，穆魯葛納首度來到蒂魯瓦納瑪萊，訪見尊者。當時他是一套大部頭的坦米爾文辭典編纂委員會的成員。與尊者相遇是穆魯葛納生命中的重要時刻，因為他在初次面見尊者時，就感受到尊者的靈力和加持：

> 正如蠟塊接觸火焰而融化，一瞥見尊者的聖足，我的心思即刻消融，蕩然無存。有如犢牛見到牠的母親，我的心在聖足旁融化，歡欣逾恆，毛髮聳動。虔愛之情激盪，有如望見滿月的海水，澎湃不已。在「知」之大力〔chit-sakti，「知」中固有的力量〕的加持下，我的靈魂徜徉在妙樂裡。[1]

穆魯葛納在訪問尊者之前已寫詩多年，詩作主題不一。事實上，他第一次對尊者的供養就是他在首次赴訪尊者途中所作的詩篇。在面晤尊者並領受其靈力及加持之後不久，穆魯葛納慨然立誓，以後凡有譜寫詩頌，只載述尊者的教誨、頌揚其偉大，別無其他。其後五十年間，他信守誓言，只就這些主題譜寫了無數詩頌。這些詩頌，有些於尊者在世時出版，但大部分的詩頌只是手稿，甚至在穆魯葛納於一九七三年辭世後，仍未問世。

穆魯葛納於行將就木之時，指定沙度·翁姆（Sadhu Om）為其文稿的管理人，將其箱篋中未發表的文稿全部交付給他。在接下來的十年間，沙度·翁姆辛勤整理和編輯這些文稿。K·史瓦米那坦（K. Swaminathan）教授向來欽佩穆魯葛納及其詩頌，向印度政府提議資助德里的拉瑪那中心（Delhi Ramana Kendra）出版這些詩頌。結果，一部九大冊的坦米爾文詩頌問世，書名為《拉瑪那之真知覺醒》（*Sri Ramana Jnana Bodham*）。雖然這部書已出版七年，但其英文版仍然罕見。

這部鉅著的主題是什麼？大部分的詩頌是頌揚拉瑪那，和穆魯葛納表述對尊者的感激之情，並詳述他領受尊者加持的經歷，或詮釋尊者的教誨。然而，在第九冊中，有一篇長幅的詩頌，名為〈獻給上師的花環〉（*Padamalai*〔*A Garland for Padam*〕），是穆魯葛納聽聞尊者許多教誨而記錄下來的詩頌。〈獻給上師的花環〉內含詩頌三千零五十九則，其中泰半多是記錄拉瑪那尊者親身開示。這些教誨用"En Padam"作為每首詩頌的結語，可譯為「尊者如是說」。在這些詩頌中，"Padam"一詞出現了三千零五十九次，若句中出現"En Padam"，則這裡的Padam是指尊者本人。每當穆魯葛納讚美尊者或欲頌揚尊者的偉大，這個詞也指尊者本人。至於在詩頌的其他部分，"Padam"在字面上意指「聖足」，其同義詞則是「真我」。

本書體例

穆魯葛納譜寫〈獻給上師的花環〉時，並沒有刻意有系統地撰述尊者的教誨，他在引言寫道：

> 詩頌出現過的詩句，在後面的詩頌中又重複出現，這類重複正是頌文的要旨所在。相較於其他偉大的作品，這些詩頌並不大量呈現深奧的哲理，所以內容並不僵硬或隱晦；即使偶爾顯露一些隱微的哲理，表達得也像是蝸牛的足跡，並無彼此關聯或系統性。這樣的言辭出自一位瘋子、無明之人、虔愛者，所以很難加以分析解讀吧？因此，我認為這些詩頌是用來吟唱的，是我古怪的心之所向，又表達了對上主（即實相）的聖足極為清淨的憶念之情。有鑒於此，就讓有智慧而虔愛的信徒，認識並保有這部〈獻給上師的花環〉吧。這是因受加持而狂癲所誕生的作品，作為憶念上師的輔助手段，請以上述的真情實意吟誦它。

穆魯葛納傾向降低這些詩頌的重要性及哲學深度，這是出於他謙抑的本性。大體而言，這些詩頌是拉瑪那尊者對各種主題的重要論述。雖然穆魯葛納沒有對尊者的教誨做系統性的表述，但他譜寫的〈獻給上師的花環〉幾乎涵蓋了尊者教誨的全部面向，只是在涵蓋的層面上不太平均，有的議題有較多的篇幅，而有的幾乎沒有。

我決定從〈獻給上師的花環〉中精選詩頌，加以編輯，並譯成英文出版。編輯準則如下列諸項：

一、不採用全部的詩頌，因為全書中的詩頌，有許多觀念及教義幾乎雷同，我也剔除在翻譯或語義上有疑問的詩頌。最後，從三千零九十五則詩頌中，選出一千七百五十則作為定稿。

二、按主題編排詩頌，使尊者的教誨在各種議題上形成系統性的論述。因此，我編選詩頌組成主題，而有「真我」、「加持」、「探究真我」等議題。

三、為了釐清或詳釋教誨中的用語，我增加大量編註，其中大部分引句取自尊者。這些附加註文原先是尊者對詩頌中某些細緻觀念的解釋，偶爾也包括一些論點以及相關主題的闡述。

四、因為〈獻給上師的花環〉中的許多詩頌是穆魯葛納個人的表述，涉及真我本質、領受尊者的加持、尊者的偉大等議題，我將這些主題編排成專章。在第一章〈薄伽梵．拉瑪那尊者〉中，穆魯葛納描述了尊者的教誨方式，及尊者的偉大和特徵。在〈真我〉這一章，他闡述了真我的本質。在最後一章〈尊者對穆魯葛納的加持〉，他懍然述及尊者的靈力和示現，以及他所歷經的蛻變。其餘的章節則記錄了尊者口述的教誨。

五、儘管尊者的話大多以「尊者如是說」結尾，但我在翻譯時，決定省略這個詞，以避免詞語的重複。然而，我仍保留一些異詞變用，諸如「尊者乃是『知』，說道……」、「尊者警告……」，因為這些詞更能夠生動地呈現語氣，又可引起讀者對原文形式的聯想。

六、在尊者教誨的部分，我納入了其他一些詩頌，但不屬於「尊者如是說」的典型格式。在和本書其他譯者和編者充分討論後，我們一致認為這些詩頌都是出於尊者之口。這一結論來自以下兩個重要的特徵：

(一)〈獻給上師的花環〉的許多部分，是以一個主旨涵蓋若干詩頌，而形成系列頌文。這些載述尊者教誨的頌文，有的以「尊者如是說」結尾，有的沒有這樣。這類似於書寫英語散文上直接表述的語句，有的用「他說道」或「她說道」結尾，但有的則省略了。而且不管有沒有指出是誰說的話，全都是直接表述。

(二)〈獻給上師的花環〉的許多概念及教誨，都是不斷在複述，只有在格式上些微的差異而已。在某些地方，一句特殊的述語，以「尊者如是說」結尾，而同樣的概念，在書中其他地方，並沒有這樣的結尾。

我們得到的結論是，穆魯葛納以兩行頌句記載了尊者的教誨，已完成了頌文的格式，故在結尾省略了「尊者如是說」的屬性語詞。然而，實情顯示，我們在某種觀點上，是認同這些詩頌的，故全書詩頌中遇到沒有「尊者如是說」這類屬性語詞的頌文，就會在該則詩頌的編碼上以★星號表示。

七、我並未採用原書詩頌的序號編碼，而是在本書每章節的詩頌內文，都用「1,2,3,……」的序號重新編碼。書末的「頌文序號對照」部分，載明這些序號與〈獻給上師的花環〉原書詩頌序號的並列對照。

八、雖然〈獻給上師的花環〉的詩頌，並無前後順序的關聯，但在某些地方，穆魯葛納顯然在兩三則頌文上，展衍某個觀念。若有這種狀況，我便將這些頌文編列在一起。

九、本書有八個主要部分（章節），分別對應尊者教誨的不同面向，以及穆魯葛納對尊者的領受。每一部分的開頭，我先列載穆魯葛納的一些詩頌，摘自其他書籍。這些摘句或引文的出處，可在書末的「頌文序號對照及註釋」及「參考書目」尋閱。

十、我個人的註釋部分，在全書內文中，以黑體排印，而引述尊者及相關著作的文句，則以楷體排印。

誌謝

范卡塔蘇婆羅瑪尼恩博士（Dr. Venkatasubramanian）是第一位引起我注意到〈獻給上師的花環〉詩頌的人，他研究穆魯葛納的詩頌多年。范卡塔蘇婆羅瑪尼恩博士致力於穆魯葛納的著述計劃，包括坦米爾文版的《真我語類》鉅著，內含穆魯葛納本人的詩頌註釋。我們在這本《真我精粹》的出版事宜上，一起工作逾數個月，對於我們原先選取的詩頌，加以翻譯及修訂，所歷不知凡幾。二〇〇二年中，我們邀請羅伯・巴特勒（Robert Butler）參與我們的工作，羅伯曾將穆魯葛納的詩頌作品《拉瑪那的體驗》（*Sri Ramana Anubhuti*）譯成英文，因此深諳穆魯葛納的詩頌風格，以及在翻譯上遇到的特殊問題。我們三人，再次審閱全部的詩頌、修訂並改進英語譯文，也增添許多新的詩頌，以補充內文。這樣的編審進行中，我以主題的方式，編排全書的資料，並增加補充註釋及摘句引文。我完成全書初稿後，范卡塔蘇婆羅瑪尼恩博士再度通篇審閱，他建議適當調整詩頌的順序，及一些我所附加的額外資料，我採納了許多他的建議。最後的定稿，可謂是我們三人通力合作的版本，我在此向范卡塔蘇婆羅瑪尼恩博士及羅伯・巴特勒的付出，表達我的感激之情。他們對此出版計劃，全力奉獻，精誠與之，投注時光，歷時兩年，獲此成果。

同樣感謝德里的拉瑪那中心，准許我翻譯並出版《真我精粹》，也感謝拉瑪那道場主席，尊貴的V・S・拉瑪南（Sri V. S. Ramanan）先生，允許我大量引用道場的文獻資料，以及使用拉瑪那尊者與穆魯葛納的照片。

我願向一位匿名的信徒，表達我的感激之忱，他為本書首版的印製出版，捐款贊助，此舉讓我降低本書在印度的銷售價格。葛羅莉亞・李（Gloria Lee）設計本書封面，也一併在此誌謝。

若干人士，在本書出版之前，先已閱覽，指出書中少數偶見的訛誤，並提出十分有用的意見。我感謝凱倫・卡巴迪爾（Karen Kapadia）、安娜・洛莎蒂（Anna Losardi）、克里斯・莫爾（Chris Mohr）、達宋・蘇尼姆（Daesung Sunim）、娜迪雅・蘇塔拉（Nadhia Sutara）、薇奧莉卡・韋斯曼（Viorica Weissman）等。

大衛・高德曼
二〇〇四年三月
寫於阿魯那佳拉

第一章
薄伽梵・拉瑪那尊者

本初的上主啊！
你散發美麗的光輝
是住於信徒本心的「我─我」！
上主乃是真我，
超越頭腦的客體知識！
上主的公義，植於恩德！
上主巍然屹立，
聖足牢牢踩在追隨者所住的真我裡！
上主是（在捨棄一切後的）如其所是！
尊貴的拉瑪那，他的遊戲，是將我擁入他慈愛的懷抱中。

他所加持的法門，諸神皆不知曉。他以人們所認識的導師形相顯現，直入人心，聖潔的雙足踏在大地上，宛如智慧的曙光中閃爍的明亮寶石。2

讓我們牢牢憶念著自性上師拉瑪那，他住於真我之中。那個內在覺性的「我—我」，因無上的恩德，居於我本心的「我」之中，因此，我蒙受神聖寧靜的完整福佑，遠離招致傲慢與我執的自我欺騙。3

薄伽梵・拉瑪那尊者

穆魯葛納在首章節中頌揚上師的偉大，用「帕達姆」這個字指稱拉瑪那尊者本人，我適時用人稱代名詞來表示。

尊者的形相

1 吉祥福佑的尊者，乃是濕婆遊戲的形相，化身裝扮，以掩飾他的真理。

「濕婆的形相」(Pizhambu) 也譯作「火柱」，指濕婆最初化現為聖山阿魯那佳拉（即「慧焰山」）。

2 高尚的尊者，無可企及的至上，穿起上師的聖袍，拯救這個世界。

3 尊者乃至上的火焰，喬裝作上師，化身為恩德，遊走在我們之間，破除束縛。

4 尊者是南方相濕婆（Dakshinamurti），授與最終解脫，其本質是清淨之知（pure consciousness）。

5 尊者外在形貌俊秀，內在是真我，統理著他的信眾。

6 這世上眾多的信徒，成千上萬，蒙受尊者的感召，尊者欣然給予加持。

7 尊者以人身示現，實際上是〔知的〕虛空，是究竟實相的圓滿。無明者為此疑惑不已。

8 當人〔正確地〕觀見尊者時，他融為仁慈無私的日光，世人莫指責他鐵石心腸。

9 對於虔愛的信徒，尊者笑容可掬，好比睡蓮，但對心術不正之人而言，尊者則令人生畏。

10 尊者獨一無二，化身為唯一的真實之智，〔在我們之間〕向人們指示真理的道路。

11 光明燦爛的尊者，以加持的形式，使真實之智恰到好處地照亮信徒的心。

尊者的教誨

12 尊者上師的口述，是靜默擊錘著鈴鐺。上師的言辭，闡明真知的教誨。

真知（jnana）是真實之智，了解人就是真我。擁有這種清晰覺受的人，被視為悟者。這種「知道」是主體的明覺，而不是客體的認知。因為在真知之境，沒有人在「認知」真知，所以尊者說過：「沒有悟者，只有真知。」真知的境地是「知」明覺其自身之存在，而不覺其他。

13 有如天界妙音，尊者講述濕婆真知（Siva-jnana，濕婆之智慧）的言語，金聲而玉振。

有一次，我們在慶典廳收聽廣播，節目尾聲會唸出每個藝人的名字。尊者說：「你們聽！收音機在播放歌曲又在演講，宣布表演者的名字，但沒有人在收音機裡面。同理，我的存在就像天空：看似我的身體在說話，但就像那台收音機裡面沒有人一樣，只有神而已。」1

14

尊者極為純真，清楚如實表述真理，毫無隱瞞。

尊者沒有密傳的教誨，如下面的對話表明：

問：就修行的行法而言，除了您書上常提到的，還有什麼我需要知道的嗎？我會這樣問，是因為在別的修行體系中，自性上師在點化弟子時，都會傳一些禪定的密法。

尊者：除了你在書上所看到的東西，沒有別的了，這裡並無密法。在這個法門裡，全都是公開的秘密。2

15

尊者闡述實相的技巧高明，言辭簡潔，毫不囉唆，使〔聆聽者〕能夠專注。

拉瑪那尊者在開示了悟真我的一個獨創風格是，針對來者的提問，他的回答始終原創，從不晦澀或咬文嚼字，總是簡單而直接。像基督一樣，他開示自帶威德力，因為他的言辭不是來自書本學問或聽聞，而是源自他第一手的認知及覺受。他言他之所知，他知他之所言。

他直入問題的根本，化約其要點。說話時，沒有令人困惑的專門術語，會給出直白而具體的例子，讓意思清楚明瞭。[3]

16 在無數深奧而隱微的真理中，尊者取精用宏，教導缺乏慧根的眾生。

17 極為奇妙的尊者，將吠檀多的至高真理廣施於眾，雖然這些真諦原本僅傳授給可信賴之人。

在古代，弟子都要經過老師長時間的觀察，評估其靈性成熟度及能力，之後，若弟子夠格了，老師才會傳授吠檀多的心咒，例如：「汝者彼也（Tat tvam asi，你就是那）。」然而，尊者對待來者的態度從無保留，因材施教。若有人想問最高的智慧或最直接的修行法門時，他總是即刻答覆。

廣義上，「吠檀多的至上真理」指對真我的覺受，而非典籍上所揭示的知識。穆魯葛納在〈獻給上師的花環〉的詩頌中，寫下「對吠檀多的體驗」，也指的是對真我的覺受，而非對特定文本的知識或理解。

尊者對待初學者，有一則事件可以說明他的態度：

有一次，加納帕提·慕尼在大廳，有群村民問道：「我們如何控制心思？」尊者指出探尋心思的源頭，又解釋了探究真我的法門。不久後，村民離去，尊者照例外出散步。

慕尼跟其他人聊到這件事情時，說道：「尊者教導認識真我的法門，這對知識分子都很困難了，而尊者卻拿來教貧苦的村民。我懷疑他們是否了解，更不用說是否能實修了。若尊者建議他們做一些供奉（puja）或持咒（japa），可能還更實際些。」

後來這些話傳到尊者耳裡，他說：「那要怎麼做呢？這就是我所知道的方法。若是要根據傳統的方式來教，必先審視那個人是否夠格，然後，一步一步教他供奉、持咒、禪定（dhyana）；然後，上師又說這只是預備階段，接下來要超越這些，最後揭示終極真理是『至上絕對（Brahman，又譯作梵、究竟實相）乃唯一真實』，而為了要參透這一點，開始教導探究真我的直接法門。為什麼要這樣拐彎抹角呢？難道不應該一開始就講述終極真理的直接法門，而不是教了許多行法，最後又加以捨棄嗎？」[4]

18 尊者強調，人的出生之所以有五花八門的情節，是因為心思陷落在遺忘真我之弊端之中，而虛構出來的故事。

尊者觀視的加持力

19 尊者呈現究竟實相，以真知上師（jnana-Guru）之姿，賜予具有加持力的觀視，統理他的信徒。

20 尊者以神聖的一瞥給予加持，把了悟濕婆之知（Sivam）本質的寶藏，慷慨地賜予信徒。

Sivam即濕婆之知（consciousness of Siva），是實相（reality）的同義詞。所有信奉濕婆的信徒，最終目標便是與濕婆之知合一。

21 尊者在觀視中，仁慈地祝福信徒，賜予他們心中一種以濕婆之知為天地的神聖生活。

22 尊者的觀視，讓信徒臻於靈性成熟，啟發他們追求至上超然的真理。

23 即使對於天界的眾神靈，尊者灼爍仁慈的觀視，是唯一偉大而豐盈的財富。

尊者的靈力

24 至高的尊者擁有真我智慧的靈力，能燬盡一切境，使之轉化為他自己的形相。

25 死亡乃是自我的妄念。那些害怕死亡之人，惶恐求助於尊者。尊者賜予永榮不朽的生命，超越死亡的限制。

26 光明而寂靜的尊者，摧毀了遺忘真我的頭腦，那是一切苦難的根源。

27 尊者堅定屹立於寂靜，那是真我的大能，使一切力量在他面前黯然失色。

28 尊者是寂靜不動的本心，如同磁石般吸引眾生前來。

29 尊者以他的恩德結合信眾，庇佑他們，賜予他們如同他自身一般吸引世人的力量。

30 尊者是專注的「知」，善於運用高明的幻術，將人拔離原始的無明，這種無明是三方屬性的發源地。

三方屬性（triputis）指的是相對的三個要素，如知者、知、所知；觀者、觀、所觀。

31 頭腦頑強的想像，會成長為固守真理的障礙，而尊者能夠徹底將其摧毀。

頭腦的想像（dehatma buddhi）指的是「我就是身體」（I-am-the-body）的觀念，即認為人是一個寄居在特定肉身上的個體。

32 黃金般的尊者將〔他的〕母親轉化為「知」的至上大力，也就是濕婆之知的賜予者。

「化身為知的至上大力」（the avatar of chit-para-sakti）可意譯為「神聖恩德的體現」。濕婆教派（Saivism）的加持，總是透過女神的形象來傳遞。這首頌文指出，尊者的母親在開悟後，與濕婆之知的神聖恩德合而為一。

33 尊者的深遠廣大，無法被他人所揣測，他本心涵蓋的一切，超乎他人所能理解。

34 尊者的寬宏大度好比擂擊靜默之鼓，雷霆萬鈞，廣施濕婆真知的恩德。

35 光明的尊者將璀璨清晰的真理，開示給那些有如一團爛泥般的至愚之人。

36 尊者是寧靜的歸宿，聲譽崇隆。一切事物的發生，都因他示現的神聖靈力。

許多人在尊者面前，都有奇妙的體驗。有人發現，當他們向尊者提出困惑，請求協助解決，都會得到滿意的解決方法，有時就像是奇蹟發生一般。對於這種現象，尊者從未居功。然而，他認為，悟者周圍有一股示現（sannidhi）的力量，會處理引起他所注意的問題。而對於這些事情，尊者堅持他本人並沒有參與其中。在這個論點上，那羅延那·艾耶（Narayana Iyer）引述尊者的解說如下。內文中sankalpa這個字出現數次，這個字與「意志」或「意欲」等字互用，指做出特定行動的欲望。

有一天，我苦悶地侍坐在尊者旁邊，向他提出這個問題：「難道悟者的意志不能抵擋信徒的命運嗎？」

尊者微笑以道：「悟者會有願望嗎？即身成就者（jivanmukta）絕對不會有願望的，不可能有。」

我又問：「那麼，我們向您祈請加持，請您拯救我們，我們的命運又是什麼呢？難道侍坐在您面前或接近您，都沒有好處，也不能獲得拯救嗎？」

尊者慈祥地轉向我，說道：「悟者的示現，使他們的厄運得到緩解。悟者並不擁有個人的願望，但他的示現具有強大的靈力。他不需要有意願，但他的示現卻具有強大的力量，能夠行諸多奇蹟：拯救靈魂、使心平靜，甚至讓成熟的靈魂得到解脫。你的祈請雖然沒有直接的回應，但已被他的示現所接納。他的示現拯救了你，避免了厄運，在你的身上，無形中給了你加持。悟者的示現確實拯救了信徒，但這並非出於他個人的願望，因為他是沒有願望的。」[5]

37
光明的尊者以其輝煌的恩德，淨化信徒的心思，滌盡一切染著，注入了珍貴稀有的「知」。

38
尊者乃真理，輝照在本心，震撼了那些憑藉信念行事的人們。

這段頌文的要點在於，尊者賜予信徒直接的體驗，因此不再需要依賴信念。

39
真誠的信徒，是尊者所珍愛的，他們受到尊者的加持，因此不必費力便能認識並接近尊者。

尊者有時將修道者的成熟度分為數類，比喻為火藥、木炭、新木。火藥一燃，便爆成火花。木炭需要一段時間加熱，才能燃燒。新木得放置一段長時間，才能成為柴薪。少數信徒已達到成熟的程度，準備好接受神性的啟示，在他們頃遇尊者互動之時，便能在尊者的示現下直接體驗到真我，幾乎不需要做什麼修練。穆魯葛納在他另一首詩頌中寫到這一點：

您少年時就證悟真我，無須他人教導，甚至也無刻意修行，而您現在僅憑您示現的靈力，就將對真我的認識當作禮物，授與信徒。您的信徒實在很幸運，因為他們無須經歷嚴厲的靈修，便能獲得無上的智慧。6

40 因為二者（指生命個體與伊濕瓦若，或上師與弟子）確實為一體，尊者加持，以滅除心思想像出來的分離（感）。

伊濕瓦若（Iswara，另譯「自在天」），指印度教裡人格神的通稱，並不是指特定的某個神祇。

41 真誠的信徒靜靜坐在尊者跟前，光明的尊者驅除他們內心「我」與「我的」妄念。

42 自我崛起擴張，以征服為唯一目的，（此時）尊者也盡他唯一的職責：殲滅自我。

43 尊者大放光明，徹底消泯（與他）分離的感知，使這種感知失去力量，並且賦予對實相的悟明，那是「知」的自然狀態。

44 尊者是風，輕易地將一束漂流於海上的稻草，吹向彼岸，獲得拯救。

這些比喻表明，尊者能將看似不可能的化為可能。

45 尊者以真知之鑰，打開一個裝滿遺忘的百寶箱，裡面盡是實相。

尊者的特徵

46 尊者居住於此，活動於此，只是為了造福信徒，因為他們渴望獲得至上真理的智慧。

47 那些奉行廣大供養〔捨棄心思的〕之人，尊者承擔他們累積的重擔。

48 尊者授與對真理的認識，破除無明的癡迷，使祈請皈依之人實現他們所有的願望。

對他而言，已在至上境地確立，不會有任何欲望，因為有欲望的人，那個自我，已然不存。聖者在那境地，始終心滿意足，好像一下子便同時滿足所有可能的願望。7

49 因為尊者乃唯一的真我，其心空無，即便身處眾人之中，也是一個孤獨無伴的存在。

問：我渴望住在一個無人來訪的地方，也渴望不費心力，就能有食物。我也想要不時閉目禪定，不要眼觀世界。這些願望常出現在我心中，這樣是好是壞？

尊者：若你有這些願望，你將不得不再次投胎來實現所欲。住在哪裡，有什麼要緊呢？要經常固守在你的真我，若離開了真我，你的「外在」就無獨居之處。無論你住在何處，若以心思為伴侶，則你所居之處，無疑會是一個擁擠的地方。[8]

50 尊者的真實本質乃是絕對的自由。就算全部身體的器官〔心思、感知、臟器〕都在運作，他也不會從靜默中跌落。

51 尊者本其慈悲，彷彿與萬事萬物都很親近，但實際上卻了無關聯。

52 神妙至極的尊者，驅動了至上大力，他卻表現得好像也受其掌控。

53 尊者說出的話好像只是遊戲，不過我們愈聽愈多，心卻愈不滿足，反而渴望聽到更多。

拉瑪那尊者講話的情態，獨樹一格。他平時靜默，言語寡少。偶來的訪客，短暫面晤，都會好奇他可曾啟齒。向他提問又能得到回答，是項藝術，要有不凡的自我節制力。雖然尊者的沉默有時是對特定問題的最佳答案，但是認真向他提出疑惑，問了真誠的問題時，卻不會讓人空手而回，只是提問者必須耐心等候。你的問題必須扼要，比較有機會得到好的回答。

尊者會從容詳審，然後和緩道出，接著下去，會逐漸加快語速，有如細雨加劇成為大雨。有時，開示了好幾個小時，會眾還是很入迷。在開示的過程中，你必須完全保持安靜，不要插嘴反駁。一插嘴就會中斷他的講述，他就立刻恢復沉默。他不會加入討論，也不會與人辯駁。事實上，他的話不是觀念或是意見，而是來自他內在之光的煥然顯發，以言語為呈現，驅除了無明的黑暗。他答覆的整個目的是使你內省，讓你看到你內在的真理之光。[9]

54

尊者以慈祥迎接一切，無論是誰、修的是何種法門，皆給予加持。

尊者對「探究真我」的重視眾所皆知，他在《讚頌真我之知》中寫道：「知道真我，是件容易的事，是易事之最。」

然而，令人驚訝的是，他不曾強迫信徒奉行此法。儘管他本可指導他們修練探究真我，而信徒也會一窩蜂地去做……

尊者的示現及教誨，為不同階層中各種程度的尋道者，帶來希望及力量。尊者對各類人士在各種的法門上，給予協助及指導，從不要求他們改變現有的修行方式。[10]

許多人普遍認為，尊者面對前來請教的人士，都會談論不二論的哲理以及探究真我。然而事實並非如此簡單：尊者的建議因人而異，端視他們的成熟度與根器而定，因材施教。例如，某位信徒提問後得到了特定的答案，但幾分鐘後，另一位信徒提出相同的問題，卻可能得到不同的回應，甚至還與前者相互矛盾。只要信徒對尊者全然信受奉行，那麼每個人都會感受到尊者的加持。[11]

55 不論來者何人，不論其心注何處，尊者都會據其需求，慈祥地賜予眾生加持。

在《真理四十頌補篇》的第四則頌文中，描述了悟者的觀視所帶來莫大的裨益：

月色清涼，逐退炎熱；天界的寶樹，驅除貧窮；恆河，洗滌罪惡。要知道，只要殊勝無比的苦行者投以一瞥，這些酷炎所肇之事，便足以悉數滅盡。

阿南瑪萊·史瓦米曾向尊者詢及這則頌文的涵義：

「我們都知道月亮在哪裡，也知道恆河在哪裡，但這棵寶樹在哪裡呢？」

尊者答說：「若我告訴你在哪裡？你還離得開嗎？」

我對這個奇怪的回答很困惑，但我沒有追問下去。幾分鐘後，我翻閱一本放置在尊者身邊的《瓦西斯塔瑜伽經》，在第一頁，我看到一則頌文說道：「悟者乃是寶樹。」我便立即知道尊者對我回答有多妙了。在我告訴尊者之前，他只是看著我，面露微笑，似乎知道我已經發現了正確的答案。我告訴尊者這則頌文，但他沒有評論，只是繼續微笑看著我。12

56 雖然尊者表面上看著眼前的事物，但他是絕對的清淨廣闊，其〔真知之〕眼一無所視。

尊者有時會凝視信徒，以傳遞真我之力及加持，但他也認為，他不是以一般人的方式「看」待眼前的人事物。他稱這種境地為「真知之見」(jnana-drishti)，這是在真我的覺照之中發生的一種「觀」，在觀者與所觀之物中間，並無虛妄的分離。

一位訪客問尊者，是否曾想要周遊印度：

尊者：雖然有一些信徒提出這樣的建議，但我從未動過那樣的念頭。拉賈斯瓦拉南達說過要安排一趟專門的列車，帶我周遊印度，但我去那些地方又有何用呢？我在那裡什麼都看不到。（我〔達瓦拉吉．穆達利爾〕認為，尊者所言意即僅看見萬物中的真我。）13

問：據說悟者的眼睛，表面上看著萬物，但事實上，他視若無睹。

尊者：是的。悟者的眼睛好比死羊的眼睛，總是張眼不合上。雖然牠們的眼睛閃著亮光，但事實上一無所視，人們以為牠們看到了一切。14

真知之見的狀態及體驗，在後面章節（375頁）有詳細的解說。

57 連尊者都無法描述「帕達姆」這個字，那是清淨廣闊（的「知」），只能由加持而開啟的慧眼才能認知。

58 尊者的真實本質，是圓滿而不二的「知」，故在他的生命裡，不存在一點詆毀別人的餘地。

每當我們聽到某人去世，我們總是特意坐在尊者面前，因為我們渴望聽到尊者對亡者致意；他連談到某個跟我們持不同見解的壞蛋時，也會說一些正面的話。

鎮上有位富人，名叫康得史瓦米，雖然他偶爾前來道場看尊者，但鎮上居民對他的惡行，十分憎惡。在他生命的最後幾天，他待在道場對面的柱廊下，貧病交迫。他躺在柱廊下時，請人帶給他一碗馬拉雅姆風味的米粥。尊者立即備妥，派人送去。隔天，康得史瓦米的情況很差，我們討論要是他去世了，尊者會說些什麼有關他的話。次日，康得史瓦米去世。

我們迅即前去告知尊者，並坐在他的面前，心想尊者究竟能對這個人說些什麼好話，但令人大失所望！

尊者告訴我們：「沒有人能像康得史瓦米那樣，能保持身體清潔及衣服乾淨。他不用油，也不用肥皂。上午八時，他會來洗他的衣褲，然後曬乾，約在中午十二點前完成全身沐浴。他的頭髮和鬍子，總是十分整潔。」

我們聽了，低著頭深感羞愧。誰能像尊者那樣，只看別人好的一面呢？[15]

59 尊者對所有的人，宣示下述所言為真：除了活在真我之境，不再遺忘真我，就沒有其他值得欽佩的成就了。

60 尊者的恩德，恢弘廣大，允諾他會承擔庇護〔信徒〕的責任。

61 信徒佈下敬愛的天羅地網，企圖捕獲尊者；然而尊者轉而加持他們，擄獲他們的心。

62 尊者充滿童真，以幽默輕快的語氣，排遣一些信徒的倦怠。

63 尊者有其神奇而非凡的靈力，以溫暖的笑容，帶給信徒愉悅的心情。

64 〔我們〕在恐懼中憔悴，在愚昧中承受折磨。而光明的尊者笑容可掬，慷慨賜予他教誨的加持，驅除我們心中深處的悲苦。

他的笑容如此光彩燦爛，難以描述。即使是看似冷酷的生意人，在離開蒂魯瓦納瑪萊時，也會因為他的笑容，心情為之輕鬆起來。有個單純的婦人說：「我不懂哲理，但他對我微笑，我就感到很安心，好像孩童在母親的懷抱中一樣。」我當時還沒見過尊者，但我五歲的女兒寫信告訴我：「你會喜歡尊者的。他微笑時，每個人都很歡喜。」16

65 尊者僅授與〔真我的〕思維，視其為殊勝的奉行，而不是宗教儀式。雖然achara泛指外在的宗教遵行，但sat-achara在此是表示安住於存在、實相。

66 尊者大公至正，不會介入或稍微干涉上天諭命的事件，而這些事件本身，並不偏離公正。

在自由意志和命運的教導上，尊者是十足的決定論者，因為他的教導是，一切活動都是事先註定的，不可改變的。他在一八九八年，留在阿魯那佳拉的山腳下時，針對他被家人尋獲的這個主題，做出了經典的陳述。尊者當年十八歲，母親哀求他回家，他在紙上寫下以下文字：

> 上天主宰者，依個人的業報宰制其命運。凡註定不發生者，任憑如何求其發生，必不發生。凡註定將發生者，任憑如何避免其發生，必將發生。此誠確然，故最佳的處置，乃是平靜面對，默然與之。[17]

尊者絲毫不介入的態度，有時出現非常極端的情形。康猷·史瓦米（Kunju Swami）透露一段軼聞：

> 有一次，尊者的弟弟尼倫伽那南達·史瓦米被一群人抬走，威脅要殺害他，他〔尊者〕完全不受打擾，也不轉頭朝他們看一眼。當晚尼倫伽那南達·史瓦米安然歸返坐在尊者面前，他也不在意他的平安無恙。那一天當然是他的加持救了尼倫伽那南達·史瓦米，但這又是另

外一回事了。[18]

67 尊者的行為舉止展現出平靜沉著，毫無煩躁激動，這是眾人所共見的。

一九二四年，有竊賊闖入拉瑪那道場，在搶劫時襲擊了尊者：

竊賊在行竊中，把尊者的腿傷得很重，但他典型的回答是告訴竊賊說：「若你們不滿意，你們也可以打另一條腿。」

現場的信徒羅摩克里希那．史瓦米看到尊者被攻擊，十分憤怒，便拿了鐵棍想打竊賊。尊者制止了他，說道：「讓這些竊賊扮演他們的角色，我們扮演我們的角色。讓他們自行行其事，我們應堅忍承受，不要干預他們。」[19]

68 尊者不蔑視低等動物，反而會撫摸牠們，並加以保護。

尊者：動物來到我這裡，是要消解牠們的業報。所以，不要阻止任何動物來我這裡。[20]

69 尊者有其渾然寧靜的洪大靈力，充沛豐盈，連野獸也不會攻擊他。

有人送動物給道場，尊者通常會婉拒，除非有信徒自願照顧。尊者起初不願接受牛隻拉西米及白孔雀，後來有位信徒保證會照顧牠們，尊者才同意讓動物留在道場。但是有些動物在道場不討喜，就送回捐助人。我記得有一隻幼虎，就是這樣。有位信徒從北印度帶來給尊者，雖然幼小，但很凶猛，除了尊者之外，常對靠近牠的人怒吼。尊者把牠放在膝上並給人拍照，但是其他人都不能控制牠。一週後，這隻幼虎顯然無法馴服，尊者便告知主人帶回。[21]

70

尊者對信徒所一再提示的各種資訊，都頷首表示「好，好」。

儘管尊者似乎喜歡聽取信徒間生活的種種點滴，以及道場運作的情況，但他很少也無意對信徒間相左的意見做出仲裁：

問：我們各持不同的意見，所以前來請教尊者，想知道尊者最喜歡的是什麼？

尊者：哦，我明白了。你們要知道尊者最喜歡的是什麼。尊者最喜歡的，就是保持靜默，一無所為。若持不同意見的人，拋棄了仁愛所呈現的平靜，前來告訴我「我想做這個」、「我想做那個」，詢問我最喜歡哪個，我又能說什麼呢？若你們都同意彼此的作為，然後問我的意見，我會說那樣很好。但若你們意見相左，為什麼要來問我比較喜歡哪個呢？我所喜歡的，便是知曉我是誰，住於真我，了知將發生的，必然發生，不發生的，必不發生。不是這樣嗎？現在你們知道尊者最喜歡什麼了嗎？[22]

71 信徒有時會彼此爭吵而動怒，尊者都不發一語，甚至連一句「吵什麼？」也沒說。雖然尊者對信徒的爭吵，不予理會，但他有時會以微妙的態度表達他的不悅：

有一天晚上，晚餐過後，餐廳裡大吵了起來，結果是蘇婆曼尼亞．史瓦米摑了克里希那史瓦米一記耳光。於是克里希那史瓦米前去向尊者告狀。尊者似乎對此事，不表關切。

翌日，道場要辦一場盛大餐會，那是有人捐款的餐會。這意味隔天廚房裡每個人有很多事要做。尊者通常在凌晨三點來廚房，協助蘇婆曼尼亞切菜，但那天上午，尊者仍在廳堂，沒來廚房，讓蘇婆曼尼亞獨自在廚房工作。蘇婆曼尼亞待在廚房約兩個小時後，納悶尊者今天為何遲到，後來他才終於意識到尊者是在懲罰他打克里希那史瓦米。[23]

72 尊者永世居於人間，加惠於渴求真實之智的生靈，使他們安住在解脫之境。

73 尊者的行事風格，使來訪者了解，飲食節制，有益腸胃。

昨天我寫給你的信，提到尊者告訴我們，適量的睡眠、飲食、運動。他以身作則，教導我們。他不喝牛奶，現在每天早餐僅吃一份米漿糕，又說經常坐著不工作或活動的人，不用吃兩份。他的午餐也是這樣。餐食皆摻咖哩，量約一手掌大。他跟我們不一樣，各類食物不會分開吃，他把蔬菜、調味醬、湯汁拌飯，裝成一盤來吃。某天的談話中，他說：「全部裝在一盤來吃，更好吃，為什麼要分成那麼多小盤呢？以前我都只吃一盤，現在也不改變這個習慣。當時我住在山上，許多人帶來米飯、水果及甜點等。不管他們帶來多少東西，我所能吃的，不過是用三根手指頭撐起來的量而已。我通常僅吃他們帶來食物的一部分而已，所以整天的食量，也不過是一手掌大。這種少量進食的方式，使我非常歡喜。現在他們鋪開葉片，上面放好多種東西，而我又不能浪費，必須吃完，從此以後，我就感到有點負擔了。」[24]

[74] 尊者有適量進食的習慣，因為對身體健康有益，這令飲食過度之人，感到羞愧。

雖然尊者願意每天花時間在道場的餐點上，以確保烹飪妥當，但他不喜歡精緻盛饌，餐點琳瑯滿目。他對米飯、酸豆湯及一碟小菜，就十分滿意了。一位喀拉拉邦的婦女，習慣每餐備妥許多菜餚。有一次，她前來觀視尊者，堅持為大家烹飪。她花了好多時間，費了好大的勁，供應了三十二種不同的餐點。尊者准許她將每盤放一點在他的芭蕉葉上，她放好了之後，尊者便將全部混在一起，攪成一團。

尊者向她解釋道：「妳花了很多的精力準備食物。光是準備食材，就要耗時許久。只要一種蔬菜，能夠清理腸胃，使人不會便秘，那就夠了。為什麼要做那麼多的菜餚呢？這又有一個難題：若妳準備了三十二道菜，內心總是會想『我要吃這盤，還是那盤呢？』所以進食時，總是分心的。若是單一道菜，就沒有這樣的困擾了，我們可以吃得很簡單。況且，像這樣的一套餐點，對沒有食物的人來說，是不良的示範。窮人會聽說我們的餐點很豪華，心想：『我們很餓，但這些簡樸的苦行者，卻是滿桌好料。』像這樣的想法，會引起無謂的嫉妒。」25

75

一心信任神的人，永不知道被拋棄為何物，〔此一事實，〕尊者是明顯的見證。

有一天早上，道場幾乎沒有食物了，我看到他〔尊者〕拿著僅剩的一點食材，準備煮飯。他開始煮，深信在煮完之前，神會把食物送過來。約在上午五時三十分，他開始洗一把碎米，先在鍋裡洗，取出小石粒，然後放在炭爐上煮，我看著這些舉動覺得納悶。

我心想著：「這些米給我一個人吃都不夠，何況要給大家吃呢？」

當這些米快煮沸時，一位信徒來了，帶來兩公升的牛奶。米煮好了，尊者把大鍋放在火爐上，將米和牛奶混在一起煮。幾分鐘過後，另一位信徒來了，帶來葡萄乾及糖果，尊者加以清洗後，放入鍋子裡。約在六時三十分，快要煮完時，有一組來從庫姆巴科納姆的信眾到訪，帶來一個大鍋子，內裝有米漿糕、炸薯甜圈、酸豆湯，還有很特別的山蕉，以及用芭蕉葉做成的一些杯子。這些杯子正好可用來裝尊者自製的甜點。約在七時左右，尊者沐浴完後，我們全都就坐，享受了一頓豐盛的飯。26

76 人自以為聰明而欺騙他，尊者守在本心，對其愚昧，微笑以對。

若信徒做了尊者不認可或特別告誡的事情，尊者大都知道，但他對這些違犯的情事都保持沉默，不過偶爾也會略有動作，向信徒指出，這些犯行不可能避人耳目。阿南瑪萊·史瓦米敘述一則事件如下：

> 我擔任尊者的隨身侍者約兩週後，有位來自維洛爾的官員〔該地區總部的最高文職官員〕前來觀視尊者，他名叫蘭格納森，帶來一大盤的甜點供養尊者。尊者要我分發給道場每個人，包括不在廳堂現場的人。我便將甜點帶到一個沒有人看到的地方，偷偷把分發給每個人甜點的多拿了一份。我分發完畢後，回到廳堂，把盤子放在尊者長椅沙發的底下。
>
> 尊者看著我，說道：「你拿了兩份甜點嗎？」
>
> 我極為驚訝，因為我確信沒有人看到。
>
> 「我拿了，沒有人看見，但尊者怎麼會知道？」
>
> 尊者沒有回答。這件事使我了解到，任何事情對尊者都不可能隱瞞。從那時起，我便自然地假定尊者對我的所作所為瞭若指掌。這個新的認知，使我對我的工作更加警惕、更加專注，因為我再也不想犯類似的錯誤。[27]

77 尊者自然地處在了悟的定境，與真我緊緊地擁舞，出色地執行一切世俗活動。

沒米時，我們便到林間採集綠葉。烹煮前，會先清理綠葉，尊者總是解釋各種綠葉的特性及藥性，例如有的葉子對身體太寒，但有的是熱性。我們在尊者指示下，將清理過的的綠葉放在一個大鍋內煮。用餐時，尊者要我們取一碟綠葉作為主菜，另一碟米飯，作為配菜。這些菜非常可口，有如聖品，使我們飽食。我們不知道尊者哪來的這些各種樹葉的知識。他還是學生時，便來阿魯那佳拉，開始嚴格的苦行，因此，對於尊者到阿魯那佳拉後，並沒有參與活動，卻知道如何烹煮、用葉片縫成盤子、編製花圈等各種事情，實在令人驚訝。但這對尊者來說，不算什麼，因為他本身圓滿具足，不必知道如何行事。有時，我們採集樹葉回來，做成葉片；耶夏摩和妹妹等人，常用葉片做盤子，尊者也跟她們在一起縫。尊者縫補葉片，細緻又迅速，比起其他有經驗的信徒，手藝更勝一籌。葉片經其縫補，既美觀又完整。[28]

仁慈的尊者

78 尊者賜予信徒一項禮物，那是真我的天堂，讓他們對其他事物都深感厭倦。

79 尊者是究竟幸福的高峰，讓全然放下欲望而禮敬他的人，內心充滿著喜悅。

80 永恆的尊者，肩負著人們尋求皈依的重擔，彷彿這是他天生的使命。

81 那些擁有高貴之心的人們，認為每個人都應獲得喜悅，而尊者賜予他們一切福利。

82 雖然尊者給與一切，但對於真誠而無欲求的信徒，他將恩德、自身的真理、對真我的認識，當作給信徒愛的禮物。

複誦

83 在自由自在的境地中，聖足〔真我〕與頭頂〔自我〕合而為一，這就是上師拉瑪那尊者在吠檀多之頂峰輝照的境界。

當穆魯葛納創作〈獻給上師的花環〉時，他有一個構思，即創作出一部供信徒吟唱的作品，一邊唱著，一邊憶念上主聖足。這則頌文，是他譜寫在結尾的複頌句，旨在在每一篇頌文後加以吟唱。

尊者的允諾與昭示

知曉並體驗我

1 尊者開示道：「為何感到沮喪？為何不深入探究，確信我本身的示現，就是你的『我』。」

2 在本心安住於真我，就是要體驗我的本來面目，那是純粹的幸福。

3 要知道我就是真知的真實本體，在你的本心輝耀無間。自我頭腦傲慢地自居為「我」而嬉鬧，我們應該摧毀這種客體的感知。

4 我是在你本心閃耀的「我-我」，這就是你的本來面目，你還想去「尋找」我，真是難以置信。

5 定於我的本來面目，那是生命本源之光，只需你心注一處。

6 不論你隱居山林，或終日忙碌，務要來到我的實相，那就是本心的歸宿。

7 你對我的追尋，就像在這世上拚命尋找你自己頸上的項鍊。

8 你摸摸脖子，就會知道項鍊在那裡，你要在本心尋求真我的寶藏，認識你真正的本性。

9 義無反顧，懷抱著愛，來到我面前的，都是今生蒙受神恩的人。〔他們的〕生命，是尊貴而真實的。

10 上師以其神聖的理念統理著信徒，肅清信徒內心的深暗無明，在當下實現最終的解脫。

把你的重擔交給我

11 尊者慈愛地說：「將所有的責任，放在我身上，你們的職責就完成了。」

12 為了治癒殘酷的生死流轉這個惡疾，飲食的處方就是把你的重擔託付給我。

飲食處方是阿育吠陀術語「帕特雅姆」(pattiyam)的翻譯。阿育吠陀的醫師認為，單憑藥物無法奏效，必須做食療。本頌文的涵義是，醫藥處方指修行，例如探究或臣服等之外，必須同時伴以食療，意指將一切沉重的負擔都交付給尊者。

拉克希曼・薩瑪的坦米爾文版《真理四十頌補篇》第十七頌注釋，也認同這樣的解釋。拉克希曼・薩瑪私下請益尊者時，直接得到這樣的指導：

> 人應深具信心，將生命的一切重擔，像是自然會有的家庭及身體，交給伊濕瓦若（神），然後保持自在，不要擔憂。否則，他無法專心行虔愛或探究真我。[1]

13 為了平息無謂的苦惱，要勇猛地完全依靠加持，將你所有的重擔都放在我的身上。

達瓦拉吉．穆達利爾在尊者面前吟唱穆魯葛納的詩頌，尊者立刻要他翻譯詩頌的部分內容給巴羅達城邦的王后聽，因為她與丈夫海內外兩地遙隔，需要慰藉。尊者要他翻譯的詩頌內容如下：

願所有來到拉瑪那面前的信徒，懷著大愛，萬壽無疆，所求如願，將他的聖足深植在內心，平息苦惱，永享平安。

〔尊者要他翻譯的第二則頌文〕大意是：拉瑪那肩負重任，因為他的命運是要承擔所有信徒的重擔。他們來到他的聖足下，視他為唯一的庇祐。與他同在的人，自然得享平安。不論信徒遭受什麼危難，都不用害怕，而尊者已拯救了穆魯葛納，囑咐他不要害怕。[2]

14 若將你所有的責任交付給我，我會視之為我的責任來承擔和處理。

15 既然我已經扛下所有的重擔，為何你還要愁苦呢？

16 當你已經將全部的東西都交給我，也公開承認那些是我的了，為何你還執著在「我」和「我的」的頭腦概念呢？

《真我語類》三一七頌：交出身體及所有物獻給真知上師之後，又將身體視為「我」、所有物視為「我的」，就構成了送出禮物又偷回來的罪。你應該知道，避免犯下這個錯誤，就是對自性上師完美的禮敬。

17 若你行探究而認識了我，參透內在的真我，在這種狀態下，你沒有理由為這世界擔憂。

問： 我在打坐前後，滿腦子都是世界上那些不快樂的人。

尊者： 先找出你，裡面是否有個「我」，就是那個「自我」在萌生這些思維，使你覺得有所不足。因此，找出這個身體認同是怎麼發生的。對身體的感知是一切煩惱的根由。當你探究這個「自我」，你就會發現它的源頭，就能把它消滅，此後，你就再也不會提及這類問題了。3

18 屏棄〔這個世界的〕戲碼，尋求內在的真我，住於其上，我將庇祐你，〔確保〕你無災無禍。

19 在本心中祈請我的加持，我將驅散你的黑暗，讓你看到光明，這是我的責任。

20 我的信徒就像帝王的子女，繼承了盛大的歡慶。

定於真我

21 光輝燦爛的尊者昭示：「定於真我，〔我們之間〕了無分別，這就是接受了我的加持，把自己供養給我，這樣就夠了。」

22 若你禮敬我，定於我無上的真實本質，你的本來面目之崇偉，將從你的本心沛然湧出。

23 要知道：住於你本心的乃是真我，那是我真正如實的本質，你應在本心中尋覓真我，唯有這樣，才能算是虔誠地觀想著我。

24 尊者誨示：「把注意力放在隱微之『知』上，那只有極為精微的心思才能體會得到，這才是對我的服侍。」

康猷．史瓦米說了一則故事如下：

一九三二年，我服侍尊者約十二年後，我有股衝動，想傾全力在修行上，整天獨自修行。然而，我無法輕易放棄對尊者的服侍。我為這件事糾結好久，答案卻是奇怪的方式來到。有一天，我步入廳堂，聽到尊者正對在場的某人說，真正的服侍，並不意謂侍候他的身體所需，而是奉行他教誨的精髓，也就是專注於參透真我。想當然耳，我的疑難就自動地排解了。

這些話，我以前曾聽尊者說過。有一次，我聽到他說：「對自己這樣講是沒用的：『我親自服侍尊者，我整理他的床鋪，侍候他有好多年了。』除了照顧上師的身體之外，遵行上師教示的法門也很重要。服侍上師的最佳方式，是以清淨的身、語、意，行探究、禪定等修練。」

每次尊者說到這裡，他常會引述《解脫之精粹》第一部第八十七頌，記載弟子問上師要如何回報上師之恩。上師答說，弟子給上師最上乘的報答，乃是固守在真我，不受三種障礙所困。聽到尊者這一番話，我便決心要找一位新的侍者，好讓我能全心整天坐禪。[4]

苦行僧納塔那南達（Sadhu Natananda）在此議題，也曾記載尊者的看法：

一些遠從外地，利用假日，前來道場的信徒，喜歡在道場上做義工服務，他們很投入，不錯過一整天可以幫忙的機會。他們對這樣的勞務很滿意，認為只要這樣便足以使他們獲得拯救。尊者注意到他們這樣的心態時，都會針對他們說道：

「以服侍上師的名義，不應浪費時間在活動上，以免日後失望。最後他們會因為自己的愚痴而懊悔。人不可片刻忘記親近師父的真義。若相信住在其他地方很難開悟，住在道場才比較容易開悟，人就應該不時用心在參透自己的本來面目上。若無志於此〔參透真我〕，卻視這個地方為特別的場所，這是毫無意義的。信徒奉獻自己，盡力走在修行的道路上以達到目標，為自己的靈性服務，只有這樣才是對上師神聖的服侍。」

這些話，他清楚表示，若不能持心平靜，他是無法被取悅的。前來接近他的人，真正的受益就是讓心平靜下來。因為這樣，他勸勉信徒要隨時致力於專注真我。[5]

25 悲心從我流向你，永不止息，除非你不再憶念那個統領萬物的「我」。

26 若在內心憶念著我，而無忘卻，便能認識並體驗我的加持。加持，是我的本質。

與我合一

27 在你的本心，尋找發現我的真實本質，歡喜沐浴在我的真知實相裡，這就是合一。

28 唯有懷抱著愛，無間的持行虔愛，才能輕鬆地逐漸達到合一。

29 帶著愛進入你自己本心的廟宇，沉浸在我的實相裡，體驗幸福，與之合一。

30 那個因獻上自我而死去的頭腦，我將支配，我將掌控。

把你的心思交給我

31 「你應將你心中明亮的紅寶石呈獻給我，我會很高興收到那份禮物。」

32 「我對這樣的心所傾注甜美的愛，是無可比擬的。」這是尊者的渴望。

33 尊者收下充滿愛意的信徒所獻上的心思，以紅寶石之光吞下這份供養。

34 尊者僅接受心思為適當的供養，拒絕任何不適合的東西。

在某個場合，有許多訪客來此，向尊者禮敬並祈求道：「使我成為信徒（bhakta），祈請使我解脫。」他們離去後，尊者獨自言道：「他們都要虔愛，都要解脫。若我向他們說：『把自己交給我。』他們又不肯，這樣怎麼能如願以償呢？」6

尊者的觀視

35 為何你要對我無的放矢，說我不再注視你呢？

36 若你注視著我，你就會知道，我的目光立於本心，始終注視著你。

尊者：尊者總是給與加持。把虛妄視為真實，把真實視為虛妄，便是無明。你始終輝耀著「我—我」。尊者可曾脫離那個存在之知（being-consciousness，對於「在」的了悟明覺）而存在嗎？注意力轉向身體，於是有了「你」和「我」的分別。若能專注在真我，對於身體的專注便會轉為存在之知；若人能參悟實相只是一，那麼還有什麼能說「你」或「我」的餘地呢？保持靜止，參悟真理如其本來，這就是上師的加持。7

37 從真我中看著你，我從未離開過你。這件事，怎能從你外在的眼光得知呢？

穆魯葛納在他的另一本書《真我語類》中更廣泛的闡述了本書中的許多概念，《真我語類》是他用坦米爾文寫的詩頌，記述了尊者的教誨。《真我語類》的體例是四行詩，但〈獻給上師的花環〉僅有兩行詩。穆魯葛納也寫了若干《真我語類》詩頌的散文版本，偶爾延伸詩頌原文的涵義，更能充分闡釋頌文的意旨。這些散文詩頌被稱為「頌釋」（*Pozhippurai*），拉瑪那道場曾以坦米爾文版刊出這些頌釋。有時，穆魯葛納會在頌釋底下寫些簡短的註解，解釋哲理的意涵或頌文中的關鍵字義，他稱這些註解為「頌註」（*Vilakkam*）。我在本書的註釋部分，大量引用了這些散文頌釋及頌註，因為我認為穆魯葛納是本書詩頌的作者，也是詮釋頌文深奧語句的最佳人選。

我在摘述《真我語類》的詩頌時，若穆魯葛納的散文闡釋有譯文，我會將頌釋置於詩頌號碼的後面。若無譯文，則只置以原四行詩頌的譯文。若有頌註，則置於該詩頌譯文的後面。

第一個範例是一則頌釋，是這則《真我語類》頌文的闡釋。

《真我語類》第九六六頌。頌釋：實相乃圓滿的一，存於至上真理之境，以「我獨在而渾然輝照在每一個體的生命裡」。它具有本心的質地，是靈魂中的靈魂，熠熠生輝。這確實是神聖加持的形相，在高處起舞，征服一切。因此，會輕視實相，是錯在他們根本沒想到，自己理應無時不思及實相，使其心思柔軟，與實相的至上慈愛合而為一。他們沒有得到神甜美的加持，這又怎麼可以責怪神，歸咎於這個存在的實相？

頌註：神希望生命個體在認識、接近他的過程中，不應遭受痛苦，因此神與眾生沒有分別，而是真我實相的存在與輝耀。神的偉大在於對眾生的無上悲心。因此有人這樣說：「它〔實相〕誠然是神聖加持的形相，在高處起舞，征服萬物。」

神是本心的「我－我」光明的形相，加持著眾生。因此有人說：「沒有接受到神給予的美妙加持，怎麼能責怪神呢？」

除非生命個體內省，朝向祂，定於祂，否則就算有神的加持，眾生也不會知曉這個真相。因此，對於那些人，不行探究祂這個恩德的真身，反而要說祂沒有加持，哪怕只怪罪一點點，也都是大錯特錯。這就是為什麼會說：「因此，會輕視實相，是錯在他們根本沒想到，自己理應無時不思及實相，使其心思柔軟，與實相的至上慈愛合而為一。」

唯一實相，存在而輝照在本心，獨一不二。它是輝照在每個生命個體裡的「我－我」，如果這樣就認為實相為數眾多，那是狹隘的觀念及聯想所致。因此，「烏拉姆」（Ullam）這個字是複數形〔意思是〕「我們存在」，這是可接受的。因為本心是實相之所存在、輝照之處，故在坦米爾語中，本心被稱為「烏拉姆」，這個字同時具有兩種意涵。

第二章
真我

知與喜，以一體覺性之姿，在吾內吾外輝耀，這是至上幸福的本來實相，
其情態是靜默，悟者宣稱為最終、無庸置疑的真知。1

思維堅守於圓滿的濕婆之知，
無相、不動、無一切屬性，
以真實之智的情態，煥乎昌盛
豐盈富有，稀有殊勝
永在而無礙
不為世間不實的束縛所拘，
其圓滿的本質就是靜默，
據此而廣大光明，永無暗淡。2

思維堅守在究竟圓滿之上，

其本質是靜默，永不止息，
存於極其清淨之加持廣被，
存於輝耀於本心之實相
對進入本心之人了知那個「我」的人，
此乃不可磨滅的真知，
他們已然棄絕五感之途。[3]

真理

本章節所敘述的真理（帕達姆），是指無形無相的真我，穆魯葛納在此敘述各種性質、面向及特徵。

真理的本質

1 那個所知的真理，永無局限，全然圓滿，其相乃清淨之知。

2 真理乃真實之本體，不論眾生是否了解，它都與眾生同在，了無分殊。

3 真理、實相的特質在於它遍在宇宙萬物之中，閃耀自身的光芒。

4 真理對萬物一視同仁，始終清淨，是一切矛盾背後的和諧之源。

5 真我獨然其在，乃真理之光輝，勝利之擁有者，萬物不能與之為敵。

6 真我乃生命的本來面目，輝照四方，其真知的烈焰，不是人身，而是「我」之真諦。

7 真我是極為平凡的實相，作為人的本質而存在。說容易得到真我，這都是虛妄。

這裡「平凡的」，是指那個本質。人的真質本質，並非什麼稀罕、特別或高尚的某物，而是一種平凡而自然的狀態。因此，真我不是那個要去「達到」或「獲得」的某物，而是人之真實而已然存在之境地。

8 真理光芒萬丈，是清淨的真知、真我實相，了無生命個體的質性，不會生起「我被束縛」的妄念。

實相（swarupa）及真我實相（Atma-swarupa）在本書《真我精粹》裡是關鍵詞。阿特曼（Atma）指真我。實相可譯為「本來面目」、「真實本質」、「真身」、「真實形相」。實相這個字，得多次單獨使用，不必加上真我的附屬語。這兩個字，亦得互相通用，因為二者皆指真我的實相。若要區別二者的意涵，我會說「真我實相」是指真我即「我」而輝照，而「實相」是指潛藏萬物的實相，遍在而支撐之。雖然如此，但二者不必區分太甚，因為穆魯葛納取其詩頌之格律或詩意，而不以嚴謹的哲理來決定這兩個語詞的使用。尊者自己在各式用語中，也不加以區分，而都是指真我（或靜默、本心、至上絕對等），他毋寧看待這些字是同義詞，因為都是指相同的基本真實。

生命個體（jiva），有時譯作「靈魂、靈體」，是指個己。當它與心思相應而認同心思時，便喪失了真實的認知：靈魂的本來面目是潛藏萬物的實相，也就是真我。

9 真我乃真實，是永恆虛空的示現，並非起自何物，亦不起現何物。

10 無相，是真我之形態，穩固地存在著，既不會失去，也不會得到。

11 雖然真我遍在每個〔物體〕的內外，但沒有一個〔物體〕存在真我之中。

真我是本心

本心是坦米爾語「烏拉姆」（ullam）的譯名，與真我同義。使用本心這個詞，是指真我，乃人的生命之中心、實相輝照之所在，自此而萬物顯現，不論其萌起的是物質或心思，但並非指某個特定位置。

12 真理居於輝照的本心，真我之光遍及全世界。

13 真理就是「知」、真我，在本心輝照，有如不動的磁山。

14 本心是真理所住的至聖之所。心術不正之人，無法低躬而覲視之。進入神廟的神龕內室，門楣甚低，彎不下腰的人，就無法進入。低躬意味謙虛或心思平靜。

尊者：只有謙卑才能摧毀自我，自我使你遠離神。神的門戶是敞開的，但門楣很低，想要進去，必須低身。[1]

15 至上真我乃光之源頭，當〔自〕我之光渾然融入其中，真理就會閃耀至上之光。

16 璀璨的真我住於本心。那些帶著心思的人所生起的迷惑不安，對真我的信徒而言，完全不存在。

17 真我乃本心，所居甚廣，其力之大，六害不能近身。

六害指欲望、憤怒、貪求、妄念、癡迷、嫉妒。

18 璀璨的真理，從每個悟者的本心湧現而出，自成中心，無邊無際。

19 住於本心的真我，使每個人依其習性行事。

習性（vasanas）指心的習慣或傾向，例如好惡，而心根據這些習慣傾向表現出其行為模式。這個字，通常譯為「潛在的傾向」。

在基本的層面上，習性是顯化與再出生的緣由。根據尊者的說法，習性驅使人的心思投射並見證這個虛幻的世界。人在死亡時，未滅盡的習性會退回到本心，潛伏一段時間，直到新的身體再生，新的世界再現。因為滅盡習性等同於參透真我，所以在那個境地，並無再出生，也就無虛幻投射的世界可言。

真理與知識

20 真理乃不二的真實之光，既不是知，也非被知。

21 真我安住，乃開闊之知（expanse of consciousness）、清淨之知，超越知識與無明。

22 真理乃清淨之知，要求凡所學得的知識，都必須全然忘懷，成為無識無知。

《真我語類》一四七頌。頌釋：有人酷愛學問，熱切研讀真知的聖典，心想：「這些典籍，是洞曉不朽真知的基本，確實值得知道。」後來，他益臻成熟，企圖融入本源，這時他勢必要把費盡心力，勉學而熟稔聖典所得來的知識，全部都忘掉。

23 真理是真實之智的圓滿寶藏，真諦之所在，是虛偽的人性、傲慢的自我，所不能知曉的。

24 美麗的真理，乃是對真實的認識，是崇高的靜默苦行，能摧毀五花八門的經驗所知。

苦行（tapas）一般定義為「嚴密的修行，涉及肉體的克制，目的是要去除靈性上的不淨。」尊者有時會說，止於靜默，雖然看似不費力的安靜，事實上，是高度專注持行的境地。有關「崇高的靜默苦行」，摘文詮釋如下：

問：靜止的境地，是要努力為之，還是無須努力？

尊者：它不是不努力的昏沉狀態。世上一切的活動，即使一般所謂的努力運作，皆有賴心思為之，需要稍為休息。然而交融於真我，或靜止於內在，乃是心思活動之極致，必須全神貫注，且無中斷。

幻象無法以其他方法摧毀，唯有藉著所謂「靜默」的嚴密運作方能滅盡。2

25 以直接的認識，澄清疑惑與誤解，真理才會現前輝照，使世界退去。

真我之光

26 真我，即真理，以自身的光芒輝照本心，並無光自外於它。

27 只有真我，「知」所散發的光芒，才知曉「我」(aham)的真正涵義：「我」就是那光。

梵文字aham，通常譯作「我」，但在坦米爾文，這個字有時也用來指本心(Heart)，亦即「我」的源頭。尊者口述或書寫本心時，通常都用坦米爾語的「烏拉姆」來表示，而這個本心是真我的同義字。若使用其他字，有時譯為「心思」或「頭腦」(mind)。有些狀況下，這些替代詞表示一般感知的「心」(heart)，指情感或感覺的中心。

28 真我的光，是至上之光，這項真理揭示了其他的光都屬虛幻，使之消泯。

尊者：要知道某個外物，需要一束與黑暗相左的普通亮光。要認識真我，則需要光，才能照明亮光與黑暗。這道光，既非明，也非暗，但仍叫做光，因為有它，才知道有光明與黑暗。這道光就是真我，乃無限的「知」，人人都覺察到它的存在。[3]

29 光輝的真理、濕婆真知，揭露瑜伽成就與頭腦混亂迷惑之間的不當糾葛，並加以滅息。

尊者的教導是，瑜伽的成就，僅能努力實現、維持，若不再努力，成就便消失。然而，真實的知，是在滅除心思及其走作的情況下，自然而無須使力的境地。濕婆真知，是了無心思的自然境地，而瑜伽成就是心思不自然的狀態。二者之區別，本書後面〈修行的建議〉章節裡，將有進一步說明。

30 美好恢宏之光，乃是真理，全然圓滿，心思在此領會到不二的真我，遂融入其中。

31 真誠的信徒，內在瀰漫著真我之光，洋溢著幸福的「知」。

32 真理乃圓滿寧靜的燦爛之光，震撼人心，並粉碎「知」（本質）有兩種面向的愚蠢爭論。

33 在迷妄中（的那些人），光明的真我，好像是黑暗，像貓頭鷹一樣，在白天裡眼盲。

西方國家認為貓頭鷹是有智慧的鳥，在印度則被認為是愚昧的。迷妄之人，像貓頭鷹一樣，昧於真我輝照的明光，然而光無時不在。

尊者：若太陽的光，貓頭鷹看不見，那是鳥的問題，而非太陽。同理，真我始終有明覺的本質，但昧於真我的愚痴之人，他的無覺知，除了他自己的問題之外，還能怪別人嗎？[4]

34 真我乃真實之光，是獨特的基底，使覺性或無覺性的生命，都可以被看見。

35 真我是真實散發出的妙光，輝照在身體機能如心思（mind）、心智（intellect）之內，使之有光。

36 真我是超越心思的本心之光，在其照耀下，諸多宗教和諧融合，紛言冗詞，為之止息。

真理支撐世界表象

37 萬物皆依賴真我而存在，但真我對於萬物，一無所求。

38 真我是真實之綺燦湧現，七重世界以其為圓心而運轉，有如石磨（繞著軸心）旋轉。

39 真我是支撐的銀幕，是真理之光，投射出這整體（宇宙）的許多影像，然後更迭呈現。

許多影像的更迭呈現，是一個電影的隱喻，以放映機解釋世界呈現出來的表象。放映機的片軸會旋轉，產生光影的畫面投射在銀幕上。類似的造物模式，尊者也用在《阿魯那佳拉八頌》第六頌：

> 你，本心、「知」之光芒，唯一的實相，獨立存在。你內在有一股神奇的至上大力，這股能量不在你之外。從〔至上大力中生起〕這一連串有如原子微粒掠影的思維，藉著「知」在今世業力（prarabdha）的漩渦中作用，內在以思維之光為明鏡，外在以眼睛等感官，藉此世界的畫面得以為人所見，一如電影畫面透過鏡頭而生。恩德之山啊！不管它們停止或續行，都不能夠離開你而存在。5

40 獨撐了整個世界的真理，亦即永恆的真我，〔無論如何〕無所仰仗。

41 既然整個世界顯得井然有序，悟者將這燦爛的真理，讚美為聖足〔究竟的支撐〕。

42 因為它承載、維持了整個世界，這個全然圓滿的存在之知，便稱之為真理。

43 光輝燦爛的真我，不僅是看見〔這個〕事物的源頭，也是與「這個」難分難捨的假「我」的源頭。

尊者有時說到這個（idam）及我（aham），前者是指被看見的事物，後者是指看見事物的「我」。這裡他在說真我乃是源頭，為二者之基底。

真理之動與不動

44 真我住於內在，作為不滅不動的軸心，轉動車輪般的世界。

45 帕達姆是至上真我，完美的真理。只有在概念層次上，才有活動的可能。

問：《伊莎奧義書》第三真言說：「梵動，梵不動。」在至上絕對裡，怎會有兩個相互矛盾的真理呢？

尊者：無為的真諦，乃是人本來面目的真理。行動或作為，僅是從相對的觀點來看。[6]

問：您曾說過，而且聖書上也說，至上絕對是不動的。而現在您說，它是大力遍在。難道這樣是不動的嗎？

尊者：大力隱含著動，雖然伊濕瓦若以自身大力而行，也就是動，但他是超越這個動的，他超然不動。[7]

46 真理迷惑了昧於實相之人的眼。因為它看似在快速移動，但〔事實上〕它如如其在，了無移動。

《拉瑪那之歌》第十二章第十五頌：

雖然至上因其大力而移動，他實然是不動的。只有聖者能了解這個深奧的秘密。

47 真我神乎其技，做出虛幻的動作，卻像真的一樣。

48 極為神奇的真我，可以像頭腦一樣進行一切活動，卻不會偏離「知」的本質。

正如我前所引述的《阿魯那佳拉八頌》中，尊者解釋至上大力，亦即真我的動態面向，是如何顯化並維持住的。帕達姆，乃未顯化的真我，是顯現的支撐及基底，但並不直接參與造物。然而，正如這則頌文所指出的，至上大力不能當作與真我不同，或與真我分離，故說真我行於世上一切的活動，這也是正確的。類似的矛盾也出現在《阿魯那佳拉八頌》中第六頌最後一行：「不管它們停止或續行，都不能離開你而存在。」

真理與造物

49 極為奇妙的真理，用光明的「知」，也就是真我這塊陶土，形塑整個世界。

50 真我神乎其技，顯化眼前的萬物，也作為最重要、最高的見證者而在。

51 叛變的頭腦以為，實相為了顯化世界，拋棄了本來面目。

某些尊者早期的信徒宣揚了一個觀點，他們認為，當至上絕對在顯化這個世界時，會經歷一些變化。這段論述批評了這個觀點。

52 好像魔術師大顯神通，全然神秘，真我這存在之知，單單藉由想像，便施展五項神功。

五項神功是指：造物、維持、毀滅、障蔽、加持。印度哲學有若干學派認為，神創造世界並維持之，然後在宇宙解體時毀滅之。當世界存在時，其本來面目被幻象的力量隱藏或障蔽，為了除去幻象的障蔽，神加持生命個體，使他們了解真實的自己。

從坦米爾文所譯來的「想像力」（imagination），等同於梵文的kalpana，意思是「概念」、「想法」。造物不是真有其事，僅是表面上發生而已。尊者答覆卡帕理．夏斯特里時，也表達相同的觀點，他說：「整個運動或造物，被稱為至上大力的遊戲，乃是上主的策劃〔概念〕。若超越了這個概念，留存的便是實相。」[8]

造物的概念，並無實質的意涵，此一觀點，將詳述於後。

53 在神奇的真理中，宇宙成為原子，原子成為宇宙。

在《阿魯那佳拉八頌》的詩頌中，我兩度引述尊者寫道：「從〔至上大力中生起〕這一連串有如微粒原子掠影的思維，藉著「知」在今世業力的漩渦中作用，內在以思維之光為明鏡，外在以眼睛等感官，藉此世界的畫面得以為人所見，一如電影畫面透過鏡頭而生。」這段頌句概括了尊者的教誨，說明世界是如何透過心思投射而被心所看見。

在此頌句中，尊者用anu這個字，意思是是「原子」，表示極纖細的微粒，內含自我及本來就有的習性。在《對話真我》裡，對話三二三號，他解釋這則頌句是這樣說的：「在本頌句〈《阿魯那佳拉八頌》之第六頌〉中，微點即是自我。以黑暗組構的微點，乃是以潛伏習性而包蘊的自我。」

當真我的光投下時，微粒原子的自我及習性便成為「膠卷」。正如頌句接續所云，投射出來的影象，成為世界的畫面，也成為那個感知到它的人所生的心思。因此，整個宇宙，乃是這個最初原子的開展。在肉體死亡時，習性與自我沒入本心，再度變得像原子，一段時間過後，自我與習性以新的形相、新的身體呈現，透過真我之光，投射出新的宇宙。如此出生與再生，身體出世及逝亡，延續不絕，直到解脫的那一刻為止。在此之前，「宇宙成為原子，原子成為宇宙」。

每當頭腦醒來與入睡，開展與沒入的過程也會發生。醒來的瞬間，投射的行為創造了整個宇宙，也同時創造出所觀的物象與觀者。

54 真我在世界上呈現怪誕的舞蹈，那是五項神功的運作，真我神秘地在開闊之知的聖殿輝照。

在濕婆教派裡，濕婆並不直接職司五項神功。五項神功是至上大力，亦即神性能量的運作，而祂加以引發，使之呈現存在，並人格化，成為祂的女性伴侶。當至上大力運作五項神功時，濕婆本身並沒有作為，祂如如不動，住於「知」靜止的中心。

Chitrambalam是指「開闊之知」，而「聖殿」指在吉登伯勒姆（Chidambaram，在泰米納德邦）的濕婆神廟內的主殿，其主神是是虛空（akasha lingam），一個空空如也的空間，代表或象徵著「知」的開闊，若以隱喻的層次來說，是指聖殿為本心，真我在不動的「知」中安住。

真理與神明

55 對於深陷在概念中的人，神明是真理，但對於真正的悟者，了無妄見，遠離概念，真理便是他自己的真我。

56 甚至說〔神明〕不存在的人，也不會〔說〕他們是不存在的，故真我油然在焉，人人接受。

57 真理擁有威德力，能使太陽神、閻羅死神、阿耆尼火神、伐尤風神，誠惶誠恐，各司其職，有條不紊，毫無僭越。

閻羅、阿耆尼、伐尤，是指死神、火神、風神。這則頌句，引述奧義書上說的這些小神明，在真我的威力下，惶恐地職司其責。在《對話真我》書中，對話四六七號，尊者也引述經書上的文字，答覆提問。

58 為了符合膜拜者的想像，真理展現出各種不同的神明，祂們是以苦難的解救者聞名於世。

這裡「展現出」雖屬動詞，表示有各種行動，但也可指在節慶的日子，抬出神明遶境的各項活動。

阿魯那佳拉真理

59 真理是偉大的支柱，以阿南瑪萊的形相，呈現崇高又尊貴的恩德之火。

阿南瑪萊（Annamalai）是阿魯那佳拉最常見的坦米爾名稱。根據《室建陀往世書》的記載，濕婆在阿魯那佳拉山上，顯化為一根光柱，俾調停梵天神與毗濕奴的爭執，並教導他們謙恭。

60 世上每個有識之士，都讚揚這座崇高的紅色之山是真理，是存在之知的光。

許多聖者及有識之士都讚頌阿魯那佳拉，但尊者特別喜歡智者桑班達（智親）的詩頌，他讚揚阿魯那佳拉是「厚實龐然的真知，能掃除信徒心中『我是身體』的觀念」。[9]

61 真理是天上的光，在〔末迦始羅月〕阿陀羅星宿日，顯化為山丘之林伽，正是上主濕婆的形相。

梵文典籍《阿魯那佳拉聖地書》載述了阿魯那佳拉的崇偉，據說是在十二月中旬至一月中旬的末迦始羅月（Margazhi，坦米爾年曆第九個月）的阿陀羅星宿之日，濕婆最初顯化成一根光柱（後來濃縮成阿魯那佳拉）。梵文所敘述的阿魯那佳拉顯化的詩頌，尊者曾翻譯成坦米爾文，並選取一些頌文，收錄在

《拉瑪那尊者著作合輯》所選取的頌文，最前面的兩則是：

> 牛神南弟說：「那就是聖地！阿魯那佳拉，殊勝無比！這是世界的心臟！知曉祂是濕婆的本心中樞，神秘而神聖！祂是輝耀的阿魯那山，永駐於此！」
>
> 「古老而神奇的阿魯那佳拉，形成林伽，那天是末迦始羅月的阿陀羅星宿日，而毗濕奴與諸神禮敬上主光輝燦爛的形相，乃是濕婆的節慶日。」[10]

《真我精粹》本則頌文的最後四個字：「上主濕婆的形相」是指一種信仰，相信阿魯那佳拉是濕婆的身相，而不僅是祂或其住所的象徵。尊者支持這個信仰，說道：「其他聖山，被描述為一些神祇的住所，但是阿魯那佳拉，其山丘形貌，就是神的本尊。」[11]

尊者在別的場合，也說道：「凱拉斯在喜馬拉雅山，那是濕婆的住所，但這座山就是濕婆本尊。」[12]

真我了無心思

62 真我即真理，其本質是真實之智，（只是）存在而輝照著，與心思、心智等其他剩下的完全無關。

63 雖然真理是與心思融合在一起的，但真理之中，並不存在「心」這個名字。

64 真理是至上絕對超越心思的境界，當人在實相中沉睡，甚至連「圖瑞亞」這個詞，都杳然而去。「在實相中沉睡」，不是指身體的睡眠，而是意味著安住於人的真實境地。「圖瑞亞」是「第四」之義，乃醒（jagrat）、夢（swapna）、睡（sushupti）三境之底層的第四境。因為三境皆屬心思的狀態，而梵是非人格屬性及超越的至上絕對；一旦在至上絕對中超越了心思，三境底層下還有第四境的概念，也為之消失。真實永恆的境地，只有一個。

尊者：只有一個境地而已，你可以稱之為第四境或超越第四境，也可以隨你高興。醒、夢、深睡三境更迭，有如電影裡的畫面，三境都是頭腦的想法。那個超越三境又真實永在的，就是真我本身，而那個境地，就稱為第四，亦即超越位。人常說第四境或超越位，但嚴格說來，只有一個境地而已。[13]

65 本心的頭腦已死，耀明的真理出類拔萃、超然其中，那是不二的寂靜。

66 雖然人可以跑遍天涯海角尋求真我，但真理，人的真我，永遠不會被小我的頭腦掌控。

真理是心思的毀滅者

67 真理摧毀生死流轉的乖張反常。生死流轉導致錯亂，憶起就是出生，忘卻就是死亡。

生死流轉（Samsara）指出生與死亡的不斷循環。生命個體受苦受難，直到解脫，samsara這個字廣義來說，也指名相組成的經驗世界，特別是未開悟的心思所看見的世界。

68 光芒四射的真理，誅殺並摧毀心思狂想。心思製造看似真實的反射，使人迷惑。

尊者教導我們，世界的呈現乃是真知虛空裡心思的反射（chidabhasa），被假定為真。此一概念在本書第六章〈創造〉一節裡，有深入的探討。

69 燦爛的真我，竊走認同身體的自我。這個身體，是討論生、老、病、死這些題目的主角。

70 慈祥的真我，是偉大的靜默，吞噬心思，征服因心思而存在的一切宗教。

真理與正確的知見

71 真我實相超越了頭腦，因其宏偉，真理乃朗現輝照，並無作為或不作為。

72 真我乃是無上實相、終極真理，使得法則、財富、欲望僅是反射的表象。

印度經書認可的四項合理人生目標：

法則（Dharma）：根據經文載述的法則，履行社會及家庭責任。

財富（Artha）：以道德上可以接受的方法，獲得的財富。
欲望（Kama）：滿足社會所認可的欲望。
解脫（Moksha）：安住真我之境的自由。
上面兩則頌文隱含的深義是，解脫，乃是真我唯一真實安住之境，而法則、財富及欲望，是未悟者相關認可的行為準則。他們總是認為，對於未來，他們的行動或作為，可以有選擇、做決定，但對住於真我之人，這些問題根本不會出現，因為那個會去選擇跟決定的人，已經不存在了。

73 遵行宗教儀式，都只是心思上的考量。至於始終靜默的真我，並無宗教的奉行可言。

真我的加持

74 真我乃恩德之知，至高無上。人若無加持，就不會了解加持的偉大。

75 只有賜予恩德的真我，充塞著真實之智的光芒。那絢爛的光，驅散了世間虛妄人生的黑暗。

76 在個體化的認知尚未滅盡之前，真我不會揭示其真實神性之知的崇高境界。

77 若人堅定地面朝加持，那麼自我迷戀的黑暗愚痴就會消散，真理於焉熠熠生輝。

78 存在之知即實相，無盡而隱微，其所散發的清淨之光乃是真理。真理升騰而起，降伏妄意妄語。

79 一如以汙去汙，真理以有益的幻象所散發之莊嚴光輝，漂白了不潔骯髒的幻象。

印度鄉村，有時會用汙泥擦拭鍋碗瓢盆器具上髒汙之處，去除汙垢。用「清淨」的幻象，去除「不淨」的幻象。這個概念，在《解脫之精粹》(*Kaivalya Navaneeta*) 第一部，第五十七頌有云：

正如以毒攻毒，鐵釘也得用別的鐵具拔掉，箭矢得用另一弓箭矢弄歪，以汙得以去汙（例如漂布的漿泥）一樣，本就軟弱的無明，可以用跟它同樣是幻象的方法根除；而最後用來撥翻焚燒屍體的竹竿，也要燒掉。

80 燦爛的真我，使真誠信徒的內心洋溢歡喜，只願安住在上主賜予恩德的聖足下，了無他欲。

81 真我迅速前來，諦視那些苦苦追尋想見神的信徒。

82 信徒跨出一步（朝向真我），真我便是那極其熱切、真摯而無上的恩德，跨出十步（，朝向信徒）。

《真我語類》九六五頌：若你想到神，而朝祂跨出一步。祂比母親更偉大，會想到你而跨出九步，用如此的長距離，來接納你。祂的加持，何其偉大！

頌註：頌文的要義是：「祂的恩德，不用懷疑。」

問：神賜予眾生加持嗎？

尊者：無論你多麼憶念神，神憶念你更多。[14]

問：神或上師有惦念我嗎？

尊者：若你找他們兩位（其實不是兩位，是同一位），請放心，他們惦念你、找你，超乎你的想像。[15]

真理的力量

83 真理乃圓滿的真實之智，就算成就的瑜伽行者也渴望得到它，因為其力偉大，得以〔給與〕解脫。

84 真理燬盡時間的「昨天、今天、明天」、空間的「此處、他方」，也燒斷業力的枷鎖。

85 真我乃永恆不二的至高真理，揭露二元場景中的「現在」，也是虛假的。

86 真理使目睹其本尊之人，啞口無言，不發一語。真理極其神奇而燦爛，高談闊論者，不曾目睹。

87 不論吠陀及濕婆典籍如何極其詳盡闡述細節，最後仍被真理所迫而哀嘆道：「這〔真理〕超越了我們。」

88 在神聖的真理中，那些知曉因精神焦慮而哀愁憂傷的人，都停止焦慮，找到幸福。

89 對於安住在至上濕婆之知生命的心思而言，真我會不費吹灰之力，擯除世上君王統領的威勢。

90 那些一心一意吟唱著「濕婆、濕婆」而融入虔愛之人，真理於是朗現，令他們一無所求。

真理的遊戲

91 雖然真理是人固有本質獨特的覺受，但仍受到三方屬性的概念所障蔽。

92 真理以「遺忘真我」折磨著生命個體，使人忘卻自身真正優良的本質，而背離真我。

Pramada在本書《真我精粹》是屢次出現的名詞，指忘卻或未注意，特別是指遺忘真我。尊者教導我們，我們都是始終覺知著真我的，但有時只注意到心思、身體及世界的活動，而遺忘了這個覺知。

93 真理是真我，乃清淨之知、無垠之虛空。愚痴之人想到空無就害怕，精神上就退縮。

94 真理折磨著心懷執著之人，但使〔了無執著〕胸懷大度之人喜悅。

穆魯葛納有時用坦米爾語udaram或片語udaragunam，這些詞通常譯作「胸懷大度」，這不僅限於物質上的慷慨大方，也隱含能夠切斷捨棄一切想法概念。因此，字義含有全然棄絕心思，而不只是願意放任處理其物質財富。這個詞在本書的某些地方，也譯作「慷慨」指極為大方。若在其他地方，視情況用「捨棄」一詞。

95 瑜伽行者欲求八大神通，真理巧妙安排這些瑜伽行者，授與舞蹈，使其舞之蹈之。

神通是超凡之靈力或成就，得以瑜伽的修練而實現。八大神通，列載於瑜伽典籍。尊者與其他師父一樣，告誡人們，追求神通是無意義的，那只是自我的運作。但本頌文指出，若瑜伽行者志在神通，則真我的力量，將使這些人追求神通的偌大精力，為之虛擲。

96 眾多神通向顯赫的真理鞠躬稱臣，對於持身安住在真誠奉獻之人，真我使神通顯得僅是心思上的毫末之微。

97 真理創造許多充斥著虛幻概念的技巧，就是要給心智平庸的人去了解、樂在其中。

98 燦爛的真我被障蔽，正如火焰被煙霧所籠罩。

99 只要觀者無法看到自己的本來面目，燦爛的真理便會將他困在概念之中，無法從妄想中脫身。

領受真理

100 尊者乃是廣大的加持、真理之所在、無生論的登峰造極，高人對此了然於心，親身經驗了生命的自然境地。

無生論（ajata）意謂沒有創生、非創造，是哲理上或經驗性的觀點，宣稱或知道物質世界及生命個體並無所謂創造或出生，因此，並不承認生命個體有解脫或束縛等假設性問題，因為生命個體本身便從來不存在。這些問題，都是有缺陷的想像力所虛構出來的一切。這就是尊者自身的體驗及立場，也是穆魯葛納在《真我語類》一〇〇頌的頌釋中所提出的觀點：

> 上師拉瑪那是神的化身，雖然開示各種教義，但仍取決於拜倒在他聖足下的信徒之信念。我們私底下聆聽尊者談及他親身的體驗，只有無生論而已。

當你安住在生命的本來面目之中，便能直接領受無生論的真諦。安住在真我的自然境地，便是無生。

101 若欲求真我實相，渴望存在之知，屏棄虛妄的一切，就能直接領受到真理。

102 要得到光彩熠熠的真理，僅能祈請斬絕欲望之根的悟者，施以恆久不滅、無上幸福的加持。

103 真理清淨，了無屬性，為〔神所〕恩賜。唯有棄世，真理才能光明崛起，否則無法洞曉或獲得。

104 只有從內在交出自己當作供養，真理（實相）才會融入這座無垢的神廟，永恆輝照。

真理乃神明，在本心清淨無垢的神廟裡輝照著。這個想法屢見於本書《真我精粹》。

105 因為存在之本質是「知」，所以真理對濕婆之知的直接體驗，是純粹的享受，不像享用〔二元對立的〕糖。

尊者：某些論述，辯說糖無法自己品嚐其身的甜，所以必須有個人來品嚐並享受之；同理，生命個體無法住於至上，而享受那種狀態的幸福，因此必須一方面保持個體性，一方面保持神性，這樣才能安享幸福。難道神像糖那樣，沒有知覺嗎？人如何能臣服於神，還同時能保有個體性以享至福呢？[16]

如何得到真理

106 生命個體欲得解脫、滅除靈性無明之苦，應熱切尋求的是吉祥福佑的真我，亦即意識、至上。

107 內心以探究作為繩索，以愛作為攪拌棒，奮力翻騰，真理於焉呈現。

此頌文若干詞，取自一篇著名的詩頌（《德瓦羅》第五冊〈蒂魯穆萊〉九〇節第十頌），由早期濕婆派詩聖阿帕爾（Appar）譜寫。阿帕爾的詩頌，展衍歷年，成為在靈性成熟上有磨練、動忍、打磨等不同階段的比喻。所述及的比喻是：木材、牛奶、原石。你先用力摩擦木材，才能有火；攪動牛奶，才能有奶油；磨光裸石，才能有發亮的寶石。木材型的信徒，雜質最多；牛奶型的信徒，雜質較少；寶石型的信徒，幾乎沒有雜質。在這三種過程中，以摩擦生火，最為困難；其次是從牛奶取得奶油；最容易的是從寶石得到光澤，而這三種類型都有雜質要去除。

尊者在其《阿魯那佳拉八頌》第五頌中，援用這個著名的類別比喻。他寫道：「若能像切割而磨光的寶石一樣，心思在心思的磨石上磨練，以去除汙染，就會得到你的加持之光，其輝照有如閃亮的紅寶石，不為對境所玷汙。」

穆魯葛納在本頌文是說，心上的雜質，可用探究與愛兩路並行而去除。翻騰過後，真我乃顯現。

尊者在《寶鬘辨》（*Vivekachudamani*）的導言中，述及這個過程：

> 持續不斷的定於真我，譬之攪動凝乳，俾形成奶油。心思譬如攪拌棒，內心是凝乳，堅定於真我之修練，則是攪動的過程，正如攪動之凝乳而精練成奶油、摩擦火花而燃亮照明，堅定不移地警覺在真我上，其無止息，有如無間的油液之絲縷流注，乃引生自然而無遷異的出

神入定或無分別三摩地，這是即將自然引發對至上絕對的直接、當下、無礙、普遍的感知。

那是當下的覺知及體驗，邁越一切時空。17

108 無論是誰做了什麼修行，除非以探究而認識自己本心的實質，否則真理不會朗現。

109 真理的本質是靜默，不能藉由萌起的客體認知而得，僅能在既無憶念也無遺忘的純粹寂靜中，才能有所體會。

110 真理乃至高境界，唯有在深切渴望中忘卻自我才獲得，僅憑臆想是無用的。

111 真我乃完美之大本（first cause），除非摧毀自我這個冒牌的認知，否則無法全面獲得。

112 若人能從無明的夢迴中醒來，就剩下光明的真理、廣袤清淨之「知」。

113 若能放下執著的認知，不再執著於感官對境，安住真我，便能獲得真理的究竟實相。

114 人無法靠努力與真我合一，只有自我滅失一途，那裡有深沉的寧靜。

115 因為真我是慈悲的寶庫，消除〔臣服於它之人的〕焦慮，除了臣服於它〔以消除焦慮〕，別無其他的修行法門。

116 除非行供養，否則無法獲得真理。若無靜默，真理便完全無法實現。

供養（dana）是指弟子把供品獻給老師。本頌文的後半段，闡明尊者的說法：將心思上呈師父，然後保持靜默，才是唯一有效的供養。尊者並不鼓勵或接受任何形式的供養以換取他的教導。

尊者：把供養想得很簡單，簡直是癡心妄想。供養意味心思融入真我，與之合一，意思是掃空所有的習性。若無個人的努力及神的加持，就不可能實現。神的力量不能抓著你，把你拖進去祂裡面，除非你完全臣服於祂。若個己小我已經交出去了，那我們還有什麼臣服的問題呢？若還沒有做到這一點，勢必會無休止地掙扎。只有再三努力，最後才會成功。一旦成功，便不會退卻，這是正常的過程。若僅是重複著「供養，供養」這個詞，又有何用呢？除了你給了錢、複誦「供養」這幾個字，這對心思能有什麼影響呢？[18]

117 專注於「堅定安住」之人，真我授與真知的光劍，作為獎賞。

Nishta意謂「堅定安住」，更具體地指「堅定安住真我」。這裡尊者教導要專注在真我，直到完全、攝入其中，無有間斷。

118 一心緊抓著真理，亦即真我，了無離逸，此後不會萌生絲毫欲望。

後來，我們〔尊者與雷格〕在山上行走，他指出我們兩人的差別，說道：「你總是有要這個或要那樣的欲望，而我一無所欲。」19

119 妙聖的真理，受真誠無限的虔誠所吸引，那是莎巴莉與迦那帕的精誠奉獻。

迦那帕（Kannappa）是坦米爾的聖人，其故事載於《佩里爾往世書》（*Periyapuranam*）。他深愛著濕婆。他以為濕婆有一隻眼睛受傷了，便挖出自己的眼睛獻給濕婆。當他要獻出第二隻眼睛時，濕婆便制止他。濕婆曾對一位僧侶講述這件事情，並說明迦那帕的奉獻，何其偉大。

莎巴莉（Sabari）的故事，載於《羅摩衍那》（*Ramayana*），她是住在天界的香神乾達婆。她的丈夫詛咒她，要落在人間當獵人，因為她在乾達婆的天界與獵人有染。然而，據說當她遇見羅摩時，這個詛咒便被解除。莎巴莉在人間化身為女獵人，住在聖者馬坦格（Matanga）的道場旁，她忠誠服侍聖者及其信徒多年，大多是照料道場的花卉。馬坦格的許多信徒在去世之前都祝福她，說她應該去觀視羅摩，並接受他的赦免。某日，羅摩終於造訪道場，莎巴莉精選最好的水果，作為呈獻給他的供品，並先親自淺嚐部分水果。羅摩吃了她精選的供品，盛讚美味有如甘露。莎巴莉住在道場時，曾修練苦行一段時日，臻及神通，她在昏厥中有了淨觀，知道羅摩終會與悉多復合，便告訴羅摩這個淨觀。由於她對馬坦格及其信徒無私的奉獻，乃得到觀視羅摩的福報，而解除了那個詛咒。她的前夫便從乾達婆的天界降臨，駕駛馬車，載著她返回天界。

證得真理的障礙

120 真理太遙遠，心靈黑暗的虛偽之人看不到。他們冒充悟者，四處招搖。

121 真理的本質，是超凡的清淨，僅在感知消融中翩然來到，但又微妙地規避好辯的頭腦。

122 光明的真理，在略微接受黑暗虛偽而充滿詐欺的心思時，又會縮回自身。

123 離開真理這個甘甜美味的水果，愚痴之人將四處奔走，渴望番木鱉樹的〔苦澀〕果實。

124 真理是不二的存在，是頭腦所不能思考的，因此，只要人在思考，真理就不會輝照。

《真我語類》一二三七頌。頌釋：殊勝的不二體驗，在深入探究而參透真我實相的悟者之本心，輝照無間，縱然實相如如其在，遍在各處，但不雜於他物，三方屬性的幻象在此已然泯滅。這是人以〔他們所知的〕不淨又虛妄的客體認知之對境感知，所無法實現的。

《真我語類》一二三八頌：了無思維的濕婆之知，其真實本質是存在之知，僅被心思已滅的偉大之士所知曉。他們因存在之知，安住在心思的源頭。他們的心中，一念不起。頭腦充斥著念頭的人，是無法知曉的。

第一個引文提到的「客體認知」（suttarivu），在〈獻給上師的花環〉的詩篇中是個關鍵字，是指區分外在世界與內在認知者的虛妄意識。認知者由是而觀看外在的世界，並與之互動。

125 「知」與無覺性的結，是個虛妄的連結，一旦被斬斷，真我就是唯一的實相，遍在而輝照。

「知」與無覺性的結，是指「知」（chit）與無覺性（jada）的身體之間的連結。若「我是這個身體」的觀念消失了，留存的只有真我。

真理之福樂

126 人們不應遲延證得真我，那是極為吉祥的濕婆之知，乃平靜的幸福。

127 真正邁抵目標之人，內心堅定地安住在真我裡。真理帶來幸福，好像他們所欲皆已實現。

128 真理存在而輝照，可以這樣說：「真實的幸福，乃是苦樂這二元對立的兩個面向，全然消亡。」

129 真我即幸福，使浸潤在真理福佑之人，轉化為唯一的萬福真我。

真我

本書除了最後一章，是穆魯葛納蒙受尊者的加持而敘述個人的領受之外，其餘章節都是尊者的直接教導。

知道真我

1 真我不是去知道或不知道的某物，真我本身即是明（知）。

《真理四十頌》三十三頌：

「我還沒認清自己，或我看透我自己。」都很荒謬。為什麼？難道有兩個我，一個我是被「另一個」認識的對象？「我是一」乃真理，是每個人都有的體驗。1

尊者：真我不是明（knowledge）或無明（ignorance）所能預言的東西，它超越了明與無明。真我就是真我，所能說的就是這些。2

2 他對自己（的真我）一無所知，即便他知道了些什麼，又有何用？

3 只有知道真我，才是對真實殊勝的認識，其他類型的知識，都屬虛妄。

《真理四十頌》十、十二、十三頌：

沒有濃郁深厚宛若黑暗的無明，明便無法存在。沒有明，無明便無法存在。只有領悟真我乃是〔明與無明的〕基底、〔探究〕「那個明與無明，是對誰而言」？這樣的知，才是真實的知。〔真〕知，是明與無明的全然空無；那個知曉〔諸物〕的，不可能是真知。因為真我輝照，無須他人知曉或被他人知曉，它即是〔真〕知。它不是虛無的。所以你們都要知道。

真我是清明之知，獨然真實。繁多的知識，乃是無明。甚至這個虛妄的無明，也無法自外於對真我的認識而存在……[3]

4

明與無明，僅與「非真我」的對境有關。明與無明不適用於真我，因為真我是清淨之知。

問：那個絕對，明知其自身嗎？

尊者：始終覺知悟明的，是超越明與無明的。你的問題已預設了主體與客體，但那個絕對，超越二者，本身就是那個「知」。[4]

5

真知僅是掃除錯誤的知，只有這個對解脫是有用的。

尊者：覺悟的說法，並不正確。是覺悟了什麼呢？那個真實的（the real），始終如其本來，又如何去實現（real-ise）它呢？只是這樣而已。我們實現了那個非真實的，也就是把非真實視為真實。我們務必要屏棄這種心態，這就是得到真知所要做的。我們並非新創的，或是獲得某個過去沒有的東西。聖典載述的例子說，我們掘井，挖了個大洞，我們並未創造那個坑洞或井的空間，我們只是移除充塞在空間裡的土壤。那個空間，曾在那裡，現在也在那裡。同理，我們僅是除去我們內在長期的心識印記（samskaras），真我就會獨在而放光。[5]

6 尊者說：「每個人的真我天生自然，說真我的真相是個奧秘，那真是一個大笑話。」

問：說到知道真我，最為容易，這是個怎麼說法？

尊者：其他的知，都需要一個知者、知、被知道的對象，而真我的知，不須任何東西。它就是真我，還有比這個更明顯的呢？所說才說這是最容易的，你只須要探究「我是誰」？[6]

7 光明的尊者提問：「誰瞎了眼，不知道真我的存在就是完美的智慧？」

8 來到這個世界舞台的人，扮演完他們的角色，然後離去，他們的匱乏，是因為缺少真知而哭泣。

9 真知乃究竟實相，是法則、財富、欲望、解脫，四層目標的真諦，為人類社會認可的標的。

法則、財富、欲望、解脫之釋義，見本書第二章〈真理〉一節第72頌。尊者在此是說，真知乃是真法則、真財富、真欲望、真解脫。

10 真知即是真我，應融入其中，乃是全然戒除對非真我的耽溺。

11 真知的神性境界，乃清淨之境，既無外在的徵象〔如毛髮聳動、顫抖〕，也無狂喜忘形。

問：毛髮聳動、啜泣聲、喜樂的眼淚等，載述於《真知顯現》（*Atma Vidya Vilasa*）等著作，這些現象是發生在入三摩地之時、之前或之後？

尊者：這些都心念（vritti）極為精微的模式之徵象，若無二元對立，這種徵象就不存在。三摩地乃圓滿寧靜，這些徵象在三摩地中沒有存在的餘地。出定後，對三摩地的回憶會引發這些徵象。在虔愛法門裡，這些徵象是三摩地的前兆。

問：在真知法門，不也是有這樣的徵象嗎？

尊者：有可能，但並不絕對，這取決於個人的本質。若個體感全然喪失，這些徵象不可能有立足之地，若流露出一絲絲的個體感，那麼這些徵象就會顯現出來。[7]

12 一旦洞曉實相的本質，錯誤的理解才會消失，隨之而來的錯覺也同時告滅。

真我始終都在

13 修行，能得到超越自身的東西，但是到底怎麼修，才能得到真我？又是誰來得到呢？

尊者：知曉真我，即是「在」於真我。「在」意味存在，亦即自己的存在，那是誰都不能否認的。雖然人看不到自己的眼睛，但誰能否認自己的眼睛存在。問題是你想要將真我客體化，正如你攬鏡在前，你客體化你的眼睛。你習慣客體化，以致喪失了對自己真我的認識，只因真我無法被客體化。[8]

14 沒有什麼新的東西要得到，那個「得到」，僅是體驗到了真知，遠離了無明。

尊者：人們問：「無明到底是怎麼萌生的？」我們必須告訴他們：「無明從未萌生，它不是真實存在。那個如如其在的，僅是知（vidya）而已。」[9]

尊者：至上絕對的真知（Brahma-jnana）並不是一種需要獲得的知識，並非獲得這種知識才能得到幸福，而是要屏棄無明的觀點。你要知曉的真我，事實上就是你自己。你所謂的無明，導致無謂的憂苦，就像第十個傻瓜在為從未走失的第十個人悲傷般枉然。[10]

15 不二的真理，是在體驗著清淨至上的「知」中實現的，不是新獲得的。

問：假如「我」始終、此時此刻都在，為什麼我感覺不到？

尊者：那就是問題所在，是誰在說沒感覺？是真實的「我」在說？或者是虛妄的「我」在說？檢視一下，你會發現那是虛妄的「我」在說。虛妄的「我」是障礙，必須被掃除，俾真實的「我」不受隱蔽。感覺「我尚未領悟」，是領悟的障礙。事實上，它已然被領悟了，並無其他要被領悟的。否則那個領悟，必定是新穎的，在目前不存在，之後才會存在。但是有起必有滅，領悟若不屬永恆，就不值得擁有。因此，我們所尋求的，絕對不是那種新生的事。那個恆在的，而我們現在並不知道，是因為有障礙的緣故。對於那個我們所尋求的，我們必須要做的是掃除障礙。我們不知道那個恆在，是因為無明所致。無明就是障礙。克服無明，一切皆完好。[11]

16

自古以來，你一直都是「那個」存在，但你卻費勁想知道「那個」。

尊者：真我始終都在（nityasiddha），每個人都要認識真我，但需要什麼協助，人才能認識自己呢？人都把真我當作某種新穎的東西來看，但是真我是永恆的，而且如如其在。人都想看到耀眼的光芒，這怎麼可能呢？真我不是亮光，也非黑暗，僅是如如其在，無可定義，最佳的定義是：「我就是那個我在。」經文述及真我為：人之拇指、髮之末梢、電光火花，廣乎其廣、微乎其微等。事實上，真我並無前提、基底，僅是「在」而已，異於真實與非真實；是真知，不同於明與無明，該如何定義呢？真我僅是「在」而已。[12]

17 究竟解脫的終極境地，乃是自己的本來面目。它始終都在。領悟這點，保持平靜。

18 你的任務是深入探究，並知曉那個「已經備妥」的真我境地。你沒有理由費心無中生有。

問：請問要如何獲得真我？

尊者：沒有所謂的獲得真我。若真我可以獲得，意味真我並非當下即在，而必須是新獲得的，然而新獲得的，必將失去，故是無常。既非永恆，就沒有努力獲取的價值。所以，我說真我並不是去獲得。你就是真我，你已然是那個了。事實上，你昧於自己幸福的狀態，無明障蔽了清淨的幸福，所有的努力，都朝向掃除這個無明。這個無明，在於錯誤的知見，而錯誤的知見，在於誤將身體、心思視為真我，這個虛妄的身分，必須掃除，則所留存者，是為真我。

問：這又如何實現？

尊者：藉著探究而深入真我。13

19 你自己生命的真相輝耀著，不言而喻，為何要閉目苦思，自尋無謂的煩惱呢？

他們自己真我的存在，從心思運作推斷為「我思故我在」。這些人好像那些呆子，對眼前經過的大象視而不見，事後看到足印才信以為真。14

尊者：正如手掌上醋栗果的例子來比喻直接感知，人人都能引用，那個真我比掌中的果實還更直接認知。要感知到果實，必須有個果實、放置果實的手掌、看到果實的眼睛，而心思也要在正常的狀態〔以處理資訊〕。然而，沒有這四項東西，一個沒有什麼知識的人，也能道出「我在」這樣的直接覺受，因為真我之存在，正如同「我在」的感覺，知道真我實在很容易，其中最容易的路徑，便是去看著那個要證得真我的人。[15]

醋栗果很像鵝莓，長在樹上，不在矮樹叢裡。若事物顯而易見，大部分的印度人都會說：「像掌上的鵝莓一樣，一目瞭然。」

20 睜開雙眼，認識你眼中閃耀的光芒；這光在本心輝照著，乃一切光之最，超越一切思維。

21 時常安住真我，並且有所領悟，好像身在潘達爾普爾，而前往潘達爾普爾朝聖。

潘達爾普爾（Pandharpur）是位於馬哈拉施特拉邦的城鎮，鎮上有一座知名的克里虛那神廟。頌文涉及一則吟唱，以及這間神廟信徒的儀行。尊者在下面的談話中，述及此事：

問：我們在哪裡能看到靈魂？我們怎麼知道？

尊者：我們在哪裡能看到靈魂？這問題就好像身在拉瑪那道場，卻在問「拉瑪那道場在哪裡」?靈魂無時不在你之內，無處不在，而你卻想像它在遠方，要去找尋，就好像做潘達爾普爾的拜讚（bhajan）。儀式在晚上六時開始，信徒腳上繫著響鈴，屋內中庭放置銅製立燈，信徒環繞立燈而行，跟著韻律節奏而舞蹈，「潘達爾普爾好遠！潘達爾普爾好遠！來吧！前進！」但是他們繞圈而行，事實上甚至連半碼路都沒前進。到了子夜十二時，他們開始吟唱拜讚歌：「看啊！看啊！那裡是潘達爾普爾！這裡是潘達爾普爾！看啊！看啊！」

晚間六時，他們繞著那盞燈而行，直到凌晨三時。天破曉時，他們唱著：「我們抵達了潘達爾普爾，這裡是潘達爾普爾。」這樣唱著說著，他們向立燈行禮，結束了拜讚的儀行。這跟尋找真我一樣，我們一直繞著圈子在找尋真我，說：「真我在哪裡？真我在哪裡？」直到最後，真知之見露出曙光，然後我們說：「這就是真我，這就是我。」[16]

22 真我乃無價之寶，始終都在。人因為了然於心，並堅信我就是那，而「得到」真我。

真我之境地

23★就算是苦行僧與聖者也都無法定義真我，除非以否定句表述。

24★沒有人有權力拒絕或接受的東西，究竟是什麼？那個東西，就是真我實相。

25 真我的體驗如此顯明，卻成為虛幻，這何其神奇！

26 與眾生緊密結合的真我，乃是無謬、清淨、至上真實。

27 真我乃是崇高實相，獨具崇高殊勝之處。其餘諸境皆與此不同，被視為異於真我，自外於真理。

28 只有真我的本質值得擁抱；與其他性質都沒有結合。

29 真我是住所，真我亦住在其中，相較之下，有形世界的空間，實在寒酸。

《真我語類》四二六頌：常言，「知」乃萬物之基底。若深入探究，﹝那是因為﹞「知」是萬物萌起的殊勝基礎，甚至也是其自身之基底。

有形世界位於「知」之內，但「知」的真實空間、那個潛藏空性之基質，始終更為廣大，包羅意識自身：

尊者：開闊之知（chidakasa）只是清淨之知，心思的源頭。正如剛萌起之頃刻，心只是光，只是後來生起「我是這個」的念頭，於是「我」的念頭形成生命個體及世界。

首發之光，是清淨的心思，亦即心思虛空（mind-ether, manokasa）或伊濕瓦若（神，Iswara），其狀態是諸物顯化，因為它包含著其內的一切諸物，故稱之為心思虛空。就像虛空包含著萬物，心思虛空中也包含了諸多思維，故稱為心思虛空。

又，正如物質虛空容納一切粗質有形（整個宇宙），本身也包含在心思虛空內，而心思虛空也包含在真知虛空（chit-ether，即開闊之知〔chidakasa〕）內。最後則是知（chit）本身，其內空無一物，僅存清淨的智慧。17

30 生命自身之真理，煥然呈露，永在無間，絕無朽壞。

31 ★一切的遷異，都只是對非真我而言。因為人之自身本質，亦即真我，乃是至上，永無遷異。

〔**尊者**：〕「他們說我參透了，是在二十八分鐘或半小時內，他們怎能這樣說呢？那是剎那的，甚至為何說剎那呢？那有什麼時間的問題呢？」

於是我問尊者，他在馬杜賴體悟之後，他的了悟可曾有所變化，他說：「沒有，若有變化，那就不是了悟。」18

32 ★真我自始至終存在，無有間斷，如其本來。

33 若所體驗到的是新的狀態，它必然會消失，因為那個不是自己本來的狀態。

《真我語類》八八七頌：若那個境地現在不存在，後來才會實現，那就不是你自己的生命所存在的自然境地，勢必會離去，不會永在。

頌註：無論是如何偉大的體驗，無論所賜予的是何等的幸福，若僅停留一段時間而後離去，那就不是永在，不究竟的境地。非自然之境，會在某個時間點離去，那是自然而然的事。

34 ★來來去去，只會發生在頭腦裡，不會發生在真我、存在之知中。

35 當自我在恩德的顯現中消亡，不復存在，這就是不二的體驗，也是人之本來面目的實現。

36 萬物在唯一的真我裡蔚然呈現，還有什麼能自外於真我而運作？

真我之光

37 那個實相，是「知」的幸福之光，它︹在醒、夢境中︺所投射出的影像，是虛妄心思的概念。

尊者：真我即本心，本心是自身耀明的。光自本心萌起，及於頭腦，那是心思的位置，世界因心思而被看見，此即是藉著真我的反射映照之光而觀知。世界被看見，是藉著心思之助。

當心思有了亮光，則世界被感知。若心思無亮光，就無能感知世界。若心思內返，朝抵光的源頭，物象的感知就會止息，唯有真我自行輝照。

月亮因太陽的反射而暈照。當太陽西沉，月亮可以使物象顯現。太陽升起後，雖然天空尚可見到銀盤，但無人需要月亮了。

心思之於本心，亦是如此。心思知所以有用，是因為反射的亮光可以看見對境。若心思內返，發光的源頭便自身輝照，而心思為之黯然失色，毫無用處，有如白晝之月。[19]

38

圓滿清淨之真我，光明而獨在，乃是真實；不淨心思的感知，是為虛妄。

尊者：真我或「我」的本質，必然是輝照的，你感知萬物呈現、變化、消失。何以如此？若說你從別處取得輝照，就會引生質疑你是如何取得的，這樣的質疑將會是一連串無休止的論述。所以，你本身就是輝照。通常對這個論述的說明是這樣：你製作甜點，取用多種食材做成各類形狀。所有的甜點，口感皆甜，因為糖在其中，而甜是糖的本質。同理，一切經驗的有無，皆包含在輝照中，那是真我的本質。沒有真我，就無從經驗，正如沒有糖，所做食物就不甜。[20]

39

實相無名無相，在一切妙乎其妙之中，那光，更是微妙。

40 ★這個以各種方式所呈現的世界，都是實相所散發出來的光。

41 只有聚焦在自身、安住其中的「知」之光芒，才是真正的智慧，才是實相。客體認知所知的非真我，則是全然的無明。

42 人若非實相之姿，也非「知」的光芒，就不可能有認識物象的體驗。

43 ★當世界和身體不再呈現時，光存在著，就算世界和身體出現，光依然存在。

44 只有「知」的光芒是加持之光，乃上主的聖足，至於其他的光，都是相對的光。

問：我們如何擬想至上之知（chaitanya Brahman, supreme consciousness）？

尊者：就是「那個」。

問：可以想像那個是自身耀明嗎？

尊者：它超越光明與黑暗，而生命個體是看得件明暗的，真我啟迪生命個體，看清光明與黑暗。[21]

45 把其他光視為對境，又信以為真的人，身陷粗質肉體的糾葛中。

46 在那些被真實之光照亮的高尚之心中，最寶貴的是解脫之光，將在這塵世間閃耀。

47 尊者訝異地說：「在這個世界上，無明之弊，黑暗之淵，實在是一大驚奇！」

真我之不二

48 那個僅是一，非二也，連你也不排除在外，那個一誠然與你並無分別。

49 在你的本來面目中，你獨然存在，並無第二個實體。

50★不二的實相，乃人自身的本質，與一分為二的客體認知並不相容。

51 在真實之智裡，萬物絲毫不起對立。

尊者：每當要控制某物、移除障礙或有所改變之時，都需要至上大力。然而，在真我的究竟體驗裡，也就是常住智慧之境（stitha prajna），或超越心思之境，唯一體驗到的，乃是不二。在那個境地裡，沒有法則能與之抗衡，因為悟者住於真我，無敵於天下，因此〔對他而言〕無須征服對境。蓋在此境，萬物渾然一體而不可分。當真我成為遍在，則有形世界全然不存。因此，雖然真我有其至上大力，但已無須使用它了。至於在某境地，感覺有對立物，而要在此著力，那就需要至上大力了。22

52 真我乃萬物之本源，無異於渾然一體的「知」，不自加區分為「我」及「這個」。

問：「我」只在涉及到另一個「這個」時才存在（aham-idam），不是嗎？

尊者：「我」、「這個」當下同時呈現，但「這個」被包含在「我」裡面，彼此是分不開的。「這個」必須融入，而與「我」成為一。留存的「我」，乃是真正的「我」。23

真我沒有同伴

53★ 真我乃獨一而遍在之知，永遠擺脫了結合與非結合的雙重屬性。

54★ 人之心智若能清楚領悟自己就是「知」，就不會跟其他東西相應。

55 概念僅是分殊之呈現，不能纏滯在稀有、清淨、不二的實相上，實相是自身耀明的。

真我不受有限附屬所限制

56★ 排除有限附屬的觀點，真我誠然從未有過分裂，因為真我的本質就是「知」。

Upadhis通譯為「有限的附屬」，乃錯誤、有限度的認同，附加在唯一實相的「知」上面。認同身體，或認同任何形相或觀念，都是有限附屬。尊者曾詮釋如下：

尊者：純粹的存在，乃是實相，其他都只是聯想而已。純粹存在，不會是「知」以外的東西，否則，你就不能說你存在。因此，「知」就是實相。當你把「知」與有限制的附屬聯想在一起，你會說是自我意識、無意識、潛意識、超意識、人類的意識、狗的意識、樹的意識，諸如此類，而這一切的共通元素，就是「知」。24

57★在崇高而清淨的真我（即「知」）裡，其本身固有的附屬，不會引生弊端。

實相即真我

實相（swarupa）的譯名不一，或譯為「真實形相」、「真實本質」、「自身形相」、「本來面目」。若這個詞作為真我的同義詞，則指實相的終極本質，它不是外來或間接的體驗，而是人生命真正而本有的境地。

58 真實之智並不是「得來」的東西，而是自身的本來面目。

59 實相是「知」、至上的輝照，乃萬物之基底，遍在一切。

60 用語言描述實相，猶如把一根稻草當作木筏，試圖渡海。

61★實相的滋味，不可思議，這種享受在概念之外、超越概念，也無法宣稱其本質就是如此這般。

62 蓬勃的實相，宏偉廣大，連說獲得實相很容易的餘地也不留，因為實相就是人的本來面目。

63 實相裡，人僅安住在「那個」。在這種狀態下，沒有思維的餘地。

64 人永恆不變的真正實相，乃是不朽之本體、恩賜不死之甘露。

65 除了真實之外，其他一切都只是心思的建構，並沒有絕對無疑的最終定論可言。

66 真知實相，乃人的本來面目，它有權得到你的愛，永不受苦、不困惑、不頹敗。

問：愛是以二元為要件，真我如何成為愛的對象？

尊者：愛與真我，並無不同。愛一個對象，是低層次的，不可能持久，而真我就是愛，換言之，神即是愛。[25]

67 啊！若你能了解自身不死的實相之真理，你的偉大將無可估量。

安住實相

68 一切的虛妄與錯誤之根源，是因為沒有領悟到自己真正的本質，那是嚴重的錯誤，這是你應該知道的第一件事。

69 探究並了解到，生命伊始，你便擁有了你自己最真實的本質，也就是你要得到的實相。

70 意識失去清明，而奔向世界，原因是它背棄了真我，拋開了實相。

71 除了安住真我實相的永恆境地，其他諸境都有缺陷，因為它們與頭腦有關。

72 那些以為自己是某個形象，忘卻自己真實面目的人，他們是〔真知的〕異鄉人。

73 質疑自己的本質而感到迷惑之人，他們的生活是全然虛幻的。

74 為何你還不了解本質中始終昭然、無可辯駁的實相呢？

75 合一的境地，即三摩地，就是你真實的本質；做這麼多修行，只是虛假的幌子。

76 凡離你而去的，就讓它去；凡朝你而來的，就讓它來。〔無論何事，〕安住在你吉祥的本質裡。

77 不要讓心思離卻你的本質，停留在其他事物上，因為離卻了你的本來面目，就沒有真理了。

78 唯有實相滅盡非真我，使之不存，才被描述為空性、涅槃。

尊者：你生命的本質始終在那裡，而你的禪修僅是偶爾行之而已。生命的實相，存於你的真我，除此之外，你無須知曉。最重要的是你必須屏棄「視非真實為真實」。所有打坐、禪定或持咒的目標，只是屏棄一切非真我之思維，亦即盡棄雜念，而心注一處。26

尊者詮釋「涅槃」的涵義，略不同於傳統的佛教解釋：

尊者：涅槃是圓滿。在圓滿裡，沒有主體，也沒有客體，即一無所見，亦無所感所知。見與知，都是心思的運作，在涅槃裡，只有「我在」幸福的清淨之知，此外別無一物。27

渴望真我

79 愈渴望真我，愈感幸福豐盈，對虛妄世界的痴迷，就會一掃而空。

80 人無法領受參透真我的榮耀，除非他極度熱切地沉入在真我裡。

尊者：念念不忘，讓心在虔誠中融化。樟腦焚盡後，則無殘存。心思即樟腦，當其融入真我，了無殘痕，這就是真我的了悟。28

81 真我是超越一切概念的存在，強烈渴望真我的人，不會再欲求其他。

82★獻身於真我，乃是欲望的極致，引生真實之智的視野，在此一切名相，皆是真我的名相。

83 若你全心全意渴望真理，並領悟真理，那麼真理本身會讓你解脫。

遺忘真我

84 仁慈的尊者開示：「遺忘真我（pramada）是大錯特錯，會毀掉你的幸福。」

85★無明僅存於他者的感知。真我的本質就是燦爛的光，於其而言，遺忘真我這道障礙，並不存在。

86 乖張的心思因為健忘，棄絕如其本來的真我，變得躁動不安。

87★在不忘真我的境地中領悟真理，一切名相，都是至上絕對。

88 認為至上絕對之境有別於你，原因不外乎是你選擇性地遺忘真我。

問：當我一直想著〔「我是至上絕對」的念頭〕，就會遺忘，大腦發熱，我有點害怕。

尊者：是的。心思匯集在頭腦，你那裡就會有灼熱的感覺，這是因為「我」之思維所致。只要有思緒，就會有遺忘。只要有「我是至上絕對」的思緒，就會有遺忘，然後「我」之思維萌生，死亡的恐懼同時俱起。再等一下，思維就會像幽靈一樣消失，只留下真實的我，那就是真我。「我是至上絕對」，有助於心思的專注，了無旁騖，只剩那個念頭存續，再看那個念頭是誰的？便會發現是「我」的。那麼這個「我」之思維，又從何處來？探究下去，「我」之思維便消泯，至上真我將自身輝照，無須更多努力了。[29]

89 掃除對真我的遺忘，就是獲得自己的實相，那是崇高而不變的本體。

90 若用心緊緊攫住而不遺忘，就會得到那個在吠檀多頂峰閃耀的實相。「吠檀多頂峰」，指奧義書及其詮釋的真我體驗。

91 難道不是遺忘了真我恆在的這項真理，才捲入無休止的爭論嗎？

92 遺忘真我所引發的頭腦騷動，會在視一切行動都是濕婆之知的心態中被摧毀。

93 除非意識變得穩固而沉靜，否則由於遺忘真我而〔與你〕相應的強大出生，不會止息。

真我專注

94 只有專注於真我，無求而求，才能讓你與永無變易的原始本體結合在一起。

95 停止追尋走入山林、放棄家園的道路。更好的做法是是扭轉〔你尋找的〕方向，讓注意力內返。

96 若有事干擾你內在的專注，無論什麼事，不用多想，直接拒絕。

97 雖然你可能得到這世上無比尊榮的偉大，除非你轉向真我，否則你不會平靜。

98 所謂「轉向真我」，是一種頭腦屏棄扞格〔於真我〕的感官對境，清淨之知輝照的狀態。

轉向真我（ahamukham），而非觀看外在的世界，是正確持行參問真我的根本。尊者在〈我是誰〉專文中，敘述了做法：

諸多思維生起，又有何傷呢？在每一思維生起的瞬間，若能精警探究：「這是誰在生起？」你就會知道，「是我」在生起思維，然後又問：「這個我是誰？」則心思返回其源頭，而萌起的思維，亦告消退，這樣不斷地練習，就會強化心思的力量，而能安住源頭。當精微的心思經由頭腦及感官而向外，物質的名相於是呈現。使心思保持在本心，不致外馳，叫做「轉向真我」或「面對內在」；從本心外馳而去，叫做「面對外在」(bahirmukham)。當心思這樣安住本心，一切思維之根的那個「我」便消失。既已消失不在，永在的真我便朗現輝照。在這個境地上，「我」之思維，杳然無跡，乃是獨在的實相。

99 若心思已告棄絕而轉向內在，則與本心的結合，就會變得輕鬆自然。

安住真我

100 實現永恆無間的安住，乃是把「知」與不滅的至上，合而為一。

101 堅守安住之境，乃是唯一真實之境地。這並非窮思耗想，使人不堪疲憊。

尊者： 固守在真我(Atmanishta)，了無「個己我」的感知境地，乃是最高境界。在這種狀態中，沒有思及對境的空間，也無個體的感知，在這個存在、真知、幸福之自然境地，毫無疑惑。[30]

102 若想要住於真知的體驗，就要竭盡所能降伏、根除、摧毀自我的心思。

103 只要你的世界觀中仍存有分別心，堅定安住真我便是不可或缺。

《真我語類》七六五頌：只要懷有三方屬性中生起的分別心，修行就絕對不可廢弛。在三方屬性中，妄念的自我，並未滅息，此可斷言。

104 應該要知道沉浸在最高境界，是值得達到的目標，只是簡單地與真我合一而已。

問：如何禪定？

尊者：真正的禪定，是定於真我。當腦海中閃過念頭，我們努力將其消除，這種努力通常稱為禪定。定於真我，乃是你生命的本來面目。止於你在，就是目標。[31]

105 〔心思〕混亂起自於客體認知〔人的意識分裂成觀者及其所觀〕，除非持續參問〔真我〕而安住真我，否則是不會止息的。

問：若一直排斥思維，能說這是參問嗎？

尊者：這可能是墊腳石，但真實的參問始於你固守在你的真我，已經擺脫心思走作、思維波動。[32]

106 ★若固守在真我，然後藉著平靜的境地，擺脫所有的執著，留下來的是你自然的境地，亦即解脫。

107 英明之士應在本心獲得真我，並堅定安住。除此之外，做各種修行，有何意義呢？

108 無可凌駕而又永恆不變的好運，只存在深沉的平靜中，在那之中，人是真我，而非其他存有。

109 安住真我之真實體驗，除非滅盡自我，否則不會顯現全部的光彩。

110 心思到處遊蕩，肆無忌憚，真是邪惡至極。藉著住於真我，驅逐頭腦將事物概念化的習性。

111 不認知真我，又想用頭腦理解〔它〕的人，會被自己嗆到，滿腦子疑惑。

112 除非你保持堅定，住於真我，而洞曉你的本來面目，否則你將身陷萬物，為之徬徨困惑。

113 證得真我，踏上「知」的領地、實相之所在，那是你自己的國度。避免居住在外邦之地。

憶念真我

114 憶念本來面目的真我，毫無動搖，是真實之智的卓越勝利。

115 對既無法把抓，也無法鬆手的那個底蘊、自己的本來面目、那個至上，用你的意識緊抓著，不離不棄。

尊者：它〔真我〕是在遠方可以觸及的某物嗎？至高的真我，存在如一，但你的頭腦讓你感覺不是這樣。對於真我，你無法思及，也無法忘卻。[33]

116 只有那些把堅定憶念真我作為第一修行要務之優異信徒，才是偉大的苦行者。

苦行者（tapasvins）指認真苦行的人，進行嚴厲的靈性修練，志在燒除一切的不淨。

117 真我的思維之外，你所聯想到的任何思維，只是心思上的構建，不屬於真我。

在《我是誰》中，尊者寫道：「安住真我，堅定其中，除了念及真我，不要給其他思維萌生的餘地，這就是把自己交給上主。」尊者在《我是誰》文中，似乎把「安住真我」視為「念及真我」看待，我認為這裡也可適用同樣的解釋。這個相同的概念及同一語意，也出現在《真我精粹》下一則頌文。

真我永不是思維的對境，尊者在下面的摘文中，確認這項事實：

問：人如何想到真我？

尊者：真我，自身耀明，沒有黑暗與亮光，乃是自身顯現的實相。因此，人不宜用這個或那個去想。一念之差，終將陷於束縛。定於真我的要旨，是使心思化為真我。在本心穴位之中央，粹然的至上絕對，化為真我的「我—我」，直接顯現。若之前所敘述的還是不懂，而用各種方式去思而臆度，豈非是更大的無知？[34]

118 ★思及真我，就是於寂靜的「知」中安住，真我乃真正的生命本質，既不能懷念，也無法忘懷。

堅守真我

119 緊緊堅守如如不動的真我，以真我為依託，頭腦就會擺脫騷動。

《真我語類》一一九二頌，頌釋：自我是真我在頭腦中的倒影，頭腦不斷激發思維的波動。若想讓波動止息，堅守真我，才是王道。自我是客體，其真正的內涵是真我。要堅定保持靜止，不要理會那個倒影，它會讓你偏離真實的境地。

尊者：因為我們存在，所以自我也看似存在。若把自我當成真我，那麼我們就是自我；若當成頭腦，我們就是頭腦；若當成身體，我們就是身體。這就是思維多樣的運作。觀察那水面上的倒影，會看到影子在晃動，誰能讓影子停止晃動？若不要水影晃動，不應去看著水，而是去看你的真我。因此，莫看自我，自我是「我」之思維，真正的「我」，是真我。35

120 務要不時練習堅守本心，那裡充滿著完美的平靜，切莫因貪念或輕忽而放棄。

問：有個說法是「將心思固守在真我」，但是真我無法以思維觸及。

尊者：你為什麼一心想要坐禪呢？因為你聽說「將心思固守在真我」，所以你想要坐禪。為何不保持你的在，不要去坐禪呢？那個心思是什麼？當所有念頭沒了，就成為固守在真我了。[36]

問：心思片刻都無法沉入那個境地。

尊者：強烈地堅信我是真我，超越頭腦及萬法諸象，這是必要的。

問：雖然如此，但想進入那個境地，心思確實是個障礙。

尊者：心思活躍，又有什麼關係呢？它只是在真我的基礎上活動而已。縱然心思有其活動，只要堅守真我便是。[37]

121 不要縱容你的心思，想著非真我。堅守真我，才能得到平靜。

122 像「知」一樣了無思維，乃是緊握生命本質的真知三摩地。

123 緊抓著那個堅守著無執著的法門，由於緊抓著這個堅守的法門，你擺脫了把自己與世界緊緊相連的〔那些執著〕。

124★由於緊抓著了無執著的那個，你對於非真我的執著就會消失。那個〔對非真我的執著〕消失後，則緊抓著了無執著的那個，也隨之泯滅，而一切的執著也將終結。

真我的幸福

125 愈益沉入本心，無上喜樂的洪流本性就益發浩大。

126★ 真正的開幕儀式，乃是本心的開放，以及真我、至上幸福之所在的生起。

127 為什麼你徒然哀嘆，呼喊道：「何處有真正的幸福？」你自身所擁有的幸福，就是你自己的本來面目，而它的所在，就是本心。

尊者：至上幸福，始終存在。必須放下的，只有世間事物而已，一旦放下，剩下的就是幸福。那個如如其在的，就是真我。還有什麼要去抓取那個存在的問題呢？那是人的本質。

問：那個本質，也叫做真我嗎？

尊者：是的。二者並無不同。

問：若說幸福本身就是真我，那麼是誰在領受呢？

尊者：這就是重點。只要是有人在體驗，就必須說幸福本身就是真我。若無人在體驗，還有什麼幸福形態的問題呢？留存的只有「在」。那個「在」，就是幸福，就是真我。只要感覺真我之外還有一個我，就有個人在探究、體驗。然而，當人參透真我，那就沒有人在體驗了，還有誰在提問？有什麼可說的？雖然如此，但一般的說法，我們還是要說幸福就是真我，或者說它是我們真實的本質。38

穆魯葛納：除非滅盡「沒有體驗過真我的幸福」的想法，否則真我的體驗就不會顯現。那是體驗到自身的本質，不像感官的歡愉，伴隨著頭腦虛妄不實的走作。心思走作確實是幸福的障礙。39

128 在本心（真我）中，真愛沛然湧出，這就能清楚知道：人的真實本質是幸福，別無其他。

129 將真我的吉祥之境、圓滿的幸福，珍視為至上三摩地（Brahma-samadhi）。

130 離開不斷輪迴苦難的炙熱太陽，堅定安住真知的樹蔭下，那裡是真我幸福的本來面目。

取自散文版〈我是誰〉40一段文字：

在樹蔭下，是愉悅的，離開樹蔭，到炙陽下，則燠熱難受。有個人在樹外走動，來到樹蔭下，頓覺涼爽。不久之後，他又走出樹外，但無法忍受炎熱，又回到樹下。這樣，他在炙陽與樹蔭兩處，不停往返。像這樣的人，就是缺乏明辨的能力，而有明辨力的人，永不會離開樹蔭。同理，悟者的心思，永不離至上絕對。但未悟者的心遊蕩世間，受盡折磨，然後轉向至上絕對，短暫安享幸福。所謂「這個世界」，不過是思維而已，當這個世界消失，亦即沒有思維，心思便體驗幸福。當世界呈現，心思就體驗愁苦。

131 平靜的真實幸福，不在他方，只存於真我的境地。真我境地恆在，所散發的就是幸福的模樣。

尊者：頭腦出現怡人的東西，人便感到幸福，這是真我固有的幸福，別無其他的幸福可言。幸福，並不陌生，也不在遠處。你偶爾陷入幸福，認為這樣很舒服，那個沉入，始終是存在本身的幸福。然而，你聯想到某些概念，誤把幸福歸因在某物或某種遭遇之上，其實，幸福是你生命的本然內在。在那些狀況下，你沉入真我，但並無覺知，若你有意識地進入真我，堅信覺受所及，乃是你與幸福的真我，同為一體，那就是一之實相，稱之為了悟。我要你帶著覺知沉入真我，亦即本心。41

132 只有全然圓滿的真我，亦即沒有對境的清淨之知，才是無極限真正幸福的生命。

133 唯有將覺知沉入本心，才能儲藏真正幸福的洪流。

134 若你以愛融入真我，而了無心思，幸福便永不匱乏。

135 避免遺忘真我，永生不死，實現唯一真我的真知幸福。那個幸福的本質，言筌不及。

真實與虛假的幸福

136 心思難能平息，若有平息，幸福將蔚然繁興，數以萬倍。

問：當我打坐時，常有種幸福的感覺，在這種情況下，我是否應該自問，那個體驗幸福的人是誰？

尊者：若是領受到真正的真我之樂，亦即心思真的融入真我，就不會提出這種問題。問題本身正顯示尚未獲得真正的幸福。[42]

問：如何獲得幸福呢？

尊者：幸福不是要去獲得的某物，另一方面，你始終是幸福的，對幸福的欲望，是出於不圓滿的感覺。這個感覺不圓滿的是誰？請好好探究。熟睡時，你是幸福的，但是現在卻不是。介於幸福與不幸福之間的，是什麼呢？那是自我。找到自我的源頭，你會發現你是幸福的。

其實，並沒有什麼新穎的事物要去獲取，從另一方面說，你必須擺脫你的無明，無明使你認為你並不幸福，但那個無明是誰的呢？那是自我的。探尋自我的來源，然後自我消失，只有幸福，那是永恆的。[43]

137 真知即真我，這份真知的幸福顯現在寧靜的心思裡，但頭腦躁動使心思的平靜消失，無法呈現。

問：據說至上絕對（Brahman）是存在、真知、幸福的本來面目（sat-chit-ananda swarupa），其義為何？

尊者：是的，是這樣的。那個如其本來的，只是「在」（sat），稱為至上絕對，而「在」的光輝是「知」（chit），其本質則是「喜」（ananda），這些都與「在」無異。三者合起來，就是所謂的存在、真知、幸福，這跟生命個體的三個質性一致。這三個質性是清淨、躁動、昏暗（sattvam, ghoram and jadam）。躁動意謂羅闍的質性，昏暗意謂答摩的質性，這二者都是清淨的一部分。若去除二者，只剩清淨而已。那個就是永恆而清淨的，可稱之為阿特曼、至上絕對、至上大力或隨你喜歡的名稱。若你領悟那個就是你自己，那麼萬法生輝，萬物皆是幸福。44

138 卑下而愚痴之人，以迷妄的心思四處遊蕩，認為反正真實的幸福絕不存在。

139 陷落在妄想迷惑之中的人，沒有機會獲得〔真我的〕幸福，那是真正欲求的果實。

140 尊者嚴厲警示：「想得到幸福，卻只想從真我之外的東西中尋找，你將得不到幸福。」

《真我語類》一〇二六頌，頌釋：雖然真我實相，亦即人的本質，是無上的幸福，若不能領悟，虛幻的心思著於妄見，便尋求感官對境，而不時掙扎在找尋幸福之中，好像幸福存於非真我之中，這就是喪失真我覺受、無法安享幸福的原因。

頌註：人從睡眠中醒來，談到他的真實體驗，便說：「我睡得很快樂。」這是事實，人人都可接受。在深眠的自然狀態下，心無雜念，不觸及感官對境，真我於是體驗著幸福。那個幸福，就是自己的本質，存於睡眠狀態中，當他醒來，幸福便戛然中止而無法呈現，此因欲望追逐感官對境，使他忘卻真我的本質就是幸福，因而他與真我兩相分隔。因此，人應得到無上的幸福，那是人的真實體驗。由於妄念引生欲望，心思會追逐感官對境，所以不應放任心思遊蕩，應在醒境時，保持平靜，無忘真我，一如在睡境時。

141 真理在本心中顯發，領悟真理之人，將永遠活在圓滿幸福的境地。

142 感官所體驗的歡愉，是虛假的幸福，只有真我實相渾然之本質才是真正的幸福。

問：尊者，經文述及許多種不同的幸福，真的有這麼多種嗎？

尊者：不，幸福只有一種，幸福本身就是神。我們的自然境況，就是幸福。因為我們經由不同的感官享樂，而有外在的體驗，便賦予各種不同的名稱。然而，我們享受著各類形形色色的快樂之餘，也體驗到林林總總的痛苦，但這些對悟者而言，並非如此。他享受著世人所享受的一切快樂，當作自己至上絕對的幸福（Brahmananda）。至上絕對的幸福，有如大海，而海波、泡沫、水珠、漣漪，是幸福的外在情態。[45]

真我之寶藏

143 神性的寶藏給靈魂帶來無盡的利益，僅存於本心。〔其他地方〕了無存在的痕跡。

144 以海螺（Sanga，又記為Shankha）為首的九項寶物，從真我這個寶藏看來，微不足道。

九項寶物，是指掌管財富之神俱毗羅（Kubera）的寶物。

145 寶藏乃是人之自己本質及自然境地，由此帶來的利益，無可估量。

146 ★當障蔽與躁動遠離，人的真實本質那個寶藏，便豁然朗現。

尊者有時用vikshepa來表示躁動不安，而非指通說的各式各樣。

尊者：據說，從無明中醒悟，就像在夢境中見到恐怖的野獸而驚醒，就是這樣。心思有兩個傾向：障蔽及躁動。這二者中，障蔽是邪惡的，但躁動不是。只要沉睡的障蔽效應仍在，就會有恐怖的夢境，但醒來後，沒有了障蔽，就不會再有怖畏。躁動並不是幸福的障礙，但為了擺脫這個世界所引起的躁動不安，人也坐不住了，起身去跟上師在一起，研究聖典，並禮敬有形相的神，希望在這些行動中覺醒。46

存在的只有「知」

1★因為「知」(consciousness)[1]囊括一切萬物，所以「知」乃是至高無上的真理。

2 真我的本質就是「知」，就像黃金首飾(由黃金所製成的)一樣，客體認知也是在真我之內想像出來的表象。

3 只有「知」是究竟之知。五官及五官的感知，皆非真知，乃屬妄誕。

4 經由纏滯於你的感官所感知的對境，都是以「知」作為其有形的根據，如此而已。

5★無明是錯誤的疊加。無限幸福之「知」，乃唯一存在的實相。

《真我語類》五四七頌：若安住於知，則無無明。無明是虛妄，唯有知是真實。若真能了悟，便能知道無明從未存在過。要知道自己的真實本質，是清淨之知。

6★沒有其他意識能知曉真我，或使其知曉真我。真我乃清淨之知。

7 唯有「知」是真我的生命。生命若相應了不淨的形相及屬性，都是虛妄的運作。

認識「知」

8 ★人的真我，就是「知」，有別於所知〔對境〕的一切。

9 經由心思與感官而非真知之光所得知的一切，皆非真實。

10 ★真實的本質，就是「知」，領悟這個，就能知道無明未曾存在過。

尊者：知道無明並不存在，乃是所有靈性教誨的目標。一定是覺知到對境的人，才會有無明。但覺性（awareness）就是智（jnana）。智是恆在而自然的，不智（ajnana）是不自然且虛妄的。[2]

11 那個值得領悟、值得去實現的，就是真知，就是真我。除此之外，在這一世中，沒有其他護佑值得追尋。

12 真理是真知純然的輝照，唯有它成為你生命的本質之時，二元對立才能泯然止息。

13 要曉得「知」與「實相」，兩者並無分別，是同一件事，因為實相無異於「知」。

14 「除卻真知，我不知道還有其他神。」只要你沉入祂所住的本心〔，你也會知道〕。

15 唯有了悟真知之人，才知道真理。若只知曉真知以外的事物，不論所知者為何，其人乃愚痴。

16 若了悟「知」而住於「知」，那種痴迷於感官對境的深層錯覺，將為之止息。

17 在所有值得做的修行中，了悟真知乃是唯一殊勝而明確的。

18 孩童穆魯干，毫無隱藏，傳授上主濕婆這個純粹存在的境地，以「唵」揭示其內涵。

穆魯干（Murugan）是濕婆的次子，曾將「唵」咒語傳給他的父親，使他贏得「濕婆的上師」的稱呼。

19 安住真我，亦即住於清淨之知，客體認知為之剝落，這是「藉由『知』而了悟『知』」的涵義。

20 要知道〔保持靜止（summa iru）〕這個獨特短語偉大而輝煌之處，它教人要靜下來。

21 因為在那個〔真我的〕境地，既沒有另一個我去知道，也無任何概念生起。

認識「知」的障礙

22 擾亂頭腦的思維，在其止息之前，不可能接觸到真知無垢之境，即究竟至上。

23 除非覺醒，了悟真知而心思清明，否則不可能離開底層輪迴，或斷開無明。

24 若忘卻清淨之知就是你的本來面目，那麼無論你所為何事，又有何益處？

探究「知」

26 認為實相有別於自己，原因是他未能參問，沒有認識到「知」的真正本質。

27 只有實踐〔探究〕「知」，潛入內在、沉入真我，心就會變得堅定。

28 尊者嘲諷地說：「絕頂聰明之人的頭腦，沒有探究且知曉真知的本質，實在夠偉大啊！」

29 當知者向內在探究，而知其自身，真知便為之充溢。

30 若探究「知」，並領悟它如其本來，那麼因為這真實之知，妄念便不復存在了。

31 不讓綺思妄想紛飛四散，要向內專注，融入美妙的真知之光。

存在之知

32 無身無相，住於虛空般無垠的真知裡。

33 想參透你自己就是真我，除了存在之知（being-consciousness）的真我之光，哪裡還需要什麼光呢？

《真我語類》七五九頌：因為實相是真我，在你的內在輝照著，那麼只有真我值得去了知。自己的本來面目，其實就在本心，因此探究的最佳指引，是無可排拒的真我〔我在〕之真光。

34 為何不保持平靜，安住於存在之知中，卻要冒出個「我」來受苦呢？

35 除非心思堅定地安頓在存在裡，否則強大、卑劣的自負之「我」，不可能滅除。

36 內心若沒有真實的存在之知，將會迷戀這個虛妄的世界，而淪喪性命，遭致毀敗。

37 心思澄明，就會獲得實相、存在之知的幸福，而你的內心將證得圓滿。

38 人的本來面目中的那份存在之知，是凌駕一切的光，乃名相未曾存有之境。

39 生命本質是存在之知的輝照，那是完美的圓滿。若心思變得像生命的本質，並與之結合，那就是瑜伽〔合一〕。

40 存在之知（容易知曉，也值得去知道）的輝煌燦爛，正是清淨之在。

問：參透真我後，會看見什麼？

尊者：一無所見，「見」只是「在」。所謂參透真我，其實並不是要去獲得某個新穎的東西，或達到某個遠方的目標，只是存於你生命本然的在，一直以來的那個在。你所要做的，是放下把非真實視為真實的認知。也就是，我們都要參透：我們當真的，其實都不為真。我們的任務，只要屏棄這個做法即可，然後了解真我就是真我，換言之，就是「成為真我」。到了某個階段，人會自嘲，自己力圖尋找的真我，竟是如此不證自明。所以，這個問題還有什麼好說的呢？[3]

41 探究心思的本來面目，孜孜不倦，對其了然於心，心思就會閃耀著清淨的存在之知。

42 保持靜止，就在當下，將你所體驗的存在之知，亦即真我，融入寂靜之中。

43 知（chit）是人自身的存在（sat），乃本心的幸福（ananda），無始亦無終。

44 上主、女神、建陀，一齊融入彼此無礙的存在、真知、幸福。

上主與女神，是指濕婆與雪山女神帕爾瓦蒂（Parvati），而建陀（Kandan，另名是穆魯干及蘇婆羅曼尼亞）是他們的第二個兒子。

「知」之自然境地

"Sahaja"意謂「自然」。在拉瑪那道場的文獻裡，這個詞時常用來作形容詞，修飾無分別三摩地(nirvikalpa samadhi)，亦即在對真我的直接體驗之中毫無區隔或分別心的萌起。自然無分別三摩地(sahaja nirvikalpa samadi)，是了悟的最終境地，在這種境界中，能過著正常（自然）的生活，而又無時無刻，全然明覺真我。

45 保持在這種狀態，甚至在活動中也不會喪失對究竟實相的明覺，這就是自然（sahaja）。

問：師父，據說三摩地有兩種。獨存無分別（kevala nirvikalpa）及自然無分別，其屬性為何？

尊者：若已習慣自然地進入禪定，而能安享禪定之樂的人，不論他的外在工作為何，也不論他有什麼想法，他不會失去三摩地的境界，這就叫「自然無分別三摩地」。而這兩個狀態被稱為滅盡（nasa）與抑制（laya）；滅盡是自然無分別，抑制是獨存無分別。

在抑制的三摩地裡，得以在控制下不時喚回心思。但心思若已經滅盡，就不會再生起，此時心思有如焚燬的種子，這樣的修行者不論做什麼，都只是剛好偶然、恰如其分，他們不會從原本高階境地跌落下來。在獨存三摩地境地的人，並非成就者（悟者），他們僅是修行者。而那些在自然三摩地境地之人，就像無風之地的一盞明燈，或無波的大海，如其本來，毫無動靜。他們除了自身之外，一無所見。但尚未證得此境之人，萬物顯得跟他們仍有分別。[4]

尊者：在自然三摩地中，生命活動、氣力、頭腦及三境，皆已滅盡，不復萌生；然而，旁人看到悟者仍有行動，如悟者進食、交談、走動等，在悟者本人而言，並未覺察自己有這些行動，但旁人卻看見他有行動。這些行動僅與身體有關，而與悟者生命的真我無關。就悟者來說，他像是個沉睡中的旅客，或幼童於熟睡中被中斷而餵食，毫無覺悉，翌日，那個幼童可能說，他昨天沒喝奶就去睡覺了，而旁人堅稱，他昨天有喝奶，但他仍不相信。悟者在自然三摩地中，也是這樣。[5]

46 除非認同身體的自我死亡，否則誰都不可能領悟那個天生自然、本心所攝的安住之境。

47 除非那個〔自然三摩地〕境地融入本心，否則不論體驗到何種境地，生命個體皆無法解脫。

尊者：為何你要心想：「我在工作，不在禪修呢？」若放下「我做」及「我沒做」的思維，一切的行為都會變成禪修，然後，你無法放下禪修，就算你要放下，禪修也不會從你所願。這就是自然三摩地。[6]

48 若你知曉自己的自然境地，住於其中，止於圓滿的幸福，怎麼還會生起痛苦的念頭呢？

49 逆轉心思外馳的本質，將它融入其源頭，這樣才能實現幸福的自然境地。

「知」的幸福

50 內心沒有達到「知」的平靜，就不可能體驗到真我、真知的甘露。

51 心思享受許多各種不同的歡愉，那不過僅是鴻福之海的膚淺泡沫而已。

尊者解釋典籍述及的至高可能的幸福，那是人類或高於人類的十等級生靈才能實現的幸福，像梵天那樣的神祇所達到的最高境地，但這些東西，有如真我鴻福的洪流之泡沫。想想看，一個身強體壯的成年男子，精力充沛，擁有無比的財富及權力，兼具聰明才智及其他資源，又娶貌美而忠貞的妻子，他自認為是幸福滿載。

在人類之上，每個高級的生靈，其幸福的程度高於次級生靈的百倍，但是所有十一個等級的生靈之最高幸福，也不過是神聖幸福的大海中的泡沫而已。[7]

52 ★對於在濕婆之知至上境地的覺悟聖者而言，「知」的幸福將成為一種豐盈、永在而無間的體驗。

問：尊者通常〔就坐〕的體位是什麼？

尊者：哪個坐姿體位？坐在本心的體位。哪裡舒適，哪裡就是我的體位，那就叫做輕鬆的坐姿（sukhasana）、幸福的體位法。本心的體位是平靜的，帶來幸福的。凡是坐在此體位之人，不需要其他體位法。8

尊者：你認為你只有接觸到你身外之物，才能得到幸福，但這不是真相。幸福就是真我的本質，你從他物所得到的幸福，僅是真我幸福的一部分，但不是全部。只要是從對境而得到的〔幸福〕，就不會感覺圓滿。若感覺到真我獨然在那裡，幸福恆在……

若你處於一種能讓你體驗到幸福的狀態，那就是你確實沉入真我之時，正是因為沉入真我，你才得到真我的幸福；然而，因為你有不正確的聯想，於是你把幸福〔的原因〕投射到外在事物上。當你體驗到幸福，你並不知道你已沉入真我。真我是人的本質，是渾然不可分的那個「一」，而人的實相，就是幸福，那就是你的本來面目。若你有意識地沉入真我，對這種體驗深信不疑，那麼你就會體驗到真我的境地。9

53★在那個境地裡，心思的局限，全然毀滅，而「知」的幸福真相晶瑩澄澈，是思維推理所能不及。

尊者所教導是，幸福並不是可追求或獲得的某物，反而是一切眾生自然而基本的境地，它在下述〈我是誰〉的摘文中，解釋這個觀點。他質問：「幸福是什麼？」並以此而申論之：

所謂的幸福，不過是真我的本質。真我與幸福，並無二致。真我的幸福，獨然存在，只有這才是真實的幸福。世上〔眾多〕事物中，哪怕是某一個，都沒有幸福可言。由於缺乏明辨力，我們相信幸福可從對境中取得。當心思外馳，則感愁苦，實則當我們的思緒〔亦即欲望〕滿足時，心思便返回源頭，體驗唯一的真我幸福。就像這樣，心思從真我湧出，背棄真我，四處遊蕩，沒有止息，〔後來〕又回歸真我。

禮敬「知」

54 ★禮敬「知」，乃是牢牢紮根在「知」當中，使心思與其他事物斷絕關係。

55 「知」對於非真我了無欲念，這個境地是對真我的禮敬，不與真我分離。

56 「知」乃粹然清明，殊勝發皇，除此之外，沒有神值得禮敬。

《真我語類》四一七頌：惟有在真知中了解到，本心是真知的黃金聖殿，而濕婆是本心中極其清淨之知之身相，才是在禮敬真理，因為真知就是究竟實相。

57 只有純粹的存在之知，才是值得廣大會眾禮敬的真神。

58 既然「知」是濕婆的真實本質，唯有深入探究「知」，才是對濕婆真正的禮敬。

《真我語類》二〇四頌：在無念之念中，深邃寂靜之境和真我的本質、圓滿、實相之「知」，保持和諧一致，兩無分離。要清楚了解，這是無垢的濕婆祭儀。

59 讚美上主之聖足，亦即清淨之知，內心行此崇拜禮敬，將事物視為獨立對象的癮頭，徹底摧毀。

「知」支撐著世界表象

60 世界有稀有而堅固的真知、至上究竟支撐著，真知輝照無邊，無所仰仗。

61 世界因你的存在而耀現，但你的存在並不依賴世界的存在。

62 要記住：你就是存在之知，作為戲劇的舞台而熠然生輝，但你不是演員。

63 真我實相，亦即清淨之知，乃是生命個體的唯一真實支撐。心思所想像的萬物，是虛妄的投射。

64 要了知：落在「知」的遊戲內的這些（二元對立和三方屬性），它們的真實本質都是「知」。

65 要知道：世界之起現、存立，然後殞落，這都是「知」之力量的遊戲。

66 要知道：頭腦會區分有覺性與無覺性（的類別），這僅是純粹的存在之知，自然的運作。

67 不完美的身體及世界，在真知中作為真知而出現，留存於真知中（，最後在真知中消退）。

68 既然一切都是真知的顯化，那麼知道真知的實相，也就知曉一切真相。

69 對聖者而言，眼前所呈現一切形形色色的景象，不過是永在的清淨之知閃耀著。

真我的同義詞

靜默

Mauna通譯為「靜默」，指的不僅是此身沒有躁動，也指內心沒有噪音。存在的中心，全然靜默、了無走作，絲毫不受影響。

1 真正的覺悟是帶著無礙的領悟，珍視一切如是的第一因：靜默，即解脫。

2 在完美的靜默中，自我之根基業已剷除，這是純粹的實相，無可攻克。

問：靜默是什麼？

尊者：那個超越言語與思維的境地，乃是靜默，那個如其本來的，就是靜默。又如何用言詞描述靜默呢？

聖者說，在那境地，「我」的念頭絲毫不起，只有實相，其義就是靜默。那個靜默無聲的真我，就是唯一的神；真我，即是唯一的生命個體（靈）。真我，便是這個亙古永在的天地。

其他一切所知，只不過是瑣碎而微不足道的知識。靜默的體驗，才是唯一完美的真知。[1]

3 只有達到真我之境地，處於那不動的軸心，殊勝而有力的靜默，才能得之於本心。

4 靜默是真知的終點。只有靜默，才是真實的智慧之見，此乃吠檀多的奧義。

5 在靜默之境，人只是安住「我—我」(I-I) 而存在，除此之外，沒有思維，也沒有認知。

6 當對真我的認識瑩澈洞明，洋溢著妙聖的直接覺受，則靜默呈現，使三方屬性的知見遠離。

三方屬性指知者、知、所知，以及觀者、觀、所觀等三重性。它們雖然看似真實，而有分殊，但真我的體驗顯示它們是虛妄的，僅是心思的想像附加在靜默的基底上而已。三方屬性，只是呈現在「知」的反射之光（chidabhasa）裡，本身並非清淨之知。

7 若從靜默中生起的三方屬性，能在靜默中止息，幸福就會萌生。

8 體驗過靜默之光的心，就不會輕易接受在其他光中出現的三方屬性在概念上扮演的戲碼。

9 不用頭腦時候，便會有種匱乏感。在飽滿的靜默中，只有真知，沒有思維。

10 在靜默之域所滋長的幸福，是無法在其他領域得到或體驗到的。

11 見過靜默之光的人，不執著於這個世界。世界是從「我就是身體」的想法中生起的迷惘陷阱。

Kartrutva是指「我是作為者」的想法，感覺有個人的身體在行使活動。這個觀念，不存於靜默的境地。

12 常保青春的感覺，唯有在靜默中真相綻放之時，得以實踐。

13 匱乏不足的感覺，是頭腦思維的傑作；唯有了無思維的靜默，才是豐盛。

14 為了得到靜默的至上境地，個體性的滅失，乃是值得修行者努力的目標。

15 你應知曉，解脫的至境，僅存於實現靜默之境的內心，別無他處。

16 擺脫概念，就會體驗到廣闊空無的靜默生起，滅盡了自我的幻象，斷開了妄誕的糾結。

17 真我亦即靜默之直接體驗，乃是〔萬物的〕軸心，這是頂峰，至高之善。

18 深入靜默之海而潛於其中之人，將活在至高之巔、開闊之知之中。

平靜

19 偉大人物〔悟者〕珍視為至上絕對的那份殊勝之歡慶，乃是平靜的幸福、無盡的滿足。

20 卓越之士在至上境地的幸福中所體驗到、所歡頌的那個獨在之一（kaivalya），只是平靜而已。

21 分別心與自我相應而生，若沒有這道阻礙，平靜便獨然明曜，乃是無可局限的真知。

22 對人而言，歡樂與愁苦，皆非天生自然，只有平靜、只有幸福的生命，才是天生自然。

問：為確保內心平靜，應採取什麼行法？

尊者：有個目標、有條達成目標的途徑，這概念是錯誤的。我們始終目標在握，始終是平靜的。唯一要做的是，擺脫「我們並不平靜」的想法。2

23 專注在真實的了悟之境，沒有思維萌生，一旦沉浸在其中，成為你的自然狀態，平靜便會湧現，緊緊護持著你。

本頌句在坦米爾文中隱含著：了無思維且安住真我，成為自然而然，不論實踐的程度為何，平靜將在那個程度上輝照。

尊者：正如我說過的，那個如其本來的，就是平靜。我們所要做的一切，就是保持平靜。平靜是我們生命的真實本質，但我們糟蹋了它，重要的是，不要再糟蹋下去了。我們不是去創造另一個新的平靜，以廳堂的空間為例，我們在這個地方，塞滿了各種物品，若我們要空間，我們要做的，只是移去這些物品，就能得到空間。同理，若在心思上，屏棄所有的垃圾、一切的思維，那個平靜就會呈現出來。那個阻礙平靜的東西，必須排除掉。平靜乃唯一的實相。3

24 本心的平靜，是真知的指標。內心的騷動，是虛妄與迷幻生活的標記。

問：如何獲得平靜？

尊者：那本是自然的狀態，而心思扞擾內在的平靜。我們的探究僅是在心思上為之。探究心思，則心思自然泯息。

其實，並無有個名叫心思的個體，因為出現了念頭，我們便揣測那有個起點，稱之為「心思」，若我們深入探究其詳，就會發現沒有心思這種東西。心思將自行消失，會發現平靜如如其在。4

本心

25 本心（the Heart）與真我實相（Atma-swarupa）並無不同，唯一不同的，只是用字的差異而已。

《拉瑪那之歌》第五章，二、三、五頌：

〔**尊者：**〕所謂本心，是一切有形眾生發出念頭的源頭。所有對於本心的描述，都僅是頭腦概念而已。

據說，「我」的思維，是一切思維的根源。簡言之，「我」的思維之萌起處，就是本心。這個本心與血液循環的器官迥異。本心〔hridayam〕的hirt表示「吸納一切萬物的中心」，ayam表示「這個」，因此本心表示真我。

26 洞明實相的聖者，知道真我本質，即是本心中的本心。

問：尊者言及本心是「知」的所在，其與真我，二而一也。本心究竟是指何義？

尊者：提到本心這個問題，是因為你想要找尋「知」的源頭。對於深度思考的頭腦來說，探究「我」及其本質，有股不可抗拒的魅力。

無論用什麼名字稱呼：神、真我、本心、知的所在，都一樣。要掌握的重點是，「本心」代表一個人生命的核心，亦即中心，沒有它，就沒有萬物。5

27 真正有智慧的人，啜飲著真我實相的豐盛蜜糖，在本心裡作為本心而輝照，因而心滿意足。

28 只有在寧靜的本心中不再起心動念，清淨之知的獨特之光，才會熠然輝照。

29 思考就是想像。本心是了無思維之真我本質，乃是實相、清淨之知。

30 當你本心的本質，圓滿地存於你的生命裡，你何苦糾結在不圓滿，而心慌意亂呢？

31 本心是生命個體之塚，真誠信徒的靈魂，永遠與幸福真知同住於此。

有些瑜伽行者，在其生命終了，採行「生命個體之塚」，也就是活埋在墳地，或者身處墓穴或其他類似的建物，永遠封閉洞口。這則頌文，是在敘述生命個體永遠埋在本心，那裡是永享真我幸福之地方。

32 勤勉修行，證得實相本質之真正明覺，本心將會儲藏深刻永恆的喜樂。

33 若本心已經領悟到自己乃是廣大開闊之知，就不可能被深黑濃暗的無明障蔽。

安住本心

34 真知賦予真我的幸福，在本心自行顯發，業已征服自我，保持全然平靜。

35 除非證得本心，在此安頓，否則不可能摧毀心思之勞擾，而得到平靜。

36 住於平衡的中性境地，乃是帶著對真我無可動搖的明覺，深入而住於本心，此即真知的實相。

37 存於本心而輝照，沒有絲毫思維牽絆你，乃是靜默的三摩地，一個人（真正）的本質。

38 那些離你而去的，就讓它離去；要知道永在本心的那個，並且活在真知裡。

39 讓善良而明智的人，把了悟本心中的真理作為實質的苦行，並且穩穩安住在「那」。

40★擁有真知之弘大利益，就是在本心中歡喜，體驗與真我合一。

41 真正的苦行好處，是擺脫虛妄的外相，本心處在真實生命裡，住於真知，恆久而無間。

在本心安頓心思

42 只有本心才值得贏取、值得擁有，因為本心賦予了統治一個國度的主權，那個國度產出難以形容的無上幸福。

43 在本心安頓的心思，乃是保護解脫之地的圍籬。

44 心思擺脫了雜念，住於本心，乃是清淨的幸福、難得的真知。

45 你要自我約束，堅定住於本心，其神聖廣大的加持形式就是「知」。

46 除非心思堅定地安頓在本心，否則實相將被心思的虛妄所障蔽。

問：心思住於本心，能維持多久？

尊者：時間隨修練而延長。

問：安住的時程終了，會發生什麼事？

尊者：心思會回到現在一般的狀況。若本心合一的狀態，被感知的萬象所取代，則謂之外馳的心思，但朝向本心的心思，則稱為平靜的心思。[6]

47 要獲得真正幸福的生命，亦即你真實的本質，就要堅定立足在本心，如如不動，住於其上。

48 人生命的真相就在本心，是自身本質的輝照，卻被充滿妄見的心思所障蔽。

49 把自己沉浸在本心，居於其內，那會使你遠離指責，不受心思動盪所干擾。

尊者：欲見對境，便需要心思映射的光。欲見本心，心思轉向本心，便為己足。心思杳然不見，本心就會閃閃發光。[7]

50 你專注一處，沉入本心至某個程度，你就會在那個程度上，體驗到幸福。

51 〔如此而為，〕嘈雜而極殘酷的自我幽靈，亦即心思，將為之滅盡，不留痕跡。

神的境地

52 那個有權利被珍愛的，乃是人之真我本質，即至上幸福的本體，那是神的境地。

53 住於神的境界，愈來愈澄澈，而且常住本心。在那個境界中，了無活動附著其上。

54 那個毫無自我意識（ego-consciousness），沒有無端妄見存在的境地，乃是神真正的境地。

55★神的境地，應該向內尋找，心注一處，乃能實現。

56 若心思淨化，固守在神的境地，個體的生命就會達到全然圓滿。

57 有了住於真我的體驗，無法企及的神境，將成為可能。

看見神，了知神

58 或許你看見值得景仰的﹝諸神顯現之﹞奇妙淨觀，但你所得到的這些淨觀，其實無關緊要。

《真理四十頌》二十頌：

看見神，但沒有看到自己就是觀看對境的觀者，所見僅是頭腦的概念。那麼失去基礎﹝自我」而看見自身本源乃是真我的人，才是真正地看見了神，因為真我無異於神。8

問：我之前跟尊者提過，以前自己皈依印度教時，得到了濕婆的淨觀，後來在喬烏爾塔拉姆（Courtallam，泰米爾納德邦的城鎮），也有一次類似的經驗。這些淨觀，為時短暫，但感覺很幸福，我想知道如何能更長久。若無濕婆，我環視周遭，了無生命可言。我每憶及祂，總覺得很歡喜。請告訴我，如何使祂的淨觀持續恆在。

尊者：你說的是濕婆淨觀，淨觀畢竟是客體，這就隱含著有個主體存在。淨觀的價值與觀者的價值相同；淨觀的本質與觀者的本質，皆位於相同的層次上。會顯現的，就意味著也會消失。有生，就有滅。淨觀不會恆久，然濕婆常在。

眼看濕婆的淨觀（pratyaksha），表示有眼睛在觀看，而心智（buddhi）在觀看的後面，觀者又在心智及觀看的後面，最後是知，位於觀者之基底。這個淨觀，不如人所想像的那樣真實，因為它不是緊密而固有的，也非第一手的，它是好幾個連續層面的知所累積的結果，但在這裡，只有知不動如山，是恆在的，是濕婆，是真我。

淨觀，隱含有個觀者，觀者無法否認真我的存在，真我之為知，無一片刻不存在，而觀者也無法脫離知而存在。知，是永恆的存在，也是唯一的存在。觀者無法看到自己，那麼他會因為不能用眼睛看到自己，就否認自己的存在嗎？不會！淨觀（pratyaksha又譯作真覺、直證）

的意義，不在於看見（seeing），乃在於在（being）。

存在即是體悟，因此，所謂「我是那個我在」即是濕婆。除卻濕婆，萬物皆不存在。萬物之「在」存於濕婆，源於濕婆。

因此，探究「我是誰」，深入其內，住於真我，那是濕婆之為存在，不要盼望濕婆的淨觀一再出現。你眼觀對境，這與眼觀濕婆有何區別？祂既是主體，也是對境。若無濕婆，你無法存在，祂始終在當下。若你認為你還沒有體驗到祂，那是虛妄，這就是體悟濕婆的障礙。放下這種觀念，了悟就在當下。[9]

59

全面放下自我頭腦構建的幻覺，才是超越一切概念的神所擁有的真實淨觀。

《真理四十頌》二十一及二十二頌：

經文述及「看見真我」及「看見神」，其中真諦是什麼？如何看見真我呢？既然真我獨一無二，便不可能看見。如何看見神呢？看見祂，就是被神所吞沒。

上主的光，輝照在心思裡，並將祂所有的光提供出來。若不朝向內在，融入祂，我們怎能以心思借來的光，而了知那光中之光呢？[10]

尊者：沒有人沒見過神。對大家而言，看見神，是自然不過的了。無明乃是無法覺知到這種對真相的自然體驗。既然錯誤的知，是指自我，亦即我是這副身體的觀念，那麼失去自我，就意味著得到神。領悟自己，即是領悟神，而領悟神，僅是住於真我。既然參透真我，就是對神的領悟，所以真我與神，並無二致。11

60 遺忘了住於神的圓滿且真正歡喜的狀態，被困在鱷魚的嚙吻中，囚禁在虛妄而無用的自我裡，這真是何等可悲。

61 尊者即真知，他說：「不知自己的本來面目就是真我，因而覺得困擾，這項失誤就是怨神與怨自己的原因。」

62 有人問：「神在哪裡？用肉眼看不到。」那些人應該探究：「我是誰？我在哪裡？」然後在那裡〔找到答案〕與神相會。

63 那個無一例外地顯現而輝照在本心處的，以及在那裡遇到的，就是神的形相。

64 要參透眼前的一切，以世界的形貌所開展的景象，僅是頭腦的概念而已。不然，就要把世界看作神的形相。

65 若一切顯現的事物都是廣大神明的形相，又怎能妄加癡迷或厭惡呢？

問：《阿魯那佳拉五讚頌》第五頌中述及「在一切事物中看見觀你的形相」，這裡的形相，指的是什麼？

尊者：頌文是說人應全然交出頭腦，朝向內在，去看內在的「你」這個真我，然後看真我在「你」裡面、在一切事物中。人唯有在看見內在的真我之後，才能在一切事物中看見真我。人必須先意識到：除卻真我，別無一物，而他就是那個真我，然後他才能把一切事物看成是真我的形相。12

66 ★淨觀中有神，只是觀所認知、所理解的一切，皆為神的遊戲，而〔結果是〕歸於平淡。

問：如何看見神？

尊者：在內心裡，若心向內返，神顯化為內在的明覺。

問：神遍在一切、在我們周遭所見的萬物裡。人們常說我們應該在萬物中看到神。

尊者：神在萬物裡，也在觀者裡，除此之外，尚有何處可以看見神呢？祂不會在我們的外在被發現，祂理應在我們的內在感受到。要看見對境，需要頭腦。在頭腦中想像神，是一種心思運作，但那不是真實的。頭腦肅清之後，內在的明覺，就是你感覺到的神。13

67 靜默之智、對神的真正明覺，一也；只有在關於對境的認知中，才有諸多歧異。

68 唯有像神（paradevata）一樣居於光輝寓邸（parandama）的人，才是至上之國的公民（paradesi）。Paradesi通常指外地人或四處行乞的僧人，但在本頌文中，尊者用這個字，有全然不同的意涵。Para指至上，desa指國家，desi指在那國土上的公民。

69 尊貴的宅第，其本質是存在之知、顯發的遍在實相，是不二之真我，乃為至尊。

尊者：遍在實相（bhuma）獨存，廣無邊際。有限的覺知由此而生，接著產生了有限的附屬（upadhi），這就是反射（abhasa）。所應為者，乃是將個體感知融入至上之「一」。

問：遍在實相，是至上之知的屬性嗎？

尊者：遍在實相即是至上。無有所見、無有所聞之處，即是遍在實相；無可定義、無可描述；如其本來。

問：體驗到某種廣闊，可能僅次於遍在實相，但極為接近。這個說法是對的嗎？

尊者：遍在實相，唯一存在，並無其他。一切說法都是頭腦的造作。[14]

濕婆之知

濕婆之知的本質

濕婆派區分了濕婆（Siva）與濕婆之知（Sivam）。濕婆，指人格化的神祇形相；而濕婆之知，指實相、無形的「知」，是濕婆真正的本質。

70 稱濕婆之知有三隻眼睛，乘載三個光體（日、月、火），乃是汙辱。祂的本質是清淨之知。

71 只有存於本心精微的真知虛空中，才是濕婆的形相，此外以詞語描述的他物，皆屬概念。

72★參透真理就是自己本來面目之人，肯定具有濕婆之知的形相。

73 自己既有的真理，就是吉祥的濕婆之知，是值得牢記的瑰寶，不容忘卻。

74 濕婆之體驗，極為清淨明徹，存於無念的真知中，呈現在本心。

75 所了悟的真我，是存在的清淨之知，乃濕婆本尊之境地，擺脫了不淨的心思。

76 與濕婆之知合一的境界，難以企及，卻熠熠生輝。

77 濕婆、其信徒、敘述其偉大的往世書，三者毫無不同。

這種說法，類似於毗濕奴派的觀念，認為薄伽梵（神）、信徒、《薄伽梵往世書》（*Bhagavatam*）三者一也。尊者在回答詢及他所譜寫的詩頌時，間接提到這一點。

問：我一直在讀《阿魯那佳拉五讚頌》，發現這些讚美詩都在歌頌阿魯那佳拉聖山。您是不二論者，又怎麼能將神分開來表述呢？

尊者：信徒、神、詩頌，皆是真我。[15]

領悟並成為濕婆之知

78 對於感官而言，濕婆之知並不存在，卻能經由真知而感知。濕婆之知是實相、真我之朗照。

尊者：沒有生命是無意識的，因此非濕婆的。生命不僅僅是濕婆，而且他能覺知或不覺知其他一切。然而，他出於無明，認為他所看見的宇宙，萬象紛陳，若他能看見自己的真我，他就不會覺得自己與宇宙是分離的。事實上，他的個體和其他實體，雖然皆有形相，但已泯然無分別了。現在，把濕婆視為宇宙，但觀者並未看到背景。想想看，人只見其衣服，而不見織成衣服的棉料；或者只看到銀幕上的畫面，而沒看到畫面背後的銀幕；或者閱讀紙張上的文字，卻沒看到書寫的紙張。因此，對境就是知及形相，但一般人只見宇宙萬物，而不見這些形相裡的濕婆。濕婆是呈現這些形相的存有，也是看著這些形相的那個知。也就是說，濕婆是背景，是主體與客體兩者的基底；同時濕婆在靜中、濕婆在動中，或者濕婆與至上大力，上主與宇宙，無論所指述者為何，都只是「知」，不分動、靜。有誰是沒有「知」的呢？因此，有誰沒有覺醒呢？質疑覺醒或渴望覺醒的問題，又是如何萌生的呢？假如「我」不是直接感知（pratyaksha）的，那麼我可以說濕婆也不是直接感知的。16

79 若保持無「我」，體驗著濕婆之知，那麼真知實相（jnana-swarupa）將與你結合。

80 體驗崇高而恆久的濕婆之知，最大的敵人，乃是所謂「我」的自我之崛起。

81 在人之真實本質裡，生命是濕婆之知、是光，有墮落之感覺，乃是（由於）心浮氣躁而生的錯誤。

82 得到加持的途徑，在於禮敬濕婆，對於（濕婆）之外的事物，全然不予理會。

83 心思四處馳騖，無法堅定立足在「知」中，就不可能領悟清淨的濕婆之知，那是存在的圓滿。

84 ★那個構成濕婆之知的沉思，乃是生命個體的心思自然平靜的狀態，了無思及他物。

尊者：生命靈魂本身，就是濕婆；濕婆本身，就是生命靈魂。生命靈魂誠然無異於濕婆。稻穀內含著穀，叫做稻；去穀後，叫做米。同理，一旦被業力所束縛，人就是生命個體；若無明的枷鎖斷裂，人就是濕婆神的朗現。所以經文才如是說。因此，生命個體即心思，在實質上，是清淨的真我，然而忘卻了這個真理，想像自己是獨立的人，為心思的形式所束縛。17

85 若心思不在濕婆之知裡安享喜樂，而毫無意義地浪費生命，那是災難。

86 不投身於濕婆之知之人，將沉淪在生死流轉，受盡折磨。

87 至上濕婆之知的洪流，湧進柔和的心思，匯入於此，撲滅心思煩惱之火。

濕婆的智慧

88 尊者大放光明，開示秘密的線索：「濕婆的智慧知才有用，除此之外，沒有刀劍能斬斷頑強的生死輪迴之枷鎖。」

89 濕婆的智慧就只是在自己的內在，領悟到個體性、自我等都只是無用的知見而已。

90 莫耽溺於世上的邪惡，但要實現崇高的濕婆智慧這璀璨的寶藏。

91
視靜默之境為至高無上，堅定安住於濕婆智慧的生命裡。

92
心思安住於濕婆的真知中，而生起深沉的寧靜，俗世生活的邪惡魅惑，是無法靠近的。

93
只有生命的內外和諧，才能築起堤防，儲存濕婆智慧清澈明亮之光。

第三章
上師和悟者

阿魯那佳拉伊濕瓦若，我們的上主，賜予至上的加持，化身知曉至上絕對的上師。上主唯一的願望是轉化信徒的生命，賜予他們吉祥和幸福，給予豐盛的智慧，從而滅盡無明。[1]

不論如何研讀，不論如何苦行，沒有人能夠完全消除自我。若「你問我：」「這有可能嗎？」「我會答覆：」「這是由偉大永恆的獅子上師，以其晶亮的眼睛所成就。」[2]

即使一個人擺脫了所有的惡，確保一切的善行，放下所有的親眷，嚴守經文所述的苦行，但如果沒有遇見真知上師，他能夠得到永恆的幸福嗎？[3]

上師

上師的真實形相

1 只有經過上師的加持，參悟自己的真實形相，才能知曉上師的真實形相。

問：如何能確定他是適合的上師？一位上師的真實形相或真正本質為何？

尊者：你的心能與他相應的，就是合適的上師。若你問道：「如何確定他是上師？他的真實性為何？」則他必須具有平靜、耐心、寬恕，諸如此類的美德，能夠吸引人，甚至他的眼睛，有如磁石，視一切眾生平等。有了這些美德，就是真正的上師。若欲知真正上師的本來面目，則必須先知道自己的本來面目。若不能先知道自己的本來面目，怎能知道上師的本來面目呢？

若要認知真正上師的真實形相，就必須學習把整個宇宙視為上師的形相。人必須用萬物皆是上師的視角看待眾生（亦即，視一切為上師）。對神也是如此，你必須觀萬物皆是神的形相。若人不認識自己的真我，又怎能知曉伊濕瓦若的形相，或者上師的形相呢？他又如何能夠確認呢？因此，首先必須要知道你自己的本來面目。[1]

2 莫將上師的真實形相，拘泥在一個框架上，要向內尋找，知曉那是無相之知的遍在虛空。

3 唯有從上師形相裡沛然湧現的神思，才能輕易制止心思痴迷的昏亂。

在濕婆極成說（Saiva Siddhanta）的傳統論述裡，有所謂三項不淨：自我（anava）、業力（karma）、幻象（maya），阻礙信徒實現與濕婆之知合一的終極目標。有這三項不淨（malas）之人，需要一位人身上師，才能參透濕婆之知（Sadasivam）。若信徒僅遭受自我及業力之苦，得因濕婆在他面前呈現人身相，證得濕婆之知。在《佩里爾往世書》（*Periyapuranam*）裡的許多信徒，都屬於這類。第三類的人，其不淨僅是自我，得以其內在真我之力而開悟，無需人身上師或外在神明的觀視。單以真我的力量，便能開悟，拉瑪那尊者就是一個很好的典範。由於第二及第三類的信徒極為罕見，故強調人身上師之必要。

上面的詮釋，取自《拉瑪那觀視》（*Sri Ramana Darsanam*）第一一八頁編註。這三個類別在說明，人身上師乃是加持運作時，最強而有力的媒介。穆魯葛納接受濕婆極成派的哲學觀點，因為他對拉瑪那尊者的開悟，有如下的敘述：

探究「我是誰」，自然萌起於他〔尊者〕的內心，此一事實乃是他前〔世〕修練的成果，而且，他僅是探索，就輕易地實現圓滿的終極境地，這也是事實。明智人士從這些〔事實〕便知曉他僅殘存著些微的自我，作為其最後一世出生的緣起。[2]

穆魯葛納在其早期的同一篇文章裡，對尊者有類似的評述：「前世修練苦行的成果，僅有稀微的不淨自我殘留，薄如蠅翼……」

穆魯葛納也在別處寫道：「對多數人而言，神顯示真理而以人身相呈現，乃是恩德化身的扮相。但對少數之人，祂的呈現是內在真我的輝照，那是維繫著心思的清淨之知。無論如何，所呈現的方式，皆取決於修行者根器的成熟度。」[3]

4★那個住於〔你〕內在的至上真我，誠然是以赫然在目的上師形相在運作。

《真我語類》六五六頌：尚未參透真理之人，宣稱實相沒有形相可言，但你應該知道，作為真理而存在之人，他探究而參透真理，確實是真理的形相。這個真理乃「知」之虛空，真實如是。頌註：尊者在此否認真理是無形的。怎麼說？人處在自然境地，參悟真理如其本來，而住於「那個」，則無異於真理，因此，他誠然就是真理的形相。本頌文在闡明「悟者本人，就是真我」這句話。

5 真知上師的形相即濕婆之知，賜予豐盛的加持，是住於每個人內在的清淨之知。

尊者：真知並非來自外在或某人所給與，每個人都能在自己的本心內參悟。每個人的真知上師，就是至上真我而已，藉由「我在，我在」的存有之知，在每個人的本心中揭示自己的真理。他賜予你存在之知，即是接引你深入真知。上師的加持，就是這個真我的覺性，那是人真實的本來面目；藉著存在之知，他不斷顯示他的存在。這樣的神性教誨不時在每個人身上自然運作。正因為這樣的教誨，會在個人的體驗中自然而然地流露，所以成熟的修行人士，無須費時尋求外部的存在，就能得到智慧的教導。從外人所得的教導，例如聲音、姿態、思想等形式，不過都是頭腦的概念而已。因為教誨（upadesa, upa + desa）這個詞的意思，是指「住於真我」或「作為真我而存在」，這是一個人的本來面目，所以人若向外尋求真我，就無法參透真我。既然你就是你自己的實相，是「存在之知」在本心的輝照，因此要永遠安住在智慧(sthita prajna）裡，由是而參悟你自己的真正本質。這樣固守在真我的體驗，奧義書所描述的語詞有：「摩訶偈語之旨要」、「至上靜默」、「凝止其在」、「心思靜止」、「參透人的本來面目」等。[4]

禮敬並臣服於上師

6 神明的形相，亦即上師的體貌，是伊濕瓦若所假扮，實為恩德的化身，那個身相，值得禮敬。

7 賜予真實之智的上師，在他永不消退的加持力之中，濕婆、真知、合一（Siva -jnana-yoga）保持靜止。

問：應該以什麼樣的心態，坐在您的周圍，才能接收到您傳遞的真我？

尊者：頭腦保持平靜，這就夠了。若你們能靜靜坐在這廳堂裡，就會在靈性上有收穫。一切修練的目標，乃在棄絕一切的修練。當心思靜止不動，就能體驗到真我的力量。真我之波流，遍及四處，若心思平靜，自能體會真我。[5]

8 ★以上主濕婆的形相，觀想上師，加持力會暢流其心，使人在敬愛中渾然忘我。

問：若無上師的祝福，還有可能獲得真知嗎？羅摩在早年，好像是個呆子，但僅倚靠師父的協助，便成為開悟的靈魂。

尊者：是的，這又有什麼疑問呢？上師的加持，絕對是需要的。那就是詩聖塔俞馬那瓦在讚歌頌揚他的上師的道理，他一再說道：「喔！上師之神，您的靈視所及，老虎為之溫馴如綿羊，蛇如松鼠，壞人變得像好人。那還有什麼事情不能發生的呢？您的凝眸加持，萬物轉為良善，我又如何能描述您的偉大呢？」他這樣吟唱著。上師的加持，是非比尋常的。[6]

9 ★高貴的弟子，其偉大之處在於內心深信：上師的形相乃恩德的化身，由此獲得明徹之知。

10 獲得上師加持的弟子，喜樂在其本心，不會感到恐懼、絕望。

問：上師的加持是什麼？加持如何能使人了悟真我？

尊者：上師即是真我……人之一生，對於自己的所有，時而不滿足，於是向神禱告，以滿足所欲。當他的心思漸為清淨後，渴望知道神，想獲得祂的加持，甚於世上物欲的滿足。於是，神開始顯現恩德，化身為上師，示現在信徒面前，教導他真理，並與之為伍，淨化其心。信徒的心力增強後，乃能內返，又藉著禪定，清淨其心，終於一心凝止，不起絲毫波動，那樣的平靜廣闊，是為真我。

上師是「外在的」，也是「內在的」。他從「外在」把心思推向內在，也從「內在」把心思拉到真我，協助你把心思安靜下來，這就是上師之恩（Guru-kripa）。神、上師、真我，並無分別。[7]

11 弟子把自己完全交給上師，就會獲得真知的生命、吉祥的生活。

12 若你像烏瑪女神一樣，只把自己的一半交給上師，這樣要獲得真知，是不夠的。

我認為尊者可能是反話。烏瑪（濕婆之妻）全然臣服於濕婆，因此濕婆將其身之一半賜予她。或者，尊者可能意指，全然臣服要有作用，人應停止作為一個獨立的實體存在。個體與神結合，並非是臣服的真正目標。真正的目標應是，那個身為個體，可以與神結合的感知，應該全然滅盡。

尊者：全然的臣服，意味著你不再有「我」之思維，你的習性也為之肅清，你自由了。在這兩種〔探究或臣服的〕過程結束之時，你不再是一個分離的個體了。[8]

這個解釋，在下面的頌文中亦獲認同，皆承續前述有關烏瑪的頌文。

13 只有在你放下了個體感知的自我，不留殘存，清淨無垢的真知，乃能輝照。

14 要知道：交出自我，與後來成就圓滿之不朽境地，不能等同並論。

15 以犧牲自我來實現真我，就像一樁交易，人以映射出的自我，換得真實、古老、原初的本質。

穆魯葛納：在塵世間，除非付出，否則不可能得到。同理，在靈性的生命裡，除非交出維繫一切的個己，否則不可能獲得原始完整的存在、真知、幸福，那是至上真我的實相。把交出自我的代價，與偉大的實相〔交出自己而得到至上真我〕兩相比較，這個交換的代價，實在太微不足道了。

> 桑卡拉〔濕婆〕！您將自己給了我，而拿走了我〔作為交換〕！到底誰聰明呢？我得到的是無盡的幸福，但您從我這裡又得到什麼呢？——瑪尼迦瓦吒迦爾（Manikkavachagar）

正如偉大的詩聖在上面頌文所述，像這樣的交換，實在太划算了。[9]

16 頂禮

頂禮的真義是，在上師的聖足下，自我低頭滅盡。

頂禮（namaskaram）是致敬的姿態，通常是全身俯伏（又稱大禮拜）在地上。

《真我語類》二〇七頌：這是頂禮的意義：當不完美的生命個體，將驕傲的頭部置於上主之聖足下，他是在抑制自我意識的「我」，而融入濕婆之知，然後濕婆真知萌起而顯發。

《真我語類》三一〇頌，頌釋：無明的自我，是徹底虛妄出現的根由，而這種無用的分別感，將不二的究竟實相、真我實相、上師與濕婆的本來面目，區分為上師與弟子、濕婆與生命個體等等。對向〔濕婆及上師〕他們伏身致敬時，帶著充分的明覺、行恰如其分的禮儀的人來說，頂禮的真義只是靜默，本心絲毫不生起無明的自我。

頌註：若分別感屬於非真知，則說它是「無用的分別感」。《真理四十頌》說：「對於分殊性的知，乃是無明。」除非自我心思首先萌生，否則不會出現眾多分別的餘地。因此，自我是一切分別感的基礎。因為萌生的自我，把自己與上師、濕婆區分開來，所以只有在靜默中自我止息，本心與他們〔上師、濕婆〕結合，才是觀想神明（upasana）的真諦。尊者除了說到唯有靜默才是頂禮的意義之外，他又〔在本頌文〕敘述那種靜默的本質，而塔俞馬那瓦把它描述為

「清淨的靜默」。

17 當自我在上師的聖足下，全然滅盡，便如殊勝的靜默之海般輝照。

尊者： 至上真我，是在你本心中輝照的實相，才是你唯一的真實上師（Sadguru，自性上師），而清淨的覺性是內在耀明的「我」之朗現，是他的恩德聖足。單單接觸這些〔內在聖足〕，便能使你得度。將反射意識（亦即你的個體感）之眼，與聖足（亦即真實的知）兩相結合，則是足與頭的合一，也就是"asi"這個字的真正意義所在。當你能與內在的聖足自然而持續地合一，此後便能把內返的心思，固守在內在的覺性上，那是你自己的本來面目。唯有這樣，才是剷除束縛，實現至上真理的正確道路。[10]

"asi"是摩訶偈語中「你就是那個」(tat tvam asi) 這句話，asi意謂「就是」。尊者的隱喻指出，當生命個體融入清淨之知的「聖足」時，生命存在的內在狀態，乃能顯發。

18 尊者傳達這項真理：「頂禮膜拜（nama）這個詞的意義，是指滅除自我，安住真我。」

問： 師父，我只有一個願望，那就是把頭放在尊者腳下，頂禮膜拜，請尊者一定要允准。

尊者： 喔，就這個願望，但是，到底是哪個腳？哪個頭呢？

問：〔無語〕

尊者：那個「我」沒入之處，就是腳。

問：那它在哪裡呢？

尊者：在哪裡？它在人的真我裡。「我」的感覺、「我」、自我，就是頭。若「我」之思維消融，那裡就是上師的腳。[11]

始祖上師，南方相濕婆

19 始祖上師南方相濕婆，對偉大的苦行者所授與最高的教導，乃是靜默，那是他獨特的教示。

尊者：靜默是無休止的言語，口頭言語阻礙靜默的言語。在靜默中，人與周遭環境親密接觸。南方相濕婆的靜默，掃除了四位聖者的疑惑。「是誰在以靜默，闡述至上絕對的真知呢？」據說，靜默是一種闡釋，宏鉅大力。

對於口頭語言，在開口說話之前，必先有說話的器官。但另一種言語甚至是超越思維的，總之，超越了言語或未言說的言辭（para vak）。[12]

尊者：靜默是永恆的言語流動，不間斷的語言流往，而言語則打斷了這種無言之言。這些言辭阻礙了無言之言。電線裡的電流，若其通路受到電阻，電燈就會發亮，電扇就會轉動。電線

裡，仍存有電力在流通。同理，靜默是永恆語言的流動，而為言辭所阻。

有人在數年的對談中還是無法了解，卻因片刻的靜默，或在靜默之中而洞曉；例如，聖者南方相濕婆及其四位弟子。

靜默，是最上乘、最有效率的言語。[13]

20 靜默的言語解開信徒無覺性身體與「知」的結，廓清他們頭腦內分殊的念頭。

21 若眾多的口頭教導，無法驅散疑惑，靜默卻能化解，那麼靜默力量是何等之大！

在南方相濕婆生平的傳統記載中，他並未開口說話。但尊者談到他的故事時，說南方相濕婆起初口頭開示，但未成功。只有在他靜默安坐時，他的四位仙人弟子才聽懂了他的開示，證得真我。穆魯葛納說過他從未在書上讀過這個版本的事件，並向尊者詢及這個故事的出處，尊者回答說：「這件事，確實就是這樣發生的。」[14]

穆魯葛納據此而下結論，並判定拉瑪那尊者就是南方相濕婆本尊，而尊者對此特定情景之了解，乃是他個人曾經在四位聖者面前靜坐的記憶。

22 上師安住靜默中的加持之宏力，不可思議。

問：上師的加持，其徵象為何？

尊者：不可思議。

問：若是如此，又怎麼說弟子是因上師的加持，才能參透他的真實境地？

尊者：這就好像大象在睡夢中見到獅子而驀然醒來。僅是一瞥獅子，象便能驚醒。弟子因上師慈悲的目光靈視加持，從無明的沉睡中醒悟，進入真知的清明境地，亦屬必然。[15]

不合格的教師

23 有些心懷不軌的邪惡人士，藉著他們的服飾、舉動、姿態等，偽裝成偉大的悟者。

問：如何知道此人是勝任的上師？

尊者：其人之示現，流露寧靜的氣質，並令你起敬。

問：假若發現這位上師並不勝任，那麼對他深信不疑的弟子，會有什麼後果？

尊者：根據各人功德而定。[16]

24 假若有人將假悟者視為真悟者，而遭受苦難，這純粹是他個人自欺的業報。「自欺的業報」在本文是指不成熟的意思。

25 愚痴之人，心懷驕傲，會因自己不成熟的見解，而遭受到重大的傷害。

26 那些一心急切、好為人師的人，宜先成為探究者，俾參問你自己的真我。

27 唯有在自己生命的本質中，根除自己妄想的毛病，才能成為擁有真知的醫生，去治好別人妄想的毛病。

28 在你著手醫治別人的疾病之前，要先徹底治好你自己的疾病，只有這樣，你才能開始行醫。

《真我語類》八〇四頌：醫生啊！聽說在診治我們之前，你必須先成為自己的醫生。那麼，還是先治好你自己的病，然後再來吧。

29 要是他不知道如何診斷自己，也不知道怎麼治療自己的病，又怎麼能袪除別人的痼疾呢？

悟者

悟者本身就是神

1 深入探究後就會知道，擁有高貴的真我之人，其廣大宏偉，就是伊濕瓦若〔神〕，因為他們的本質是神性的。

尊者：諸神及聖者們，恆常無間體驗著無限，沒有一刻慧眼朦朧，旁觀者揣度其心思運作，但事實上，並非如此。這些揣度，是推斷出這個結論的個體感得來的。若個體不在，便並無心思運作。個體與心思運作同時存在，只要一個不存，另一個也不在。[1]

尊者：神與悟者，一也。知道自己是有別於身體的清淨之知，這就是認識神。神的「知」無異於人的真實本質，也就是清淨的真知。認識神，只是成為真我。至上之靈（Parabrahman）與堅實體驗真我的悟者，二而一也，因為他們都體驗到了無繫屬的存在之知。[2]

2 因為伊濕瓦若就是悟者自身實相的輝照，因此對於真正的悟者而言，敬愛伊濕瓦若是自然而然的事。

3 任何給予達到解脫的濕婆悟者的供養，都是對濕婆的供養。

悟者的存在，裨益全世界

4 那些視實現合一境地為己任的偉人，對受加持的生命和世上的生命，都是不可或缺的。

尊者：聖者存於真我，單單如此，就是對這個世界最大的幫助。人服務這個世界，最佳的方式，就是實現了無自我的境地。[3]

問：有人說，力求自己解脫很自私，不應該這樣，應無私奉獻，利益他人。

尊者：有人認為悟者自私，自認為無私，這種看法並不正確。悟者活在至上絕對的體驗中，其影響所及，遍及全世界。廣播在一處放送，但全球都能感同身受，任何想有所收穫的人，都能收聽。同理，悟者所參透的真我，遍在各地，想要得到的人，都可以轉向真我，這種奉獻可是一點都不遜色。[4]

5 靜默的悟者們吞噬了心思，他們的存在就是對神的服侍，〔他們〕尚有何事可做呢？

6 悟者僅僅是活在這個世上，就為這個世界帶來弘大的利益，是不可思議的。

尊者：一位參透真我之人，不可能不裨益於這個世界，他的存在，就是至高之善。[5]

尊者：對真我的了悟，是對人類最大的裨益。因此，聖者雖隱居林間，仍提供裨益。但不要忘記，獨處不限於林深密處，在城鎮中、在俗世的紛擾之中，也可以擁有孤獨。

問：聖人必須雜於俗眾，才能幫助世人嗎？

尊者：真我即實相。世界及其他，皆非實相。悟者看待世界與看待自己，二者並無不同。

問：因此，聖者的了悟提升了人類，但人類並不自知，是這樣嗎？

尊者：是的。這種幫助極其深微而無法覺察，但始終存在。聖者幫助了全人類，但人類並沒有覺察。

問：聖者雜於俗眾，豈不更佳？

尊者：並無人雜處其間。真我是一，乃唯一實相。

問：若有上百位了悟真我之人，對世界的助益豈不更宏大？

尊者：說到「真我」，是指那無有限制之在，若在真我又加上「人」，就設限真我的意涵了。因為只有一個無限的真我。[6]

禮敬悟者

7 因為他們已破除心思迷妄，已從生死流轉的沉睡中醒悟，所以你應該要崇拜值得禮敬的悟者。

8 尊重、敬愛一個住在走動的廟宇的悟者，勝過一尊住在旌旗招展的大廟裡的神祇。

尊者：不論他們〔悟者〕的外在形貌為何，弟子（sishya）、信徒、冷漠的人（udaseena）、罪人（papatma）等，這四類人，都蒙受悟者的加持。弟子把悟者奉為上師，並探究真理，〔從束縛中〕解脫；信徒視悟者為神的真身（swarupa），向他祈求，得到解脫。冷漠之人聆聽上師所言，燃起熱誠，成為信徒。罪人聽聞往來這裡的人講述上師的故事，其罪得以赦免。這四類人，都受到悟者加持的護佑。[7]

與悟者為伍

9 只有接觸到因真知之至善而昇華的悟者，世界才能與充滿聖潔之愛有所聯繫。

問：據說，蒙受聖者一瞥，便為已足，膜拜偶像、朝聖，皆無此靈效。我來道場三個月了，但仍不知道尊者的觀視，給我帶來什麼好處？

尊者：觀視有淨化的靈效，而淨化無法用眼睛看到。正如煤炭，需費時長久，才能點燃；但木炭費時較短，若砲彈粉末，一燃即發；同理，前來親近聖者的人們，其資質的程度不一。[8]

10 悟者迷妄滅盡，唯有幸運之人才能獲得悟者的加持，沐浴在無憂無慮的解脫之樂裡。

11
悟者在本心的清淨之知中，平靜自在，安享幸福。能與悟者為伍的，是上善之人。

尊者：有機緣能毫不費力地與真實上師為伍之人，他們在前世拜神、持咒、苦行、朝聖等，已有相當時日。塔俞馬那瓦有一則頌文，陳述了相同的意涵：「喔，自始至終的上主！那些始於拜偶像、朝旅聖地、聖池之人，將會遇到真實上師告訴他們真理。」

唯有前世功德圓滿，而不計回報、不求成果（nishkamya punyas）之人，會對上師深心信解。這樣的人，對上師的開示，信受奉行，終得解脫。[9]

12
讓自己的舉止與悟者的行誼，保持一致。悟者的本質，彰顯了合宜的持行，滿溢著真知之光。

親近聖者

13
執著於頑固而有害的自我，是惡性的攀緣（dussanga）。親近聖者（satsang），就是安住真我，定於「我在」，摧毀那份執著。

14
保持親近真我實相、真知、至上，乃是親近聖者。離卻真我、至上之在，則非所宜。

問：我想知道，親近聖者，是否必要，而我來到這裡，對我是否有所助益。

尊者：首先，你要確定，親近聖者是何義。它意謂與存在（sat）或實相為伍。已參透存在之人，也被視為是一個存在。這樣的廁身存在，或跟了悟存在之人為伍，對每個修行者都是絕對必要的。商羯羅說過，在三界中，唯有親近聖者之舟，能帶領人安然渡越生死苦海。10

15 只有在你離卻真我，亦即涼爽的樹蔭時，一切苦難才會過來炙烤著你，折磨你心。

16 允宜親近了悟真理的高尚人士，並唾棄迷妄、墮落及愚痴之人的道路。

17 若你與最具高風亮節的悟者為友，那麼這種真實的關係將助你究竟解脫。

尊者曾經指示我（達瓦拉吉．穆達利爾）注意到《瓦西斯塔瑜伽經》（*Yoga Vasishta*）中一段文字，述及解脫之處，有四個守門人，若我們跟其中一人做朋友，我們就能輕而易舉地進入。尊者也在不同的場合，對我引述下面的頌文：

「待在至上真我的悟者所居之處，就是解脫。他服侍悟者，何其偉大，我要永遠向他頂禮。無人能與無垢而至上的悟者，平起平坐，連濕婆、毗濕奴、我這個梵天，都比不上，還有誰能與他相提並論的呢？

「不圓滿成為圓滿，危殆成為好運，不祥成為吉祥，都是由於與聖者為伍。那些沐浴在恆河中的人，能有如此伴侶，其儀行、祭祀（二者都是吠陀的儀式）、苦行、布施、浴身聖河等，一概是多餘。因此，要竭盡一切，尋求與偉大的智者為伍，那是帶領你橫越生生世世的汪海之舟。」[11]

18 真誠的信徒在真我中安身立命，因而永居於無憂的幸福之中。若與他們為伍，你也會證得幸福的境地。

悟者的行為

19 悟者的行動，無須遵循他人訂定的規劃或細則。

雖然悟者們的行動經常是回應信徒的想望或祈求，但偶爾他們的行為也看似不甚理性。下面兩則摘文中，第一則，尊者解釋悟者行為背後的若干因素。第二則，信徒加南姆（Chalam）敘述他親眼看到尊者一些奇怪而難以解釋的事情：

尊者：今世業報（Prarabdha）有三種類：個人意欲（ichha）、非本意（anichha）、由於他人的意欲（parechha）。對已證真我之人，並無個人意欲的今世業報，其他非本意、由於他人的意欲這兩類，仍有其業報存在。無論所為何事，都只是為了別人。若他需要為別人而有所作為，則逕自為之，但不受行為後果的影響。這樣的人，無論所行何事，都不執著於功德與罪過。[12]

拜訪尊者的人士各有不同，有政府高官、低層乞丐、富人、苦行者、虔誠的朝聖者、漂亮的女子等，不一而足。他們都想要得到尊者的關注，但不知道如何辦到。有些人帶來了許多問題來提問，但無法從尊者口中得到片語隻字，正當他們力圖得到答覆時，不料尊者卻叫喚別人，向他問候，又跟他講了好多事情。有時，尊者並無明顯的原因，卻對某人有微慍，而嚴厲以對。有些人會當眾被責備或開玩笑，大家為之哄堂大笑。

有一次，一位信徒訪見尊者完後返家。他在家裡，做了一個夢，夢見尊者要他回來道場，這對信徒並不十分方便，但他仍然奔回道場，他直入廳堂，但尊者連一眼也不看他。接連著幾天，尊者既不對他微笑，也不問候。在這些日子裡，尊者對其他的信徒，依然談笑風生，對其他信徒極其慈愛，也問候他們近況，但獨對這位奔回道場的信徒，漠然忽視。

對某些在我看來是在炫耀的人，尊者有時極為注意。我目睹有個人，自命不凡，在尊者面前，拿著一本書、鉛筆、紙張。他向尊者提問，然後顯然自以為是地環視會眾。令人驚訝的是，尊者對他說了一件非常無關緊要的事情，說了很久。但這樣一來，對於其他遠道而來，有的急於返家的人，卻因此多等待好幾天，才能得到尊者的答覆來澄清疑惑。

對同樣是信徒而言，廳堂裡的事情、活動、對談，總是會有一個離奇或非理性的特徵，但這是因為他們沒有意識到是尊者的靈力在統籌整個場景，每件該發生的事情都自動發生了。而那位信徒，可能了解這些訊息的意義，後來他的虔愛與信念，與日俱增，而我們其他人並不了解整個狀況，可能只有感到奇怪而已。噢！有另一個故事，尊者注意到坐在他前面的信徒萌起自我，便用某種方式指責他，這在廳堂裡的其他人看來，可能解釋為是一種無端的責備，但從尊者的觀點，這就是那位信徒在當下所需要的東西。[13]

20 雖然悟者有時會在世上表現得好像是個瘋子，但他始終不忘他的本來面目就是「知」。

雖然尊者本人的生活起居足堪楷模，但他也坦言，社會所接受的行為，不必然是開悟的結果。尊者敘述下則故事，以示他的觀點：

「卡都維里·悉達爾是位清苦自勵的隱士，頗富盛名，他靠著吃樹上落下的乾葉維生，城裡的國王聽說過他，也見過他，於是公開懸賞能證明他是個值得尊崇的人。有一位神廟裡的舞女，她很富有，願意嘗試，於是她移居到隱士附近，假裝要服侍他，細心留下薄餅以及他自己摘下的乾葉，以供食用；然後，她又準備其他可口的食物及乾葉給他·最後，他吃下她供應的所有美味餐點。兩人關係至為親密，也生了小孩。她將整件事情向國王報告。

「國王問她可否將兩人的事情公諸於世，她同意，並提議辦一場舞蹈表演，廣邀民眾。民眾前來，她到會場之前，先給小孩吃了瀉藥，隱士聖者只好留在家裡照顧小孩。

「舞會正酣，小孩在家哭著找媽媽，父親帶著小孩來到會場，她正興高采烈跳著舞，他帶著孩子無法接近她。她看到了聖者及小孩，她想要在跳到他們附近的時候，在舞蹈中踢腳把她的踝鍊鬆開。她在輕緩舉腿之際，聖者便將踝鍊扣好，眾人見狀，尖聲大笑，但隱士無動於衷，他唱了一首坦米爾的歌，證明他自己是值得尊敬的，大意是：『為了勝利，我放掉憤怒。當思緒狂奔之時，我放下頭腦。我日夜沉睡，但對於我的真我，了了分明。若此事為真，這塊石頭將裂解為二，粉碎四處。』

「即刻，石像崩解，轟然聲響，群眾至為驚愕。」

尊者繼續說道：「因此，他證明自己是個並無偏離的悟者，我們也不應該被悟者外在的表現而產生誤解。」[14]

21 在所有的悟者中，只有對實相的認識是相同的，其他事物都有許多相異的性質。

問：雖然迦納卡是悟者，但他是一位統治者；然而他的上師耶那瓦卡也是悟者，但棄世走入森林。為什麼會這樣？

尊者：一切事情的發生，皆取決於每個悟者的命運。上主克里虛那是享樂者，但蘇卡是苦行者；瓦西斯塔（極裕仙人）是篤信行動者，而迦納卡及羅摩都是國王。他們是悟者，其內在體驗都是相同，只是外在的生活根據他們各自的命運而有不同。[15]

22 只有缺乏明辨力、表裡不一的人，才會過著遮遮掩掩的生活。獲得真知之人的生活，是一部攤開的書本。

尊者一生所住的地方，大多一天二十四小時，公諸於眾。自一九二八年至一九四〇年代早期，他住在今日所謂的「舊廳」的時期，只有進入浴室才鎖門。信眾如有問題，甚至在大半夜，都可以自由前去看他。

向悟者學習

23 莫追隨愚痴之人的腳步，他們一無所知。去到悟者的聖足下，奉之為你最上乘的皈依。

24 向悟者學習真理，才是妥當的，若向其他人學習，所知就不會正確。

25 除非從親身了悟之人的口中聽聞真理，我們不知道還有什麼「堂皇大道」可以參透真知。

《真我語類》一一五八頌，頌釋：細加檢視之後，必須說參透真理的悟者，與熟稔真知經文的學者，兩者大相逕庭。因此，想要擺脫無明束縛之人，正確的方法便是屏棄那些學者，而求助於參透至上、住於真我之人。

頌註：除非求助於住於真我之人，否則無法獲得真知的體驗。這就是尊者這麼說的原因。擁有經文的廣博知識，好處僅是在這世上贏得名聲與奉承而已。

26 謙遜與自制，是那些已然轉化而呈現光明之人的外相，他們體現了美德的品質。

《真我語類》三三二頌，頌釋：只有參透真理之人，才擁有無瑕的美德。除此之外，其他人的本性都是卑劣的。因此，渴望幸運得到解脫之人，應該求助於那些前述有德之人。他們因對實相的認識而閃耀著實相的光輝，並對於世間了無迷妄。

頌註：所有罕見的美德，都自然來到內心清淨而了悟真理的人身上。因此，為了強調他們具備高貴的特質，值得稱為有德之人，才會說：「只有參透真理之人，才是擁有無瑕美德之人。」有些人不具真知，雖然其外在行誼恪守美德，然而萬惡之源的自我仍存於其心，尚未滅盡，故云：「其他人的本性都是卑劣的。」雖然或許能從〔未悟者〕這些人身上獲得其他東西，但對實相的認識、那份授與平靜的幸福、擺脫頭腦的解脫，只能從有德之人的身上才能得到，而前面說過，這些人有資格成為上師。

27 經書敘述悟者的特徵，是要你在內心裡善於珍惜這些〔特徵〕，獲得拯救。

28 因此，接近悟者，知曉他是上主本身美好的形相，以此堅定自己的信念，來端正知見與行為。

29 莫追隨眾多的道路，要固守在高貴、偉大而至善的〔悟者〕道路。

30 為了要提升自己，要與安住於存在的聖者為伍，研究、學習卓越的真知持行（jnana-achara），並真誠地練習。

Achara通常指舉止或行為，在此特指能帶來真知的行為或靈性修行。

31 真正的悟者已安住在〔真我的〕體驗裡，對內心憶念〔悟者教誨〕之人，賜予真理之光。

《真我語類》一一五九頌：對於已落在黑暗的掌控中、長期迷妄的生命個體，悟者參悟實相，以〔其〕加持力支撐萬物，他所說出的話語，乃是解脫的歸依所在。

神通與悟者

32 內心自然安住在真我之人，八大神通將在他們面前展演。

33 沉靜在濕婆之知中的人，其心悅然，絲毫不會關注那些只會引發苦惱的神通。

《真我語類》二二一頌：在無比虔誠下蔓延的烈焰，使內心著火，所有神通乃同步匯聚。然而，誠心的信徒渴望成為他們上主聖足下的獵物，對於神通，毫無意欲。

34 在證得自身耀明的濕婆智慧之前，其他一切的神通皆不具足，勢將遁離。

35 雖有真正的悟者得到許多奇妙的神通，但內心並無留戀。

36 透過〔他的〕神通來描述一位悟者湧現超越心思的悟境，此為心思的妄想。

《真我語類》一一六八頌：解脫本身就是證得實相，因此即身成就者，輝照在真我之境，與神通有關，也可能無關。若不以真理判斷，卻單看神通，則即身成就者之偉大，將被低估。你應當知道，愚痴之人，崇尚神通，不會知道即身成就者之偉大。

《真我語類》一一六九頌：世上充斥著瘋子，都小看了悟者的偉大。悟者安住並輝照在全然超越之外。這些瘋子以不值得一提、低劣、妄想的角度加以臆測，認為〔悟者有〕諸多神通。

《真我語類》一一七〇頌：這是你們應該知道的：一位完人的真我輝照，如果把他的偉大歸諸於神通，這就好像在描述完美耀眼的太陽，因為照亮了屋內所見成堆的塵埃而偉大，這是何等拙劣的讚美。

悟者的生命

了無自我的生命

37 唯有這樣的一位聖者，戰勝了不光彩的妄念，擊潰臭名遠播的「我」，他的一切動靜行止，全都是瑜伽。

這裡的瑜伽，不是指努力修練所達到的某種成就，而是指在真我合一的境地中安身立命。尊者在其他場合也說過，悟者的一舉手一投足，都是禮敬之舉。

38 只有開悟之人，全然捨棄〔我〕，才能做個恩賜者，賜予恩惠。

39 自我使人忘卻真我，一旦滅除自我，復活為真我實相，那個真我的生命就成為不朽。

問：悟者的身上，其自我以清淨的形相而存在著，因此看起來是真實的。我這樣說對嗎？

尊者：不是的。不管在悟者或未悟者身上，以任何形式存在的自我，都是表象。但是，未悟者的妄想是，醒境及世界都是真的，自我看起來也是真的。因為他看到悟者的行動與別人相似，他遂認定悟者也有自我的概念。

問：「我」之思維在悟者身上，是如何運作的？

尊者：在他身上，沒有一點運作。16

40 滅盡毫無價值的自我後，在世上活著，就好像是從山頂的制高點，觀看春情發動的象群在混戰。

春情發動的象群，指未悟者的自我。這個意象的其中一個面向，隱含著悟者安穩地在山頭的制高點上，而未悟者身陷危殆之中。悟者飄然獨立於世間所有的鬥爭與動亂，視為極其虛妄的投射：

尊者：對悟者而言，外在的世界有如電影，夜以繼日，不斷上演。他生活在之中，工作於其間，知道其中的事物及身體，都是虛幻的，就像一般人知道在電影院銀幕上的景象及人物，都是虛幻的，它們在現實生活中並不存在。但是一般人將日常生活的外在事物當真，然而悟者視之為虛幻的電影畫面。[17]

41 住於真我之人，他們的自我滅盡，乃是虔誠的信徒，有如山嶽，屹立不搖。

悟者的觀點

42 在內外和諧的自然生活中，俗世生活與神性生活，合而為一。

問：受束縛者與解脫者，有何不同？

尊者：一般人活在頭腦裡，昧於自己的本心。了悟真知的悟者，活在本心。他行走人間，與人事物打交道，他知道凡所聞見，皆不自外於究竟實相，至上絕對就是他的真我，就是真實。

他對此瞭然於本心。

問：一般人又是如何呢？

尊者：我剛才說過，他看待事物，在此身之外，他遺世而獨立，是來自他自己內在深層的真理，那個真理支撐著他來觀看這個世界。當人參透了自身存在的究竟真理，知曉那個究竟實相在他的背後，也在這個世界的背後。事實上，他所覺知到真實的那個「一」，是每個人的真我、萬物的真我，在一切無常萬變中，是永恆不變的。[18]

43★因為至上絕對的莊嚴相貌，業行（行為、活動）與至上絕對，並無二致。

44 活在真我裡，乃一切法之精華，其他諸法，皆攝入於此。

《真我語類》七〇五頌：因為不可分割、不二的真知常存，作為遵奉一切法之皈依，悟者（獨自）遂成為恪遵一切法之人。

頌註：因為不二的真知是一切法的皈依處，悟者乃確立在那個境地，（自然）成為絕對恪遵一切法之人。堅定確立在真我是最高的法，沒有其他法可逾越。悟者的一切行動，具有無可撼動的真知，是神的行動。

45 為了與世和諧，在家居士會遵從自身真我的穩固觀點，持身行事。

46 能在世上得勝的偉人，他們的內心都充分了知「一」，那就是真知的形態。

47 偉大的聖者將無邊無際的存在，視為最終的解脫，乃是最合宜而殊勝的境地。

48★ 持身行止，若能不背離於妙聖之道（存在的道路），那麼所處的每一種境況，都能歡喜接受。

49 解脫者的內心享受著靜默的甜美況味，沒有其他飲食的滋味可以取代。

坦米爾文「飲食的滋味」，亦指一切其他感官的感知。

50 持身行止時，視己身為他者（anyan），就是過著住於真我，在真知中生活。

anyan在此譯為「另一個、分開的」，本文意指全然出離於身體。

尊者：只有認同身體是他自己的人，才會有所欲求，但聖者已經擺脫了「我是身體」的想法。聖者看待他自己的身體，好像是別人的身體。[19]

悟者知道自己不僅僅是有生命的肉身，也是未顯化的真我。從這個觀點，身體有時被看作是「他者」，不是他的存在中真實、根本的部分。尊者在一九四六年一月譜寫了一則頌文，提出這樣的看法：

這副身體，並非永恆，不論身體是靜止或活動，不論是否由於今世業報的緣故，致使身體繫附或脫落，了悟真我之人對自己的身體並無覺知，有如被酒精蒙蔽的醉漢，不知其身是否著衣。20

在其他場合，尊者將身體比喻為用餐完畢即可丟棄的葉片，或比喻為工人長途跋涉所挑的重擔。尊者說，工人期待卸下他的負重，那是「另外」的東西，沒有它，工人也能活得很快樂。正如下則頌文指出，真我是真正的實相，永不壞滅，也無法丟棄。

51 參透真理之人，苦行有成而輝照無邊，其真知的靈力能征服閻羅（死神），使之潰陷。

52 是真實的，就不會壞滅；若能壞滅，則非真實。知曉此事為真，乃是智者。

53 安住於知、堅守於真我之人，已將迷妄的自我，連根拔起，他將以榮耀的人身，在神的加持中誕生。

54 全然了知真我，其境地充滿平靜，是為喜樂境況，乃高階之至高。

55 惟有身為探究者，參透自己內心輝照著真實本質的人，才是婆羅門，乃真知的擁有者。

56 婆羅門是內心擁有真實之智的覺受以及冷靜的悲心之人。
「婆羅門」（Brahmin）一詞，雖然指特定種姓階級的成員，但這個字的語源，也意指「知曉至上絕對（Brahman）之人」。

57 那些每天努力在〔世上〕人為造作的生活中壯大自己之人，從未思考〔真知的〕自然生活所賦予的真正滿足感。

58 悟者因已棄世，而卓然堅定，萬物乃唯善而已，無物可鄙。

59 在真我的體驗裡，揚起出離的喜悅，說道：「對我來說，太陽從哪裡升起，又有何干呢？」這真是奇蹟。

60 世界的表象，眾物殊異。真正的悟者所安享的，是真知之光。

第四章
心思及其所造

心思啊！你跑出來很不明智，最好進到裡面，把自己深藏在本心，遠離幻象的詭計，它引誘著你走向外在世界，意圖毀滅你。1

〔頭腦啊！〕不要浪費生命，四處追尋奇蹟，沉緬享樂。只有受到加持而了悟真我，堅定住於本心，才是值得的。2

儘管生命個體已經放下許多執著，但〔所知〕最了不起的，就是對有缺陷的心思毫不眷戀。心思是最大的迷妄，也是唯一的枷鎖。沒有任何東西能〔像心思〕一樣束縛生命個體。3

萬物無法離開心思而存在，只有超越心思，才能超越一切。4

心思的本質

冥頑不靈的本性

1 你自己的真我本質原本是清淨的，因為你不重要的心思而把它糟蹋了。

2 心思欺騙你，將你囚禁在身體裡，迷惑你，又折磨你。

3 心思的樣貌數不清、五花八門，受迷惑之人，已落入束縛之網中。

4 自古以來，墮落心思的本性就是不斷馳逐，將一物扭曲成另一物。

5 心思的缺陷就是會產生〔錯誤的〕連結，使一物的性質看起來像另一物的性質。

6 心思抓起一樣東西，然後一丟又一撿，樂此不疲，若你能先制止心思這樣不斷地胡鬧，你就能體驗到喜悅。

7 由於痴迷的樣貌附著在〔心思的〕面具上，以致真我、解脫的安享幸福，為之隱匿不見。

8 心思〔以漠視而〕輕蔑真知，在是非顛倒的世上，興風作浪，結果是混亂不堪。

9 卑鄙小人、無知之徒、狂妄之人，會被萎靡、狹隘、欺瞞的心思所跳的滑稽之舞，弄得暈頭轉向。

10 狂飲心思的奶水〔沉迷於幻想〕，便無智慧去飲啜恩德賜予南弟尼的奶水。

南弟尼（Nandini）是天庭的牛、神獸，這裡比喻真我。

11 頭腦本身就是有缺陷的實體，只要頭腦還在，就不可能獲得徹底的完美滿足。

穆魯葛納：人類其實是不朽的，但因沉醉於所謂心思的烈酒，遂陷入意識迷妄的狀態。真可憐！他們作為凡人受苦而死。當他們擺脫烈酒的醉意時，就在當天，他們就會重新煥發，獲得自然而不朽的境地。心思就是死亡，呈現出來的樣子就是遺忘真我，這是我們尊者所發現的真理。第一個男子與女子是亞當與夏娃，是上帝以自身反射的形象所造。但他們吃了禁果，違犯上帝的諭命。因此，不僅他們，連帶他們的後裔，全都喪失了神性，永世沉淪。這則故事載於《舊約聖經》，那個禁果就是頭腦。頭腦是神奇的幻力，使不可能的呈現為可能的，把善混在惡裡、把惡混在善裡。要頭腦去認定本來面目的永恆真理，那是不可能的……人與頭腦的連結，應完全摧毀。[1]

12 ★因為心思有其不具足之處，所以才會萌生匱乏的感覺。事實上，人並沒有匱乏。

13 真知與對世間的執著，完全互不相容。不良的妄念會萌生對世間的執著，這是心思的缺陷。

14 尊者警示：「充滿妄念之人，視頭腦意識為真理，要他們辨識真實的本質，實在很困難。」

15 若心思向外開展，充斥著概念，人要怎麼理解自己超越一切概念、閃閃發光的真實本質？

與邪靈的心思為伍

16 莫與心思為伍，心思萌起，好像魔女，用情愛迷惑人。要藉由住於真我，加以摧毀。

17 要是你屈服於心思的魔咒，全然接受，哎呀！它會摧毀你的生命，使你在傲慢的毒害中沉淪。

18 那個心思的邪靈，極擅長用不實的偽裝，愛撫著你。

19 注意這個警告！從現在開始，遠離邪惡的女人，連她的名字都不要提及。

20 那個女人就是心思，是最大的邪靈，她的擁抱會給一切帶來死亡。

21 她以某種方式欺騙每個人，使大家被她蠱惑。她是個極為狡猾的女人，像小偷一樣行騙。

22 這位美麗又吸引人的女殺手，是可鄙的犯罪者，徹底毀掉許多修行者的生命。

23 她是幽靈、是出身低微的女子，仇恨合法婚姻的妻子，折磨著她。妻子喻指平靜。[2]

了解並超越心思

24 既然「知」即實相，那麼要認識實相，何須結合心思的走作呢？

25 若人的心思馳逐於〔這個世界〕虛妄的概念，就不會認識到「知」或究竟之在。縱使知道，也會〔因而〕困惑。

26 若能對這問題進行探究，就會知道憶起、遺忘等等，全都屬於心思的範疇，不存於真我。

27 知與不知，只屬於心思中非真我的體驗，不屬於真我。

28 不要因為把自己當作是心思，而感到悲傷，要認識自己就是實相，與內在的平靜融為一體。

29 莫把心思當真，然後在其中掙扎。若向內探究，認識了心思的真面目，它將泯然止息。

尊者：要求心思消滅心思，就是讓小偷當警察，他會跟著你假裝要去捉賊，但卻一無所獲。所以，你必須內省，觀察心思從何處萌生，然後心思就會止息。

問：要求心思內返而尋求其源頭，不也是在運用心思嗎？

尊者：我們當然是在運用心思。我們都知道，也同意只有在心思的協助下，那個心思才能夠被消滅。不過，這並不是說這裡有個心思而我要去消滅它，而是你去尋繹心思的源頭，然後發現心思根本不存在。心思向外馳逐，成為念頭與對境；心思內斂，則成為真我。3

問：心思與真我，有何不同？

尊者：並無不同。心思內返，就是真我。心思外馳，則成為自我及世界。棉花製成各類衣服，我們賦予各種名稱。黃金冶成各種飾物，我們賦予各種名稱。但衣服本質還是棉花，飾物本質也都是黃金。真實的，只有一個，但名稱與形相，卻有許多。

但心思並不自外於真我，也就是心思並無獨立存在之實。真我的存在，不需要心思；心思的存在，絕不可能自外於真我。4

問：如何發覺心思的本質，亦即其最根本的源頭，或者表現出來的本體為何？

尊者：若將思維以重要程度排序，那麼「我」之思維，是最重要的思維。個人的想法或思維，也是其他念頭的根源或主幹。因為每個想法或思維的萌生，僅是某人的頭腦運作，心思的存在只能依附在自我之上。由此可知，是自我展開了頭腦運作。若無第一人稱生起，就沒有第二、第三人稱繼起。因此，之所以會有第二、第三人稱，是因為有了第一人稱，彷彿這三種人稱同進退。然而，追本溯源，都歸因到「我」或個體性上。5

30 不變、究竟的實相，是人的本質。不能了悟自己本來面目的人，（他們心思的）躁動，無法靜止。

心思融入本心

31 除了探究你自己的真實本質之外，莫用心思探究其他。

32 若頭腦意識沒入其所萌生的源頭，那麼存在之體驗、絕對的圓滿，就會在當下與你合一。

33 成熟的心思，若能在純粹存在的精微境地上站穩腳步，就不會身陷世俗的糾葛中。

34 實相是「知」，是人的本質。一旦心思緊抓住唯一的實相不放，就建構成了真實的生命。

死亡的心思

35 充滿妄念的心，讓你被生死輪迴所吞沒。一旦心思滅盡，輪迴便告止息。

《真我語類》九二〇頌，頌釋：除了專注真我，其他方法都無法使自我死亡。同理，除了滅盡心思，其他方法都不能使充滿苦難而如夢的世界表象消滅。

頌註：除非認識實相，否則不可能滅盡虛幻謬妄、依附著身體的自我。實相是一體不可分的「知」，是潛藏萬物的真我本質。同理，因為世界乃心思整體（manomaya），所以除非滅除心思，否則世界的概念不可能消失。

36 一旦心思滅除，在有害妄念中依附於你的世界表象，就會示現為清淨之知。

37 清淨之人灼灼，心思早已滅盡，就算是天界眾神來攪和，也波瀾不驚。

尊者：在心思裡，有生死、苦樂。簡言之，世界及自我都存於心思。若消滅心思，所有這些也就被消滅了。要注意的是，心思必須滅盡，而不是僅僅使其潛伏。因為睡覺時，心思隱沉，不知道任何事情，但醒來後，你又回到先前的你，於是悲傷不止。若心思滅盡，就沒有背景可供悲傷，而悲傷將隨著心思滅盡而消失。6

38★清淨之知是單純的存在，心思在其中死亡的人，將復活成為遍在的實相。

穆魯葛納：把自然之境地看作真實的死亡，這嚇到很多人，這是個體形式上的錯誤認知。就是這個原因，在解脫之前，勢必要滅盡無明，因為解脫是清淨之知，是實相。要知道，這種心思死亡，在某些同義的語詞，如：「自我毀滅」、「我身臣服」、「失去自我」、「滅盡心思（manonasam）」、「清除習性（vasana kshaya）」所讚美的，正是這種死亡，這些也是解脫的最後手段。《蒂魯瓦伽肯》（*Tiruvachakam*）有十則悲嘆的頌句，說道：「我還沒死。」也是指這一方面。

聖者派蒂那塔（Pattinathar，十世紀坦米爾詩聖）也說道：「像個死人，四處遊蕩。」偉人表達相同觀點的言論，不勝枚舉。[7]

39 只有一切都成為真知閃耀時，才可說不淨心思已然滅盡。

40 真實之智，是在心思死亡中所生起的濕婆之知的覺受，擴延至天際，躍起而超越〔一切〕。

真我無質性

本章節下面五則詩頌，敘述證悟的境界，是沒有質性的。質性（guna）是指心思質地的三種模式或品質（三德）：薩埵（和諧或清淨）、羅闍（躁動或活躍）、答摩（怠惰或遲鈍）。若干印度哲理學派，認為三質性是有形物質的顯現及心思的基本要素。正如前面詩頌明確表述的邏輯：心思滅盡的結果是世界也同樣消失，因為二者基本的質性相同。

有些學派在論述中考量質性的相互關係，主張薩埵之境就是真我之境，而躁動不定的心思是羅闍與答摩所組合。尊者在答覆提問時，有時採用這種立場，但我懷疑他僅是他針對某些認同這種見解的人而說的，或者是對某些不喜歡心思死亡的觀念的人而說的，我用下面這五則詩頌，明確表述尊者對這個主題的真正見解。

41★除非三質性所形成的心思已經死亡，否則無質性的真我不可能住於本心。

42 棄絕心思詭詐的人，也就棄絕了三質性。他已撕開幻象之翳，浮出〔智慧之觀〕。

43 若看不見，也不能接受靜默的了無邊際，就會陷落在三質性裡，困在墮落的世界中受苦。

44 三質性的心思湧起，掩蓋了實相，只有將其滅盡，乃是超越三質性之人。

45 超越心思的生命，有其崇高的本質，不為任何質性所干擾。

消滅心思

46 除非心思滅盡，否則不可能獲得清朗的福報，過著安住於神恩的生活。

47 人的本來面目是真我，參悟的方法就是斬除已知的「我」這個基本心思。

尊者：了悟真我要讓心思滅盡，就是心思了無思維而內斂，然後心思看見自己的源頭，成為「那個」(真我)，這並不是主體對客體的感知。8

48 要知道有個直捷的〔探究〕法門，可以掃除可惡的遺忘真我，方法就是滅盡心思。

49 除非運作思維的那個力量，被驅趕到內在深處而被滅盡，否則人不可能安享自己真知的體驗。

尊者：行探究，你會把思維的能量逼向深處，來到其源頭，然後思維會在此沒入。那時你會從內在回神過來，發現自己安住在那裡，滅盡了所有的念頭，而一勞永逸。[9]

50 只要不能斬斷有害虛妄的聯想，不去滅盡墮落的心思，就沒有幸福，也不會做出好的行為。

穆魯葛納：說到毫無原則，沒什麼比得上頭腦，它的認知、取證，完全不可靠。頭腦的本質就是墮落。頭腦抓到機會就誤導修行者，向外奔馳，感知諸物。只要頭腦還在，頭腦的本質就不會改變，因此要不斷禪定及探究，從根本革除，在滅盡心思之前，有志的修行者，不應自滿，以為已把必要的功課都做完了。[10]

51 只有透過辯證的探究，使心思滅亡，心思本身才會成為「我是濕婆（Sivoham）」而發光。

52 除了探究之外，沒有其他有效的方法能驅除你內心的自我，並且消滅它。

《真我語類》八八五頌：除了深入探究神秘的線索（「我」之思維）之外，不論如何努力採行其他的法門，例如行動（虔愛、瑜伽、知識等），這些努力都無法使人安享真我，找不到在本心閃閃發光的寶藏。

53 唯有探究而了悟本心中的真我，那個束縛，那個執迷於虛妄的心思，才會被摧毀。

問：如何消滅心思？

尊者：探尋心思。在探尋中，心思將消失。

問：我不懂。

尊者：心思僅是一團念頭，念頭之所以生起，是由於有個思維者。這個思維者就是自我。若探尋自我，自我將自行消除。自我與心思，同為一物。自我是念頭之根，一切念頭由此而生。

問：如何探尋心思？

尊者：向內在深入，現在你覺察到心思是從內在生起的。所以，向內在深入，去探尋。[11]

54 墮落的心思，無恥地溺愛著肉體，對身體毫無感情。唯有消滅心思，才能獲得真正的生命。

55 濕婆之知，乃是真實之智、至上之知。在這份覺受中滅亡的心思，會散發至上之在的光芒。

56 極盡精微的心思，在死亡中超越一切形相，成為真我，而熠熠生輝。

客體認知

客體認知是虛妄的覺知

客體認知（Suttarivu）是坦米爾語，是指將自身分別為所感知之物，以及看見諸物的感知者的這種虛妄的認知。這個詞在此有時被翻譯為「客體認知（objectifying consciousness）」、「客體化的認知（objectified consciousness）」、「客體知見（objective knowledge）」、「相對知見（relative knowledge）」。但是，通常都保留坦米爾的原詞，因為英文並沒有扼要的語詞能充分表述這個意思。這個詞通常是指看見對境的觀者之知見，不論是在心思或有形層面的看見。若是真實的知道，亦即真知，認知就不會分裂為知者及所知，或觀者與所觀。

1 客體認知是虛妄的覺知，萌起於邪曲的自我頭腦，是概念化〔心思〕的詭計。

2 雖然真我實相是人的本來面目，但因為客體認知所運作出的強大的幻象，使真我實相看似難以觸及。

3 唯一存在的，只有真知。客體認知產生了形形色色的諸多概念，這些不過是在那個如如其在之中所想像的概念而已。

4 把客體認知當真而沉淪其中，這是冒瀆真我。這麼做的人，他們的認知因而迷妄，心思幾近窒息。

5 依附著你的客體覺知，顯然與「知」不同，與真我實相有別，是騙局一場。

6 若你想像實相有別於你，這麼認定的覺知，就是錯誤的。

7 對了無客體的究竟實相，質疑其空洞，誠然是虛妄的客體認知所犯下的騙局。

8 因為沉迷於客體知見，無際真我的光芒萬丈，才顯得空無。

9 若真我之知的本質是虛妄（asat）而無覺性（jada）的，那你告訴我，怎麼會有客體知見的存在？

這裡尊者說的是，客體認知是虛妄的覺知，依附在真實的「知」上而得以存在。他進而強調，單單客體認知的存在的概念，就間接證明了有個更安定持久的「知」在支撐、維繫著客體認知。

以客體認知，尋求真我，終屬徒然

10 想用客體認知感知對境的方法，套用在渴望努力知曉真我上，斯為愚蠢。

11 眼睛無法看到自身，〔同理，〕客體認知也看不到真我。

12 人之本來面目，超越二元對立而存於本心輝照，不會在迷妄的心思之眼前揭露。

13 從感官得來的客體知見，伴隨著妄想與苦惱，而你卻想藉此努力認識不二的真我，還真是奇怪。

14 只因為真我就是閃耀的你，與你毫無不同，所以不可能以你的客體認知來得到真我。

15 請告訴我：真我的本來面目要怎麼現身，來向客體認知輝照呢？

屏棄客體認知之必要

16 除非〔客體〕認知消退，成為真我之光的獵物，否則生生世世的苦難，將永不止息。

17 若不能徹底消除心思客體化的習性，並完全滅盡心思，便無法獲得絲毫對真我的認識。

18 在客體知見背後的實相，使得非真我得以呈現。若不審視實相的真實本質，那就是〔靈性上的〕貧窮。

19 在客體認知業已滅息的本心裡，閃耀著無垢的幸福體驗、真實之智的三摩地。

終結客體認知

20 深入探討斷開束縛的方法，即是〔以〕圓滿的智慧，徹底摧毀心思客體化的傾向。

21 知者覺知到實相，乃終結了頭腦意識，斷開那個認出非真我的客體認知。

22 停不下來的頭腦，就是客體認知，除非發自內在的捨棄了，否則迷妄不會止息。

23 面對那束縛著你的認知，並與那毫無束縛、洋溢著真理之光的清淨之知，合而為一。

24 馳逐的心思，就是客體認知，只有明察到思想者的真實本質的真相，心思才會止息。

25 若客體認知在真我的掌控之中，那麼先前一切〔客體的〕所知，將與生命個體合一。

三方屬性

三方屬性（triputis）指觀者、觀、所觀，以及知者、知、所知，是客體認知必然的產物，是分裂意識必然的結果。當人只住於「知」，與「知」合一，就能認出所有的分別，皆是虛妄。

26 一旦你還在困惑，認為你自己是個知者，那你沒有〔體驗到〕那個知者〔真實〕本質的真相。

27 聽聽這個秘密：除卻「知」，一切的二元對立及三方屬性，全屬虛幻。

《真理四十頌》第九頌：

「二」及「三」依附在一個東西之上：自我。若捫心自問：「自我是什麼？」並探尋自我，它便溜走。發現這一點的人，才知曉真理，而且永無困惑。1

28 ★至上真理，不僅是所觀之物的源頭，也是觀者及觀看的源頭。

29 至上之在，也就是純粹存在的境地。從合一的觀點來看，三方屬性，有其真實性；然而，離卻是至上之在，則三方屬性，全屬虛幻。

30 三方屬性顯然是心思之鏡上的倒影，就像變戲法一樣。

31 若不把這個世界當作是自己的真我，而成為這個世界的支柱，三方屬性就會藉著卑鄙的妄想依附於你，把你困住，讓你沉溺其中。

「成為世界的支柱」，意謂成為銀幕，而世界呈現其上。

32
只有在虛妄的恍惚中，在無明的黑暗裡，才會出現三方場景中分離的片段。

尊者：光，必須暗淡，自我才會生起。在全幅流明的日光下，草繩看起來不會像蛇；在全面漆黑的深暗中，根本就看不見草繩，所以沒機會誤認為蛇。只有在昏暗之光，黃昏或陰影的微光下，草繩才會被看作是蛇。同理，於清淨光明的存在之中，也只有黑暗瀰漫遮蔽了光線，自我才會生起。2

尊者：在電影院裡，你只能在非常昏暗或黑暗中，才能看見影像。若打開全部的燈光，影像就會消失。至上真我之光亦然，這個世界不可能在無明的全然黑暗中，一如在深睡裡，被看見；也不在真我的全幅之光裡，一如在了悟真我或三摩地中，被看見。3

33
一切的三方屬性，從不淨的幻覺中萌生、舞動，那是無明、不探究〔所致〕。

34
反射相當脆弱，一旦真知探究之光灑落，它便瞬即消失。

35
〔當〕所有感官對境都被當成「知」，三方屬性所引發的困惑也就不存在了，這就是真知。

分殊與有別，是為虛妄

只有當客體認知及其本具的三方屬性運作時，才會認知到分殊與有別。一旦真知使客體認知消亡，分殊與有別也隨之消失。

36 從對立面而生的感覺（像是苦與樂），是扭曲的心思感到迷惘所造成的，這種感覺不存在不二的真知裡。

37 一旦你的覺知變得清明瑩徹，一切的差異都會隨之消失，萬物都是你自己的真我的呈現。

38 在真我之知明曜的感知裡，分殊、覺性（chetana）、無覺性（achetana）等，完全不存在。

問：《教導精義》的開經偈是，在知（chit）與無覺性（jada）之間，有其區別。

尊者：《教導精義》是從聽聞者的立場而說的。在無覺性中，並無真理可言。唯有整體之「知」，獨然遍在一切。4

39 為何你要把自己看成心思的形相，視萬物有別，而心生恐懼呢？

40 差異是自我所認知的，若離卻了自我，就沒有什麼可視為「他者」。

41 在清明之中，分別感（bheda-buddhi）不會生起。清明是極其圓滿（paripuma）的存在之知。

感知並追求感官對境

42 這個世界看來如此美妙，不過是名相構成而已，但為時短暫，有如泡沫，僅存於五感的層面上。

43 五感的印象纏滯你身，是狂熱心思所創建的龐大體系，只為了確保其身輝煌的存在。

44 不要將你的注意力放在〔這個世界的〕概念上。停止感知感官對境，要知曉這個世界，有如夢幻。

45 為何要捨棄平靜的美好體驗，而欲求妄念、卑劣的〔感官〕享受呢？

46★心思展開而生起欲望，欲求五感對境，當這種欲望消退之時，心思即是至上絕對。

47 底層覺知的情態總是專注在五感之上，並將所感知到的視為對境；但至高的真「知」則是專注其自身，並融入其中。

48 那些安享三摩地殊勝之樂，參透自己本來面目的人，不會受虛妄所矇騙，而去追逐五感所感知到的對境。

《真我語類》九四七頌，頌釋：若有人探究，向內詢問「我是誰」？便能以直接的體驗，得到可信的知見：人，並非自我（消亡的自我，僅是一個詞語而已），但真我實相，才是「我」的真實意義。此後，還要求什麼呢？為誰求呢？難道真實至上的悟者，會欲求身外之物的享受，而心受折磨嗎？

頌註：因為他〔悟者〕乃不二的真我實相，是不可分割的幸福，故任何生命個體或任何幸福，都不會離卻悟者而存在。這就是他為什麼會說：「還要求什麼呢？為誰求呢？」

《古臘箴言》（*Tirukkural*）〔三六八頌〕：「無欲，亦無苦。若有所欲，苦便生生不息。」

因此，無欲則苦不生。上面的頌釋說：「難道正覺無上的悟者，會渴望身外的享受，而遭受心裡的折磨嗎？」這意思是說：悟者已證得圓滿的境地（puma），除了真我之外，一無所悉。

49 在心底安享無憂無慮的實相之樂，五官所感知到的對境，沒有什麼可享受的了。

時間

在這裡納入時間的章節，似乎有點奇怪。但我們要牢記，尊者教誨裡所述及的時間、空間，以及時空本質隱含必然的劃分，都屬於虛妄的覺知，也就是是客體認知所投射出的一個虛妄世界，以及同時有個觀看的觀者存在。

50 存在的僅是當下。若無視當下，就會有與當下對立的過去與未來。

《真理四十頌》十五、十六頌：

> 過去與未來之存在，依附於現在。若有其發生，也都是現在。因此，〔在三個時境裡〕現在是唯一的存在。想要知道過去與未來，而不去知曉現在的真相，就好像想要數算，卻沒有〔數字〕一。

> 細細推敲，除了「我們」是確知存在的實相之外，時間在哪裡？空間在哪裡？〔萬物在哪裡？〕若我們是身體，就涉及時間與空間，但我們是身體嗎？既然我們是現在、後來及永恆的那個，是空間上在這裡、那裡、無處的那個，那麼「我們」就是無時間性、無空間性的「我們」，乃唯一的存在。5

上面頌文第二段中的代名詞「我們」，是指真我。

51 那個被認知為時間及空間的不是別的，而是實相，是清淨之知的真我。

52 滅失，僅是對時間與空間而言，對究竟實相的真我，絕對如如不動。

問：往世書上說，卡利紀元（Kaliyuga）有好多個千年組成，已過去了許多年，還剩下許多年，請問我能知道這個紀元何時終止嗎？

尊者：我不認為時間是真實的，所以我對此事不感興趣。我們對過去或往昔的紀元一無所悉，對於未來也不知道，但我們知道當下是存在的。讓我們先確信這個，所有的疑惑就會止息。〔尊者停頓片刻〕時間與空間總是在改變，但有某些是永恆而不變的，例如：在我們睡覺時，世界與時間，過去、未來，皆不存在，但是「我們」存在，且讓我們找出那個不變的、始終存在的。知曉卡利紀年是始於何年，又在今後多少年會終止，這對我們又有什麼益處？[6]

53 永遠放下虛妄不存在的「明天」，但知曉今天的真相。

54 不在內心牢牢意識到現在這個真理，將會迷失在其他〔的時間上，即過去與未來〕，而經歷歡樂〔和痛苦〕。

個體身分

生命個體的本質

1 生命個體（jiva）的本質，是不存在的實體，在清淨的真知探究中，並不存在那個無明的自我。生命個體，即個體的我，是虛妄的個體，是因為錯誤的聯想而產生。下面一系列的頌文，是拉克希曼·薩瑪就此主題總結了尊者的教誨，清楚地說明了這點。

三九六　既然已確定名為「生命個體」的人並不存在，我們又如何能考慮它的束縛與解脫呢？對真實的真我來說，既無束縛，也無解脫，始終保持著完整和孤獨。

三九七　生命個體被視為真實，是由於沒有正確明辨所致。這是在身體與真我之間的錯誤認同。身體受空間與時間局限，而真我乃唯一的「知」，不受時空限制。

三九八　首先認定他的某個特定的身體是「我」，然後認定這副身體是真實的。一旦如此，愚痴之人看到別人的身體，便認為是真實的，而認定彼此是不同的生命個體。

四〇二　尚未體驗到真我，而逕自認為「我就是身體」，以「我」來看待自己，這是文法中的第一人稱。他看到別人，稱呼為「你」，而用「他」來稱呼第三人。

四〇三　這三人的區分，並不真實。他這樣看，是由於「我是身體」的妄見。當探尋真我，而導致自我消失，那個真我，就是「知」，會獨自輝照。

四〇四　若認為自己是一個生命個體或身體，就會出現眾多生命個體。但是對聖者而言，他沒有這種無明，故沒有生命個體會出現。[1]

2 ★一旦滅除生命個體的妄見，亦即我是這副身體的觀念，則生命個體的本質，將是濕婆之知的真實幸福之情態。

《永結真我的婚姻頌集》(*Aksharamanamalai*) 七十三頌：

> 施以魔幻粉末，你愚弄我，劫走我的個體身分，然後曝光，卻不顯示你是濕婆本尊。[2]

3 與自我分離的生命個體，會成為「知」的至上虛空，超越宇宙最遠的盡頭。

生命個體相應心思

4 就你的生命個體而言，唯一真實的連結，是和幸福境地在一起。這樣一來，還會跟悲慘的世界沾上邊嗎？

問：若生命個體在本質上是和真我一致的，是什麼阻礙了生命個體參透其真實本質呢？

尊者：生命個體對其本來面目的遺忘，這就是所謂障蔽的力量。

問：若生命個體確實遺忘自己，但是「我」之體驗，又是如何萌生的呢？

尊者：那個障蔽，其實並未全然遮掩生命個體，僅是隱藏「我」之真我本質，而投射出我是身體的概念。但它無法掩蓋真我的「我」之存在，那是真實而永在的。[3]

5 〔不同〕信仰的諸多信徒，無一能解釋心思相應的虛妄，是如何從生命個體上生起的。

6 要知道，生命個體因心思而受苦，是因為他與心思這個丑角有密切關聯。

7 除非生命個體在其認知中所運作的感官活動完全止息，否則很難與真我之幸福、神性真知合一。

8 以生命個體的狀態存在，藉由不斷地改變形相而生存，十分可惜。

9 現在，你目睹也覺察到這不當的怪事，那麼至少從現在起，要擁抱真理的生活，這才是正當。

10 生命個體的大不幸，就是看不到生命本源所輝照的光，而虛度一生。

生命個體回歸其本源

11 除非生命個體覺知自己的本質是無比的幸福，否則他會像麝香鹿一樣困惑。

《真我語類》一〇二八頌：麝香鹿身上自帶麝香，但牠不知道這個事實，認為香氣的來源是在身外，於是四處遊蕩尋找。同理，不能參透自己的本質就是幸福的人，惶惑不已，尋求感知的對境，以為那是他們幸福的來源。然而，能夠好好認識自己本質的人，就會安住在自己的境地，不會繞著這個世界打轉。

12 若生命個體不與清明的覺知為伴，它也無法在其他地方找到親密感了。

13 只有自身唯一的真理，才能成為生命個體的避風港，除此之外，其他時間或地方，都沒有其他真理存在。

所有的苦難與邪惡的根由，始於生命個體經歷出生後，遺忘了其所由來。下面這則事件，如是解說。

尊者平時接受信徒觀視的廳堂裡，有個煙囪。煙囪週邊都用鋼網封閉，唯獨底部沒有封閉。有一天，一隻美麗的小鳥，從這裡鑽進去，困在煙囪裡面。小鳥發現困在牠平常自然環境完全相反的狀況，原本的空間遼闊，得以自由飛翔。從牠鑽進煙囪那一刻起，牠拚命掙扎逃出，但徒勞無功。為什麼？因為牠忘記了自己飛進來的路線，一再拚命地要從封閉的路徑逃出。尊者藉機揭示一項偉大的真理：

「這隻鳥捨棄了廣闊的空間，那是牠居處的自然天地。牠被困在跟牠的自然天地相反的有限空間裡。牠不知道如何逃出這個監獄，只是躁動不安與害怕。就像這隻鳥一樣，生命個體放棄其所處的自然境地，那是『知』的廣大虛空，卻因無明而生的虛妄，深陷在身體的牢房裡，不知道如何逃脫，受盡各種折磨。這隻鳥不斷地努力，想要逃到牠居處的自然天地，都不成功，因為牠被引導向上，那是受困的路徑，而不是朝下面飛去回到來時路。同理，生命個體不斷地努力，想要獲得自由，都不成功，因為他們也被引導向外，那是受困的路徑，而不是向內走那條來時路。鳥的自然習性是往上飛，甚至力圖掙脫時，也是非常堅持；同樣地，生命個體的自然習性是向外馳逐，甚至在力圖尋求解脫時，也是這麼肯定，這就是生命個體的自然習性。若以真實的明辨及覺性，生命個體因此而從向外的視線，轉為向內關照，若能目不轉睛，必將即刻解脫。」[4]

14

對生命個體而言，除了真理，沒有其他皈依處。因此，要參透你的真理，這真理離你非常之近。

15 只有當個體的生命在濕婆之知中綻放，才有可能獲得不知愁苦的真愛。

16 生命個體的清明充盈，是心思的供品。其他供品有什麼用處呢？

17 若生命個體住於沒有客體認知的狀態，就能清晰地看到自身無垢而清淨的本質，自由自在。

《真我語類》六四六頌：若用客體認知來看加持，加持不會朗現輝照。若客體認知止息，加持為之輝照：「當我盯著看我所愛的人時，她看著地面。當我不看她時，她看著我微笑。」

上面頌文的下半段頌句，摘自《古臘箴言》一〇九四頌。

18 心思會忘卻自己的本質而四處遊蕩，不論它晃到哪裡，最後的歸宿，都是真我。

《阿魯那佳拉八頌》第八則頌文：

雲層從海洋升起，蘊為雨珠而灑落，流勢不止，無畏艱難，直到再度回到海洋之家。化身個體生命的你，可能因自己不同的選擇，時而漫無目的，除非再次與你的本源合一，否則飄蕩將永無休止。鳥兒到處盤旋，不能停住在半空中，勢必回到來時處，最後發現唯有大地才是棲息之處。儘管如此，生命個體必須轉向祢，阿魯那之丘啊！再度融入唯一的祢，那幸福之海。[5]

19 生命個體的主要責任，是將僅知非真我的客體認知，收攝而融入在真我，從而滅除無明。

20★除非在靜默之中，障蔽已一掃而空，否則生命個體不可能與真我合一。

生命個體的解脫

21★在源頭上滅盡自我，生命個體所採行的靈修，乃告完成。

22★就像飛蛾〔撲火〕，在真我閃耀的光輝中殞落的生命個體，終將湮滅，成為至上。

23 了知真我，就是參透人乃無形無相，若對此有所體驗，把自己視為身體的生命個體，也為之解脫。

24 對參透真理的生命個體而言，真理本身會協助它與解脫合一。

25 唯有「我」已死亡的人，能知曉生命個體與至上之融合，是圓滿而不二的〔體驗〕。

26★若生命個體在清淨之知的真我裡，順利滅盡了其中所充斥的自我感，那麼生命個體本身將成為至上之知。

27★對於良善的生命個體，既已獲得真知，亦即加持，便永遠不會遺忘真我，那是無明的黑暗。

28 在至高無上的真我本質裡，生命個體之遺忘真我，乃是愚蠢之事。

29〔生命個體〕沒入本心，因此不論何故，皆不起心動念，這就是加持，就是生命個體的上主——真我的力量。

自我的非真實

30 對你們而言，沒有一個像自我一樣惡毒的敵人，存在這個世界或其他地方。

31 向內探究，洞悉自我的本源，自我就會離開，湧現真我本質的體驗。

32 若向內在探究，洞悉那個自我幽靈頑強的本性，就好比逃之夭夭、消失無蹤的〔假〕伴郎。

尊者：在印度的某個結婚典禮，喜宴持續五六天之久，有個陌生人被女方誤認為是伴郎，於是對他隆重禮遇，男方見狀，也誤以為他是女方的貴賓，於是對他同樣禮遇，那個陌生人便左右逢源，享受了一段快樂時光。他自己也一直深知實情。就在某個場合，男方想找他了解一些情況，他覺察情況不妙，便迅即開溜。自我也如出一轍。若你認真去找，它就不見了。若不去找它，它就繼續給你找麻煩。6

尊者：實相就是自我的喪失。尋究自我的身分，就能摧毀自我。因為自我並無實體，會自行滅失，而實相將自身輝照。這是直捷的方法，而其他修行的方法，皆保有自我。在那些行法中，會出現許多疑惑，而終極的問題，仍有待解決。然而，修持這個探究的方法，最終的問題只有一個，而且在修持的一開始就出現了。故採行探究的方法，就不需要別的行法了。

這真是莫大的謎：我們的存在，已然是實相了，但我們還在尋求實相。我們認為，有個東西障蔽了我們的實相，所以要摧毀那個東西才能獲得實相，這實在荒謬。直到有一天，真相大白，你會笑自己先前的徒勞。到時候讓你笑的那個，此時此地，也在。7

33 好比洋蔥，自我所呈現的是虛妄之物〔由許多質性〕組合而成。若深入探究，就發現它本身並不具有實相。

逐層剝開洋蔥，最後就會發現沒有洋蔥。「實相」在此意謂「始終存在而不可分割的本質」。

34 只要自我存在，又怎能以蔓生的心思，看到自己的實相呢？

自我幽靈

35 自我是毫無價值的幽靈，涉入許多遷流不定的印象，使人輾轉反側，因而受苦。

36 自我幽靈，以身體為形相，有如裝著汙物的骯髒容器，跳著滑稽的舞蹈步，糟蹋不朽的生命。

37 將兩個東西緊緊綁定，是心思那個卑鄙幽靈的拿手好戲，那是騙人的聯想。

《真理四十頌》二十五、二十六頌：

多麼奇怪！這個幽靈般的自我，沒有形體，卻抓住一個形體，成為存在。它抓住形體，以便存活；又餵養所抓住的形體，使其壯大；離開形體後，又抓住另一個形體。要尋找它時，它便逃開。要知道這樣。

自我，就是根本，若我存在，其他一切就會存在。若自我不在，一切就都不存在。誠然，自我就是一切！因此，審視「自我為何物」，就是放下一切。要知道這樣。[8]

38 真誠的信徒，在加持力的感召下，不會受到自我幽靈的掌控而有所迷妄。

39 自我幽靈牢牢不動，拒絕離去，沒有什麼東西像它那樣虛無。

40 這個世界在自我幽靈的主導之下，所經歷的苦難，實在無法想像。

41 只有行探究真知的聖灰，才能驅除那個幽靈。

印度某些地方，會在傳統的驅邪儀式中，使用聖灰（vibhuti）。尊者在此是說，探究真我，以深入真實之智的本質，就是驅邪儀式，得以有效袪除自我幽靈。

42 不僅可以驅邪，也能在你的眼下，斬其首而殲滅之。

相應自我

43 自我只是個思維，牢附於你。與自我相應，這對你究竟有何益處？

44 對於根器卑劣之人的自我心思而言，真我實相之為真實之智、至上之在，簡直遙不可及。

45 看到他，自我這個下等賤民，真是弄髒眼睛。連聽聞他，都是髒的。他是個不可觸摸的賤民。

賤民是被逐出種姓階級之人。在尊者的年代，這些人被認定是「不可觸摸者」，所有印度的種姓階級都與之拒絕往來。尊者在此是勸告，對待自我，就跟社會對待賤民一樣，避免由於錯誤的相應而生出卑劣與染汙。在《對話真我》書中，對話三〇八，尊者論道：「非真我，是不可觸摸的。社會上的不可觸摸，是人為的，而其他的不可觸摸，是自然而神聖的。」

46 除非認識到自己就是那個見證者，否則不能去除顯現為自我的無明。

自我是苦難的根由

47 自我，以遺忘來迷惑你，使你心神不寧，成為你常住不變之相的敵人。

48 自我幽靈滿懷著欲望與執著，受其舞弄的生命，乃是敗壞的荒涼地獄。

尊者：真我的幸福，始終與你同在。若你認真尋找，就能找到那個幸福。你愁苦的根由，不在於你生命的外在，而在於你的自我。你對自己加諸設限，而又力求超越，徒然而已。所有的不快樂，皆肇因於自我；自我來到，必生愁苦。愁苦存乎你的內在，若將之歸咎於生命中的事件，對你又有何幫助呢？又如何能從外在的事物，獲得幸福呢？若你得到了，又能維持多久呢？

若你能否定自我，不予理會，燃盡自我，你就自由了，若你接受了自我，它將在你身上設限，把你推進徒然的掙扎裡，永無翻身之日。那就是竊賊想要「毀掉」國王迦納卡的詭計。

要安住在如實的真我，唯一的方法，便是了悟：幸福始終是你的。9

49 對真我有篤實的認識，自我在其中完全消亡而復生（成為真我），心思的愁苦，也全然滅息。

50★若有自我，亦即一絲「我」存在的跡象，就會阻礙對真我的體驗。

51 當自我深陷俗世生命的羅網，而失去了真知之光，它除了自毀之外，還能做什麼？

52 發情的大象（自我）會殘害自己。牠去撞山，認為山是情敵，事實上那座山是牠自己的影子。

53 不斷膨脹的自我意識，是生死流轉的痛苦，那是頭腦所創造出來虛妄的束縛。

54 在你征服那個敵人，將其趕盡殺絕、殲滅對方之前，各種錯誤及罪過只會歸咎於你。

55 只要自我存在，無數的障礙就會接二連三地出現，就像長著翅膀的白蟻，從蟻垤裡不停湧出。

自我是罪過的本源

56 正如一切美德的源頭，是真實的「我」，而成堆罪過的泉源，乃是虛偽欺妄的「我」。

57 自我是邪惡的化身，一切罪過皆棲居於這片汪洋。

58 尊者質疑：「自我是小偷，習慣誤導人以為自己就是身體。這樣的自我，還有什麼罪過不會犯呢？」

59 既然自我，是一切罪過的積累，那麼摧毀自我，就構成了一切美德。

滅除自我

60 只有在自我完全滅除時，真我之體驗，乃能萌起。

61 除非你把縈懷不去的自我頭腦，一掃而空，認識到那是劇毒，否則你的內心，永無幸福可言。

62 對於那些達到了無自我，這個獨特偉大的境界的人來說，得到了一切際遇之最，就不會再欲求得到其他的了。

63★虛妄的自我，毀壞道法，唯有殲滅之，才是真正濕婆之法的卓越體現。

64 真實的了悟，乃是篤實的境地，有股堅定的力量來自於遺忘之源，那是虛妄自我之死。

65 當你將惡意的自我，連根拔起而揚棄之，解脫世界的主宰權，當下就會充斥你心。

殺死自我

66 「殺我啊！若不動手，我現在就把你消滅。」用這種方式挑戰，自我就會崛起。

67 自我專制而殘酷，要在它毀掉你之前，先除掉它。

問：殺死自我的最佳方法為何？

尊者：對每個人來說，最佳的方法，應是對你最方便或相應的。所有的方法都是好的，因為都朝向同一目標，那就是自我融入真我。信徒稱之為臣服；探究者稱之真知。二者皆將自我帶回萌生的源頭，使自我回歸其內。[10]

68 除非你徹底擊潰它，使它不復存在，否則你無法體驗到絲毫平靜所帶來的幸福。

69 當自我存在時，自我就是死亡；而自我的死亡，就是生命。這個謎題，確實難以理解。

70 當自我消退，在本心中死亡，就會實現真我之廣大，澎湃如浩瀚海洋。

71 當自我滅盡，真我的真理將渾然輝照，廣及〔宇宙〕四方最遠的盡頭。

72 為何要辱罵神，而不殺死引生愁苦的自我呢？自我，才是無知的傲慢。

知—無覺性

Chit-jada是個梵文術語，字面的意思是「知—無覺性」[11] 尊者屢用這個詞，來描述那種虛幻的束縛或結，會把「知」捆綁、設限在無覺性的肉體上。因此，「知—無覺性」就是因為錯誤的聯想，把認同限縮在某特定的形體上，這也是「自我」或「我」之思維的問題。

73 個體存在的生命，是兩個對立的主體（知—無覺性）所結合，它僅是心思上的呈現。

74 連結知與無覺性所形成的自我，既非真實，也非虛妄，它駐留在你的本心，明明是敵人，卻偽裝成朋友。

75 連結著知與無覺性的自我，即所謂的「我」，是累世心思的始祖。

76 那解脫之道，斬斷了連結知與無覺性的枷鎖，就是以探究，引你認識本來面目的真理。

問：若目標是要參透那個無條件、清淨的真我，絕不可能依賴自我，那麼以「我」之思維的形相來探究自我，會有用呢？

尊者：從運作的角度來看，自我只有一個特點。自我以「結」的型態，在真我的清淨之知與無覺性的身體之間運作。因此，自我又稱為「知與無覺性身體之間的結」(chit-jada-granthi)。當你探究而深入「我」之思維的源頭時，你是在汲取自我的本質之知。因此，探究到最後，一定要參透真我的清淨之知。[12]

77 ★身體是卑微的存在。除了分開精神與身體〔相連的結〕，沒有其他道路可走了。

78 ★真正的慶生，是鬆綁〔知與無覺性的結〕，讓自我死亡，在至上絕對的實相中誕生。

79 不像綻開的蓮花〔在夜間〕有閉合之時，本心的蓮花，在解開卑劣的縛結時綻放之後，永不閉合。

《真我語類》一一二四頌，頌釋：若昔日所形成的知與無覺性的結，亦即一切〔束縛〕的根本被斬斷，就永不再陷於生死輪迴的桎梏；而神的境地、靈力的擁有，以及深沉的寧靜等，這些都是真實的，乃存於這個實相輝照的境地裡。

頌註：存在、真知、幸福三面向，全部歸於那個一，而這裡相對的三個面向，則描述為：神的境地、靈力的擁有，以及深沉的寧靜。

下面的一段註釋，載於尊者的著作合輯內〈阿魯那佳拉五頌〉(*Arunachala Pancharatna*)的一則頌文下面。我不知道作者是誰，但不是尊者本人寫的。

正如蓮花的苞蕊，出於淤泥，綻放於日出之時，本心也一樣，在汙穢的心思背後，因神的加持而發光。神就是眾生的真我，肉眼可見的阿魯那佳拉。然而，這個太陽，升起之後，便永不落下，而解脫的靈魂，其本心一旦顯發，便永遠光明綻放。

「我就是身體」的觀念

80 活在這個身體裡和世界上的這種感覺，就是殺死堅實的實相之命，摧毀存在之知。

81 將此身體當作「我」是種錯誤，謀殺了至上絕對，那是與你合而為一的真我實相。

82 要知道那個欺妄的自我，是個演技精湛的冒牌貨、邪惡的凶手，它的專業，就是死亡。

雖然至上絕對，本質上是無法毀滅的，但尊者常對信徒說，只要一不小心，就會「殺死」或「謀殺」至上絕對。

83 只有虛妄的自我，認同無覺性的身體，肆行蔓延，才是束縛。

84 那個應該要清楚明白的，乃是真我，僅是「知」而已。那個應該要加以摧毀的，是對身體的執著。

《真理四十頌》十七頌：

不知道真我之人，與知道真我之人，身體都是「我」。不知真我者，那個「我」被身體拘困；知道真我在其體內者，那個「我」，輝照無邊。這是二者的差別。13

85 〔住在〕這個身體以及世界的生命是虛妄的，是「我」所感知的產物。「我」的感知會去愛惜身體，然而身體不過是一具屍體而已。

86 **問：**悟者沒有「我即身體」的觀念嗎？若尊者被蚊蟲叮咬，也沒感覺嗎？

尊者：悟者有感覺，也有「我即身體」的觀念。悟者及未悟者都有「我就是這副身體」的觀念，但意義不同。未悟者認為，只有這副身體是自己的，但是悟者知道，一切都是真我（Atmamayam sarvam），或這一切都是至上絕對（sarvam khalvidam Brahma）。若有苦在，就隨它吧，那也是真我的一部分，而真我是圓滿的（poorna）。14

尊者問：「你就在真實之智中，為什麼你要把你的形態視為肉體，並陷入痛苦之中？」

「我就是身體」觀念的成因

87 會生起「我就是身體」這種錯誤，是客體化所導致，在還沒看到自己的本來面目之前，便先看到不淨的感官對境。

88 把身體視為「我」，是牽強附會，好比把珍珠母說是銀，那是心神顛倒造成的混淆。

89 把五官感知當真，同樣是頭腦的混淆，這導致頭腦在欲求五官感知的欲望上掙扎，而躁動不安。

「我就是身體」觀念的破除

90 在你全然圓滿的本來面目上，安頓自己，莫自我設限〔在身體上〕。

91 除非有直接體驗的珍稀醫藥，否則不可能免於「我就是身體」的疾患。

92★除非完全破除「我就是身體」的信念，否則不可能對真我有真實的認識。

93 「我就是身體」的概念是錯誤的理解，使人迷妄。此一概念滅息，就是體驗到真我實相。

94 我是這副身體的妄念，在自我之中滅息的狀態下，合一（yoga）與安享（bhoga）不分為二，乃合而為一。

《真我語類》六十二頌：知道這個世界的樣貌，是五官感知構成的一種聯想，這是自己的真我，亦即至上之知，透過他的五官感知明白、體驗到的同一個實相。

頌註：本頌文解說一項鮮為人知的事實：就算是外在的感知，也能體驗到自然（sahaja）的境地。人若明白感官的認知就是自己的真我，外在世界就不再是障礙了。他體驗一切的感知，安享他自己的真我，不分內在與外在，他徜徉其中，絲毫沒有束縛的感覺。

「我」及「我的」

95 昏暗的心思，充滿受俗世束縛的黑暗，滿腦子都是「我」及「我的」，都可稱之為愚蠢之人。

96 「我」的念頭先在本心萌生，乃是「我的」和「為我而有」之思維的起因。

97 終極實相是永恆的，只是「在」而已，了無「我」及「我的」。

98 內在的執著，使你受苦，好像傳染病，折磨你生生世世，一定要放掉。

在坦米爾文中，「內在的執著」指身為「我」那種內在受困的感覺，而「外在的執著」是對應「我的」，即某物是屬於「我的」之概念。

99 若真我的體驗，與你合一，則「我」及「我的」之根本妄念，便告滅息。

捨棄個體身分

100 最佳的棄世，是心思緊緊抓住實相，住於其境。

101 三方屬性障蔽了人的本來面目。若知曉自己的真實本質，住於真理，那就是放下對三方屬性的執迷不悟。

102 若你對內在的捨棄已完全熟稔，外在的捨棄，就不重要了。

內在的捨棄，指捨棄自我。外在的捨棄，指捨棄財產。內在的捨棄，可致開悟。尊者有時在解釋這個要點時，說到國王希吉德瓦耶（Sikhidhvaja）的故事，他無須捨棄他的王國，去隱居森林，尋求開悟。

尊者：他〔國王〕統治王國時，心無執著（vairagya），要是他能把無執做到極致而滅盡自我，就能參透真我，但他不出此圖，卻跑到森林裡，按照課表修持苦行，歷經十八年的苦行後，仍然沒有進展，這是自作自受。後來秀妲拉（Chudala）〔他開悟的妻子〕勸他捨棄自我，了悟真我，他照做了，終獲解脫。

從秀妲拉的故事裡，清楚得知，帶著自我的無執著是無用的；沒有自我，雖然擁有一切，也無妨礙。15

103 對於已經捨棄自我心思之人，還剩什麼值得捨棄的呢？

《真我語類》八三七頌：歷經萬難，成功捨棄自我的人，也就別無他物可拋棄了。

104 棄世是全面根絕不淨的自我心思，光榮而無瑕。

105 只有捨棄自我心思之人，才是真正的棄世。至於捨棄其他事物的人，算是真的捨棄嗎？

行動的作為者之感覺

106 你與作為者的感覺（kartrutva）相應，是卑鄙的執迷，這種心思迷惘的態度，會把「你」視為〔行動與認知的〕工具。

107 行為，並不是你的敵人，只有作為者的感覺才是。因此，活出你的生命，徹底放棄這個敵人。

108 若你全心倚靠著加持力，完成一切活動，那麼幻象、自我，就會全然破除。

尊者：若你認為你是作為者，你就不得不接受你工作的果實；但在另一方面言，若你交出自己，認識到你的個己僅是至上大力的工具，那股力量會接手你的事務，並承擔你工作的果實，你不再受影響，而工作自然遂行無礙。不論你是否知道這個至上大力，事情的規劃不會改變，要改變的，只有你的想法。搭乘火車時，為何還要把行李頂在頭上呢？不管你是頂著行李或把行李放在火車的地板上，火車還是運送著你以及你的行李。你頭頂著行李，並不會減輕火車的負重，那只會對自己帶來無謂的耗竭而已。類似的狀況像是，人總有種自己在世界上有所作為的感覺。16

109 修行者適切的課表，是隨時都在實修，直到作為者的感覺滅息為止。

110 「只有作為者的感覺滅息，才是我身臣服。」尊者強調這一點，要銘記在心。

問：若沒有作為者的感覺，不覺得「我」在執行，就無法做事。

尊者：可以的。工作時不要帶著執著，會比你帶著作為者的感覺去做還要順利。

問：我不知道什麼工作該做，什麼不該做。

尊者：不要擔心。不管你喜歡或不喜歡，你命中註定是你要做的，你就會去做。

問：像阿周那被告知的，如果那份工作註定要我們去做，不管如何不情願或執意拒絕，我們終究要去做，那麼人還有自由意志嗎？

尊者：那份工作，若是我們要去做的，就會由我們去做，這是事實。但是，工作結果的苦樂、愉快或不愉快，取決在我們。我們可以藉由不認同我們的身體，或不認同是自己在做，所以不受制於此。若你能參透生命的真實本質，就會了解並不是你在工作，不管這副身體因為命中註定、昔世業力，或者上天的安排，隨你怎麼說都行，所以從事了什麼工作，你都不會受到工作結果的影響。你始終是自由的，而那個自由，並無限量。[17]

111 作為者的感覺，在滅息的當下，人便獲得解脫，該做的事，都完成了，此後再也無須努力了。

問：只要絲毫有我是身體的作者感，就無法參透真我，這是確定的法則，但對於一個在家的慕道者，有可能適當地放下責任，沒有這個作為者的感知嗎？

尊者：沒有規定說行動應依附在作為者的感知上，因此在沒有作為者或行為的狀況下，無須質疑行動是否能發生。雖然政府財政部門的官員，在別人眼中，整天都認真履行職務，但他在履行職責時，了無執著，認為「我跟這些錢並沒有實質的關聯」。在他的心裡，並無牽涉其中的感知。同樣的態度，一位明智的在家人，根據宿業而落在他身上的各種家務，也可以毫無執著地履行，好像他是別人手中的工具。行動與認知，互不扞格。[18]

112 拋開作為者的執念，內在會有種振奮感，因為所有該做的事都做完了。

期待行動的結果

113 希望行動有成果，這種態度會障蔽了你的見地，所以看不到真相。因此，你應培養一種體悟，那就是不對結果有所期待。

114★若沒有極其強烈的正直感，就不可能在履行義務時，不求回報。

115 除了能以瑜伽之道而行動的人，其他人的行動，終究是執迷不悟（moha）。

履行行動的責任

116 只要你尚未捨棄「我是作為者」的信念，就請務必牢記這個正確的觀點：你的責任還是你的。

只要「我是作為者」的觀念存續，就將累積新的業報，而那個自認是作為者之人，將會經歷業報。若這個「我是作為者」的觀念止息，就不會累積新的業報。尊者是在說，在尚未直接體驗真我，尚未除去個人的身分感之前，人都無法逃避他行動的責任。

問：犯了通姦、竊盜、酗酒等罪的人，他們的罪過，能用持咒來消除嗎？或者罪過會繫附在他們身上？

尊者：若不存有「我在持咒」的感知，人所犯的罪過不會繫附於他。若存有「我在持咒」的感知，那麼惡行帶來的罪過，怎能不繫附於他呢？

問：持咒所累積的福報（punya，透過持咒所累積的功德），不能消除惡行的惡報（papam）嗎？

尊者：只要存有「我在做」的感知，勢必經歷行動帶來的後果，不論是善果或惡果。怎能說用一個行動，來消除另一個行動呢？若了無「我在做」的感知，便沒有東西能影響一個人。除非參透真我，否則「我在做」的感覺，永遠不會消失。[19]

《真我語類》五七〇頌，頌釋：愚痴之人持「我就是身體」的妄見，認為個人的「我」與圓滿的神是分離的。只要他相信自己是個體，這個人會由於「我就是作為者」的自我感知，交替做出好的行為和壞的行為，也勢必要以苦與樂的形式，承擔、體驗其結果。

《真我語類》六六八頌：若認為生命個體的一切行動，都僅是濕婆的行動，生命個體藉著我身臣服，卸下獨一性及個體性，遂與濕婆無異。若其存在，有別於濕婆，則他的行動是他自己的行動，而非濕婆的，那麼他將被視為是一個獨立的行為者。

頌註：這個論述的要點，極為精微。若認為生命個體的一切行動，都是濕婆的行動，生命個體便無異於濕婆。在此，生命個體了無他在執行行動的感知，而成為了濕婆，亦即自由自在的「一」。這樣的臣服方式，並不是屈服於自我，而是滅盡自我。然而，帶著自我而行動，卻說：「萬事皆是濕婆所為。」則是尚未真正的臣服。

117 責任感，是一種虛妄的感覺，不存在於了悟現真我的境地之中。

118 ★當這個基於自我的責任感，被完全摧毀了，真我的幸福便會奔流滿溢。

必須行動的感覺

119 內心一旦存有作為者的感知（kartrutva），必須履行責任的感覺（kartavya）就不會消失。

120 為何你的內心躁動，盲目地相信：你必須要做某些事情呢？

121 一旦扎實地認識了實相，所謂「責任」的束縛，便為之解除，〔因為知道〕那是自我引起的妄念。

問：我想知道我生命的真理、實相（tattva）及職責。

尊者：首先知道你的真理、實相，然後再問你的職責。你必須先存在，而後才知道並執行你的職責。參透你的存在，再來問你的職責。[20]

122 心思已融入神的境地，而不復存在，就不會認知到任何需要執行的活動。

123 自我認為自己是行動的作為者，因此當自我滅息，需要完成某件事的想法，亦告終結。

124 若能對必要執行的活動，不以責任而視之，就可以得到平靜的幸福，引生無限的滿足。

醒、睡、夢三境

境地（avasthas），指醒、夢、睡，三個境地。

心思與三境

1 心思陷入醒、夢、睡三境，是因為生命個體拋棄了自身的實相，即濕婆之知，而去探究非真我。

2 遺忘濕婆之知的頭腦，產生了妄念，關注醒、夢、睡三境，傷害自身至甚。

尊者：對悟者而言，三境皆屬虛妄，但未悟者不能理解，因為對他來說，現實的標準在於醒境，但悟者現實的標準就是實相本身。清淨之知的實相，在本質上是恆在的，因此，也同樣存於你所謂的醒、夢、睡之中。對與實相合一的他而言，既無心思，也無三境，因此既無內返，也無外馳。

他總是在醒境，因為他對恆在的真我是清醒的；他總是在夢境，因為世界對他不過是反覆呈現的夢幻；他總是在睡境，因為他無時無刻，都沒有「我即身體」的認知。[1]

3 那個住於遍在與三境之中的，唯有「知」，其為真理。

尊者：只有「知」一個境地，或明覺之境，或存在之境。醒、夢、睡三境，不可能為真實。三境只是來來去去；而真實如如其在。那個在三境中，持續而獨在的「我」或存在，乃為真實，而其他三境並不真實，故不可能說它們有這種或那種的真實程度。我們僅能粗略地如此表述：存在或知，乃唯一真實。「知」加上清醒，我們稱為醒；「知」加上睡眠，我們稱為睡；「知」加上做夢，我們稱為夢。「知」是銀幕，所有的畫面在銀幕上來往而過；銀幕為真實，畫面僅是其上的投影。由於長期以來，我們認為三境為真，於是稱單純的明覺之境或真知之境為第四，其實，並無第四境，只有一個境而已。

問：但是，為何這三境必須在真實之境或真我的銀幕上，來來去去？

尊者：是誰在提出這個問題？難道真我會說這些境來來去去嗎？那是觀者在說這些境來來去去。那個觀者與被觀者，組構成心思。去細看是否有心思這樣的東西，然後，心思會沒入真我，那就沒有觀者與被觀者了。所以，針對你提問的真正答案是：「它們來來去去嗎？它們既不來，也不去。」真我獨在，始終如是，三境由於不探究（avichara）而存在，若探究之，則三境不存。不論如何詳加解釋，要一直到你了悟真我之後，才會對此一事實清晰明白，這時你也會對自己長久以來，昧於本身自明而唯一的存在，為之驚訝不已。2

4 醒境的呈現與消失，適與夢境如出一轍，醒境似乎紮實而繽紛可觀，然亦屬想像而已。

下列摘文，取自散文版的〈我是誰〉，原係答覆一則問題：「醒境與夢境，有何不同？」

> 人應視這個世界，好像是一場夢。除了醒時較長、夢時短暫之外，〔兩境〕並無不同。人在醒時，事件之發生，顯得真實，在同樣的程度上，在夢中發生的事件，當下亦屬真質。在夢境中，心思會幻化成另一個身體。在夢與醒〔境〕中，思維與名相，同時呈現而存在。
>
> 《真我語類》五五三頌：具有真知之見（因住於真知而生的智慧）的人說，若好好行探究，醒、夢兩境皆同樣不具足。難道我們所重視的醒境世界，不也像夢中世界一樣，溜之而去嗎？
>
> 《真我語類》五五五頌：悟者宣稱，醒、夢兩境，皆是迷惘的心思所造。由此可知，相應思維、名相的醒、夢兩境，也是這樣。

5 除非陷入愚昧的無明，否則迷妄的醒、夢兩境，不會呈現。

6 務要忘卻且離棄醒境，視其為夢中的概念，只是心思執著的表現。

7 一如在醒來時，夢境戛然中止。醒境也在真知裡，泯然退去。

同一意旨，也在下一則頌文，以更隱喻的方式表述：「醒悟」到真我，則沉睡的無明退去，對世界的迷妄夢幻，也隨之杳然消失。

8 除非沉睡消失，而清醒的覺知萌起，否則虛妄的夢境景象，無法驅除。

9 淪喪貞潔的情操，為了追求非永恆（vyavastha）的醒境，這是個錯誤。

尊者與穆魯葛納，都經常把心思或生命個體比喻為妻子，應一心在丈夫，保持婚姻的忠貞。若注意力歧入俗世，她將陷在虛妄的事務中，失其貞潔的情操。

睡眠中的存在及探究

本小節的前兩則頌文，概括了尊者答覆一些問題。有人說當他們睡覺時，覺察不到自己的存在。尊者教導他們，說清淨的存在，乃唯一真實，而當下的「在」，是以三境為基礎而體驗到的。許多提問者認為，他們在睡覺時，一無覺悉。

問：我睡覺時沒有覺知。

尊者：確實。當時沒有覺知到這副身體或這個世界，但是，你當時必然是存在的，所以你現在才會這麼說：「我睡覺時沒有覺知。」現在，那個說話的人是誰？是醒來的那個人說的，睡覺的人不會這麼說，也就是說，有個人現在把身體與真我相同並論，說：「我睡覺時沒有覺知。」

> ……睡時的狀態是沉悶的，這是因為你個人不在那裡，因此這些事物（世界）也不存在。然而，實情又是如何呢？有個無間斷的「在」，存乎三境，而個體與對境，並不存續其中。[3]

10 你必須接受，就算在無知覺的睡境中，涉及三方屬性的場景並不存在，但你還是存在。

> 《真我語類》三五六頌：在那個真我的存在中，「我」之思維，絲毫不起，乃究竟實相，就是所謂真實的「我」。難道睡眠中，只是因為沒有生起「我」之思維，就說他不存在嗎？

11 若你不接受自己（在睡眠中）存在的事實，那麼你又是如何認知到這一點的呢？

12 睡眠何其美好，是清淨之知，了無心思及心智，這樣神秘的體驗，是無法用心思與心智去探知的。

純粹的境地

Suddha字義是「清淨」，在坦米爾文，也意謂「純粹的境地、清淨的狀態」，是被醒、睡、夢三境所障蔽的潛藏的真我。尊者曾說，這個純粹的境地，呈現在睡末、快要醒來之際的間隙，有時也會在一個念頭結束而另一個念頭生起之間隙中體驗到。尊者說，這個間隙是機會的窗口，可藉此領會到真我的本質。

13 敏銳觀察兩個念頭的間隙，由此知曉那個純粹的境地，那是你自己的本來面目。

《真我語類》七六〇頌：探究而知曉常住的、究竟的真實本質，其與思維間空檔的心思本質，並無二致。這個本質如此堅實住於本心，乃是無可凌駕之境。

尊者：自我的清淨，可在兩境或兩思維的間隙中體驗到。自我有如蟲子，牠只有在抓住一個地方後，才離開原處。當自我不涉及對境或思維時，其真正的本質，才得以被知曉。探究醒、夢、睡三境而獲得的信念，你應當知道這個間隙就是你那個常住、不變的實相，你真實的存在。[4]

若在這個深睡與清醒之際中，那份了無心思的「知」，能以某種方式持續下去，那麼聖者會宣稱的此時出現的狀態，就是解脫之境。[5]

14 這個存在之知的清淨狀態，亦即真我，是〔三境〕潛藏的源頭，渾然一體，如如其在。

15 止於其在（summa iruttal）是真理之境，亦稱為清淨的狀態。孜孜探究，參透這個不凡的體驗。

睡眠與清醒之眠

16★虛空般的睡眠，照見人的本質，乃住於本心，了無妄念的「我」。

尊者有時將真我的境地，比擬為睡眠的境地，因為心思與世界在這兩境都不存在，但在下面的對話中，尊者解釋二者重要的差異。

問：人在熟睡時，較之醒境，是否更接近清淨之知？

尊者：睡、夢、醒諸境，僅是在真我上面所呈現的現象，而真我本身是靜止的，也是單純的明覺之境。有人能片刻離卻真我嗎？這個問題，也只有在離卻真我後，才有可能這樣提問。

問：不是常有人說，人在熟睡中，比醒時，更接近清淨之知嗎？

尊者：這個問題也可能是這樣：我在熟睡時，比在醒境中，更接近自己嗎？

問：相對而言，睡境較之醒境，不是更接近清淨之知嗎？

尊者：是的，就這個意義上來說，自睡眠中醒來，必然生起「我」之思維，心思開始運作，而諸多思維隨之紛然生起，然後身體的各項機能運轉起來，這些加在一起，我們會說：我們醒了。這些所有的演變在睡眠中並不存在，因此睡境比醒境更接近清淨之知。

但是，人不應渴望都在睡眠狀態中。首先，那是不可能的，因為此境必須與另兩境交替出現。其次，這不可能是悟者所住的幸福之境，因為他的境地是恆在的，而不是交替存在的。況且，在睡境中，一般人無法有所覺知，但聖者始終是明覺的，因此睡境與聖者所住之境，有所不同。

何況在睡境中，個人了無思維、習氣，也無法憑個人意志轉換境地，因為在睡境中，不可能努力。雖然，睡境較接近清淨之知，但並不適合在此境中努力參透真我了悟的動力，僅能在醒境中生起，而且人也只有在清醒時，才能努力。我們都知道，醒時的思維紛紜，會讓人睡得不安穩。「止於其在，了知我是神」，所以，靜止是尋道者之鵠的。甚至在單單努力於靜止時，就算只是瞬間的一個念頭，都是證得定靜安止之必須。故努力是必要的，也只有在清醒時才能努力。清醒時，有努力，也有明覺，而思維止息了，就能睡得安穩。悟者之境，既非睡，也非醒，而是介乎二者之間。這裡有醒境中的明覺、睡境中的靜止，即所謂「明覺之眠息（jagrat-sushupti）」，可以叫做清醒的睡眠、睡眠的清醒、無眠之醒、無醒之眠。這個境地與睡境、醒境不同，是超越清醒（atijagrat）、超越睡眠（atisushupti）的，是圓滿明覺與圓滿靜止結合的狀態；位於睡與醒之間；也是兩個相續思維的間隙；是思維萌生的源頭，這點可以從剛睡醒時可得知。換言之，思維的源頭，就在睡眠的靜止之中。睡時的安穩與醒時的騷動，兩者之間最大的差異在於思維。深入思維的根本所在，你就會達到睡眠的靜止中。但你要充滿活力地探尋，走到最後，那就是以圓滿的覺性，證得其境。[6]

17 安住在實相幸福的眠息裡，由於今世業報，自然而然地進食而加餐，這樣又有什麼問題呢？

問：無寐之眠，是什麼意思呢？

尊者：那是悟者的境地。在睡覺時，我們的自我沉寂，感官沒有活動。悟者的自我，已然泯滅，不再耽溺於感官活動，或者說他沒有作為者的概念，所以，他在眠息的狀態中。同時，他並不像在睡覺時的無知覺，反而是在真我中，全然儆醒，故其狀態是不寐的。這就是無寐之眠、儆醒之眠，隨你怎麼稱呼，乃是真我的第四境，有如銀幕上演著醒、夢、睡三境，而銀幕不受影響。7

18 心思走作旋轉，有如陀螺。人為了使心思靜止，眠息於本心，參悟真理。

19 眠息於世界，而儆醒於真我，以這樣的方法消退並融入本心。

20 悲憫的尊者，慈愛以道：「看著當下的光，眠息於本心。」

21 滅除醒境，（並轉化而進入）「殊勝的眠息」（眠中醒覺的境地），乃是征服並摧毀妄想之眠。

22 在心思已死的榮耀之境，即使深眠，都成為神的真知。

《真我語類》四六一頌，頌釋：殊勝的深眠境地，就是全然的幸福，但是只要心智進而欲求醒境，便把睡境歸類為無明的境地，而說道：「我在睡覺時，一無所知。」人因為探究不成，無法參透那個永在輝照的真實體驗，便受蒙蔽而認為：「那個醒來的人是我。」心智是醒境中所體認的無明，屬於強力的身層[8]，若被真知之劍剷除，〔因而知道：〕「我不是那個醒來的人。」那麼，殊勝的眠息境地便會光照，保持清淨的喜悅，其無明亦告滅息。

《真我語類》四五七頌：將眠息歸類為一個身層（kosa），乃是遺忘真我後的愚昧所滋生的結果，讓人誤以為醒境是真知（prajna）的境況。醒境有其價值而屬真知，這樣的概念一旦被揚棄，則眠息本身就會是獨一不二的實相輝照。

當苦行僧納塔那南達於一九一七年首度訪見尊者，祈請加持，尊者勸他將沉睡中無知的狀態，轉化成對真我充分的體驗：

尊者：渴望獲得加持的，並不是你這個身體。因此很清楚的是，在此輝照的覺性，就是「你」。對於本質是覺性的你來說，睡眠時的身體、感知、生命元氣（prana）、心思，這些都與你無關。醒來時，你把自己視為與這些相通，連自己都渾然不覺。這是你的經驗。此後，你要做的，是不再把自己視為這些。在醒境與夢境，盡量保持你在深睡時的狀態。因為你在本質上是沒有拘礙的，你在深睡時，是無形而無拘礙的，你應將此無知的沉睡狀態轉化為明覺的深眠，只有這樣，你才能安住在你的真實本質上。你要記住，這個體驗，只有在你長期修練後才能實現。這樣的體驗，更加清楚顯示出，你的真實本質，與神的本質，並沒有兩樣。9

第四境與超越第四境

醒、夢、睡三境呈現的基底，是為「圖瑞亞」(turiya)，意為「第四境」。有些學派說，第四境之下另有一境，是「超越第四境」(turiyatita)，意為在第四境之上。尊者論及這個主題時，通常說只有一個境地，因為從真我的立場來看，第四境及超越第四境這樣的劃分，並不成立。

23 客體認知所無法觸及的第四境，會融入本心，而心思馳逐的奇思異想，也全面止息。

24 當醒、睡、夢三境告終，成為虛妄之時，唯一初始而遍在的第四境，本身便是超越位(atita)。

尊者：夢、醒兩境，並無不同，除了夢境較短，而醒境較長之外，兩者皆是心思所造的結果。因為醒境較長，於是我們認為那是我們生命的真實境地。但事實上，我們的真實境地是所謂的第四境，它如如其在，對醒、睡、夢三境，一無所知。因為我們稱醒、睡、夢為三境，所以才稱我們的真實境地為第四境(turyia avastha)，但是它並不是一個境地，而是真我如實而自然的原態，若能參透這點，我們就會知道，這種狀態不是第四境而是「超越第四境」，因為第四境的說法，也只是相對三境而言。10

25 深沉平靜的眠息，是人的本質，被不知其所以然的人頌揚為「超越第四境」。

26 人生命的真相，在近中之近而閃耀，本身就是超越位，超越致極中的極致。

27 住於超越境地之人，甚至凌駕諸神，統轄遍在輝煌的天國（parandama）。

28 證得堅定的真知之境，第四境在其中成為超越位，即純粹的靜默。

第五章
實修

生命個體以「我」的存在為線索，散發獨特的光芒。若生命個體不斷追蹤這個光的源頭，並來到本心，便能發現究竟之在，擺脫束縛。1

必須注意，只有內心柔軟且融入內在的人，才能保持清淨，並探究奇妙的真知。若不憶念上主的聖足，使心柔軟並融入其中，身體上的「我」執就不會止息。2

遺忘真我的人，陷入出生的幻覺中，因心思熾盛，而害怕死亡。除了強力探究，深入自身的本來面目，我們還能如何破解那個出生呢？3

若我們能竭盡全力修行，上主將會幫我們完成超越我們能力的事情。即使我們無法達到自己的極限，上主的加持依然完美無缺。4

解脫與靜默

束縛、解脫、妄念，皆非真實

1 至上真理如閃耀的實相，其中妄念純屬虛幻，僅為癡心妄想。

Paramartha意謂至上真理。根據尊者的說法，在至上真理裡，沒有人是未悟者，因為個體存有及其各種想像出來的問題，皆不是真實的存在。這個觀點，最著名的論述是喬荼波陀（Gaudapada）的一則頌文。尊者把這則頌文的梵文翻譯成坦米爾文，收錄在他的《著作合輯》：

無生無滅，無所繫縛，無求無作，無得解脫。要知道，此為至上真理。[1]

2 至上真理乃加持之所在。束縛充斥著無明，是心思之不具足。

3 自己對真知實相的如實體驗中，束縛與解脫的觀念，並不存在。

4 除了人的想像（bhavana）以外，在究竟真理的終極境地，並無掙脫束縛、證得解脫可言。

尊者：有關解脫的所有問題，都是不成立的，因為解脫意味著擺脫束縛，這就隱含著束縛是存在的。然而，無有束縛，故也無解脫。

問：可是經文有這樣的載述並述及等級。

尊者：經文不是針對智者所準備的，因為他們不需要經文，而無知之人也不想要經文。只有渴望解脫之人（mumukshus）敬仰經文，這就代表經文既非給智者看，也非給無明者看。[2]

尊者：我們都在存在、真知、幸福的真實裡，但我們想像自己受到束縛，蒙受這些痛苦。

問：為何我們要這樣的想像呢？為何這些無明會在我們身上呢？

尊者：去探究到底是誰有這樣的無明，那麼你會發現，你未曾無明，你始終都是存在、真知、幸福。人總是在做各種懺悔，只為了成為自己本來的樣子。所有的努力，都在擺脫這種顛倒的印象（viparita buddhi），誤以為人身受限，遭生死流轉之苦所困。[3]

問：印度教經文中沒有談到解脫嗎？

尊者：解脫與真我是同義詞。在世的解脫者（jivanmukti）與命終的解脫者（videhamukti）是對愚痴之人而說的。悟者對解脫或束縛，一無所悉。束縛、解脫及解脫的等級，都是說給未悟之人聽的，以便使他們能擺脫無明。其實，只有自由自在，別無餘事。[4]

5

在諸多法門上遊走而努力，並希望能從妄念所生的束縛裡得到解脫，這是生命個體的習性。

尊者：我們的真實本質是自由的，但我們想像自己受到束縛，於是想方設法成為自由，其實我們始終是自由的。這只有在我們來到自由的境地之後，才能了解，也會很訝異，人始終自由本具，卻仍瘋狂地力圖得到自由。有個事例，足以釋明此義。有一個人，在此廳堂睡覺，做夢往赴世界各地旅行，遊歷於山丘與河谷、森林與田野、沙漠與海洋，並跨越洲際大陸，經過多年的勞頓之旅，歸返故鄉，回到蒂魯瓦納瑪萊，走進道場，步入廳堂。就在此際，他驀然從夢中醒來，發覺仍置身廳堂，未曾在睡處離開半步，也未曾跋涉千山萬水，而是始終都在廳堂。就像這個事例，若問：「我們已經是自由了，為何還自認受縛呢？」我會這樣回答：「為何你身在廳堂，卻自認為環遊世界，行過千山萬水呢？」這些都是心思或幻象。[5]

6 束縛與解脫等思維，呈現在遺忘真我的境況裡，其實都是不存在的。

《真理四十頌》三十九頌：

　一旦有如瘋子，自認為「我是受困的人」，那麼受縛與解脫的念頭，便會縈懷不去。然而，只要看著自己問：「那個受困的人是誰？」那永恆的解脫及本有的真我，便獨然在焉。若束縛的思維不存在，那麼解脫的思維還能存在嗎？[6]

7 若束縛與解脫都是心思所造，那麼透過客體認知呈現的一切經驗與境地，也同樣是概念而已。

8 束縛與解脫的概念，源於自我，這種欺瞞，是造成兩相對立的起因。兩相對立，通常指冷熱、苦樂等，這裡也包括束縛與解脫。

9 因為心思，亦即虛幻的自我，對束縛的思維習以為常，才會熱切努力尋求解脫。

10 分離與合一，因為生命個體的無明得以存在，並不存在於真實，也就是純粹真知的本質中。

11 一旦參透了真我，在真我的智慧中，長久以來原始束縛的妄見，就會變成遺忘已久的軼事。

問：這個肉身有可能得到解脫（moksha）嗎？

尊者：什麼是解脫？想解脫的是誰？除非有束縛，不然怎麼會有解脫呢？是誰有束縛呢？

問：我。

尊者：你到底是誰？你是怎麼受到束縛的？又是為什麼呢？若你先知道這個，然後你就能想怎麼以此身得到解脫。[7]

解脫一直都在

12 那些檢視內心，而知曉實相真如的人，則清晰無礙的解脫，永遠在握。

13

對每個人而言，始終自然的，就是解脫，解脫就是幸福。束縛是妄想，一種錯誤的感知。

尊者：若束縛為真，才要考慮到解脫及其體驗，然而，就真我（Purusha）而言，在四境中（醒、夢、睡三境及潛藏的第四境），皆無束縛。束縛是吠檀多學派為了強調說法的口頭假設而已。其實，既無束縛，何來束縛的問題，又何來引生解脫的問題呢？不能了解這番道理，卻去探究束縛與解脫的本質，有如向一位無法生育的婦女，問她那不存在的兒子之身高、膚色為何，或去問野兔頭上本來就不存在的角是什麼樣子。

問：若是如此，經文述及的束縛與解脫，不就沒有意義，也不是真的了嗎？

尊者：不，並非如此，恰恰相反，自古以來，無明所編造的束縛妄念，唯有以真知才得以去除。基於此義，「解脫」的說法，就可以接受。僅此而已。事實上，解脫的特點，眾說紛紜，剛好證明，束縛與解脫純屬想像。

問：如此一來，像是聽聞、審思等諸多努力，根本沒有用嗎？

尊者：不，並非如此。一切努力的終極目標，在於堅信既無束縛也無解脫。在直接的覺受中，勇猛正視既無束縛也無解脫，乃是上述修行之所致，故努力誠屬有用。

問：請問無束縛無解脫的說法，有典籍支持嗎？

尊者：此說取決於覺受的力量，而非僅是經文的強度。

問：若說有所覺受，又如何得到覺受呢？

尊者：束縛與解脫，僅是語言上的措辭，本身並不具真實性，故無法自行運作。然而有些基本的修辭用語，則自當接受。若問：「是誰有束縛與解脫呢？」則可知「是我」。又問：「我是誰？」則可知並無「我」這個東西，只有你生命如實的「在」，一如你手中捧著庵摩勒果實，一目瞭然。若能拋開口頭上的議論，深入自己的內在，就能自然清晰地領受到這項真理。毫無疑問，了悟之人一致認為，就真我而言，既無束縛，亦無解脫。[8]

14 自我本身，即是束縛，然而人的本質，無染於自我，乃是解脫。

15★〔相信〕解脫可在日後某個階段得到，這是巨大的謊言，實情是，解脫是人始終存在的本質。

16 對解脫的渴望，也是妄念所為，所以，靜下來。

尊者：解脫是我們生命的本質，我們就是那個了。我們渴望解脫的這個事實顯示，無拘無束，正是我們生命真實的本質。那個自由，並不是新得到的。最重要的，乃是去除我們被束縛的錯誤觀念。若能這樣，就不會有一絲渴望或念頭。只要人還渴望解脫，可以說，他仍在束縛之中。[9]

17 若深入探究而參透：本來面目、實相，如其所是，那麼你就會洞悉解脫一直都在。

18 驅除三重苦難的折磨所得到的真正解脫，在於屏棄一切，而非獲得什麼。

三重苦難（tapatraya），指個人自己所引起的、自然事件所引發的，以及命運業報呈現的苦難。

問：我們來此逗留，都有相同的目的〔為了解脫〕，不為別的，您給我們解脫就夠了。

尊者：若你們能放下一切，則所留存的，便是解脫。別人還可以給你什麼呢？解脫常在，那個「在」就是了。

問：我們對此一無所知。尊者必須把解脫給與我們。〔稍後，提問者離開廳堂。〕

尊者：他們說，我應該把解脫給他們，假若只有把解脫給與他們，這也就算了。但是這樣子，本身不也是一種欲望嗎？若你們能放下一切欲望，剩下的便只有解脫。[10]

了悟「知」，即是解脫

19 解脫的道路，在於了悟「知」，住於其上，而不跌落「知」之外。

20 住於〔本心〕的即是解脫，乃真正、無止盡的至福。只有藉由存在之知，才能獲得拯救。

21 平靜之極致，乃是意識之清明，這就是極度幸福的偉大之處。

22 清淨之知即人的本來面目，若對此有所體驗，便是解脫之樂；束縛的痛苦，是全然的無明。

23 除非真知徹底摧毀了無明的障蔽，否則可以斷定，毫無解脫可言。

24 束縛之感，起於我是身體的妄想，這種感覺的滅息，就是主掌了解脫（的世界），那是真我、清淨之知、至上之在的自由。

保持靜止

Summa Iru意思是「靜止」、「保持靜止」或「只是在（著）」。這是尊者極有名的教誨。穆魯葛納本人曾說過，他自己能有所覺受，是來自尊者授與他的這個教導。

25★ 若能保持靜止，至上解脫就會像真我的實相般明曜！

此頌用「阿瑪」(amma) 作為開頭，這意味著尊者認為眾人皆不作如是想，而表達驚訝。

26★ 尊者微笑，和悅以道：「為何如此愁苦呢？只要保持靜止，就會歡喜。」

尊者：你的責任是那個「在」，不是這個或那個。「我就是那個我在。」總括全部的真理，方法總結在「保持靜止」。

保持靜止是什麼意思？表示「滅除你自己」，因為每個名稱與形相，都會導致痛苦。「我—我」(I-I) 是真我，而「我是這個」(I am this) 是自我。當那個「我」，只安住於「我」，它就是真我。當它突然岔題，說道：「我是這個或那個，我是這樣、這樣。」它就是自我。

問：那麼，神是誰？

尊者：真我就是神，「我在」(I am) 就是神。若神離卻真我，祂一定是沒有真我的神，那很荒謬。參透真我所必要的一切，就是保持靜止。還有什麼更簡單的呢？所以，真我的知見是最容易獲得的。[11]

27

既然安住於真我的境地，是手段也是目標，那就保持靜止吧。

雖然保持靜止是尊者至高而至簡的教導，但他也承認，多數人無法做到。

問：人要怎麼做，才能擺脫雜念。只是探究「我是誰」嗎？

尊者：只是保持靜止而已，做了就知道。

問：這是不可能做到的。

尊者：正是，出於同樣的理由，所以建議要探究「我是誰」。[12]

尊者：長年累月的習性，挾持著心思外馳，轉向外在諸境。所有這些想法都要放掉，然後內省。為此，對大多數人而言，努力是必要的。當然，每個人、每本書都說：「保持靜止。」但談何容易，這就是為什麼努力是必要的。你可能看到某人已證得寂靜或至上之境，其徵狀是「止於其在」，你也可以看成，他在前世已完成必要的努力了。[13]

28 這個至上之詞〔保持靜止〕高妙的涵義，乃是藉著探究「我是誰」，而參悟並安住在真我實相裡。

29 除了止於其在（summa iruttal），還有什麼偉大的苦行，能得到本心的真我實相呢？

尊者：人們總以為，做某種繁複的修練，有朝一日，真我會帶著浩大而無比的榮光，降臨在他們身上，給他們所謂的直接覺受（sakshatkaram）。真我是直接的（sakshat），沒錯，但是，並沒有一個人在行動（karam），也沒有什麼行動在執行（kritam）。「行動」隱含著做某事，但是，真我之所以被了悟，不在於有所作為，而是在於一無所為，保持靜止，如如其是。[14]

30 除非保持靜止，心思滅盡而止息，否則不可能融入上主蘇拿佳拉（Lord Sonachala）〔阿魯那佳拉〕的聖足。

尊者：靜止是全然臣服，了無個體性的痕跡。靜止遍及一切，沒有心思騷動。心思的騷動產生了欲望、作者感、個性。若停止騷動，一切皆平靜。15

31 定於真我，如如不動而輝照，以此積累各種殊勝之利益。

32 保持靜止，不思及真我以外之物，乃是將心思供養給真我。

33 保持靜止，就是真知實相的覺受。凡感官所認知者，皆屬謬妄、虛幻的現象。

34 安詳而凝止，如「知」般保持靜止，乃是合一（sayujya），是為豐盈的祥和。

35 認識「那」，即是安住於「那」，因此，保持靜止而朗現，不造對境。

以靜默得解脫

因為靜默等同於「保持靜止」，本節頌文得視為前面章節之延續。

36 人會在狂喜的虔誠敬拜中，或歌或舞，但對解脫有助益的，乃是靜默。

37 安止於解脫之境，即濕婆實相（Siva swarupa），超越了心思的表象，是為靜默。

38 靜默，乃存在之知之獨照，榮登苦行之第一、最強。

39 靜默，不僅是解脫之道，也解脫真正的本質所在，有其無以倫比的榮光。

40 靜默的道路，是解脫的途徑，若堅守其道，便不會遭受絲毫苦難。

41 解脫的究竟實相，僅能在圓滿的靜默中體驗到。放任思維走作，就趕走了解脫。

42 靜默是通往解脫的大門，為得到解脫，自我所萌生的那個分離的「我」，必須滅盡。

靜默女神

43 神聖的靜默女神啊！解脫女神啊！那可愛而燦爛的微笑，驅散了束縛的闇蔽。

44 不論有多辛苦，都要像珍惜精純的黃金般，去禮敬吉祥女神光潔的聖足。

45 因她吉祥的諦視賜予加持，對財富、財產、家庭束縛的妄想，將不復存在。

46 歡喜禮敬那個青春永駐的女神，最能符合一切法。

47 這位在家居士，把他的生命與靜默女神合為一體，過著歡喜的生活，視為崇高的梵行。

梵行（Brahamacharya）通常表示獨身守貞，但尊者時常指向較高的意涵，是指住於至上絕對。

48 在靜默女神的示現下，不要用「我」的身分來仰望。

49 若以「我」的身分稍稍抬起頭來，哪怕只是一點點，女神都不會向你露臉。

50 若你自然安順在她的威德之下，她將把你與了悟濕婆的境地，兩相結合。

51 擁抱那位溫柔的女神，和諧而歡喜地永遠活在本心。

52 把你的生命，活在幸福合一的狀態中，為她著迷，作為眾人欣慕的榜樣。

53 以你為她，以她為你，成為一體，融入本心。

54 在家居士的法則，除了歡喜，別無其他，這就是善法。定於濕婆之知，住於真愛。

平靜

平靜的偉大

55 值得苦行者戴在頭上的黃金冠冕，唯有泰然自若的那份平靜。

56 他們會因那高貴的美德〔平靜〕，而擁有至上幸福的崇高，利益自己的一生。

《真我語類》七九六頌：最大的幸運，莫過於平靜；最大的力量，莫過於平靜；最殊勝的苦行，莫過於平靜；最不朽的生命，莫過於〔活在〕平靜中。

頌註：這裡所謂的平靜，指心思凝止於安靜的境地。唯有不懈地探究，才能到達這種境地。當心思知道在真理中，沒有什麼可以拒絕或接受，心思就會沒有走作，並安住在至上的平靜之中。由於這種平靜，乃是生命自然境地的根本〔種子〕，因此被譽為「不朽的生命」。

安住平靜

57 若人因為與實相合一而了知實相，將會充滿強力而穩定的平靜。

58 為何要渴望另一種享樂，而失去平靜呢？在平靜中，人與超凡的神品，合而為一。

59 若住於本心，參透你的本來面目，你的平靜將永不止息。

得到平靜

60 了知內在的平靜，融入自己的本來面目，住於那個平靜，並帶著決心，沒入其中。

61 平靜自成遼闊水域，驅散了感官毒焰所滋生的飢渴，而你沐浴其中，神采奕奕。

62 無論得失為何，要堅定平靜此心。

63 為了得到不可改變的平靜，應棄絕心思對俗世活動的沉迷。

64 只有與自己的真理，亦即其真我，合而為一，平靜的喜樂生命，才會在本心裡沛然湧現。

尊者：祥和（平靜）是生命的原始境地，若拒絕外來之物，則所留存者，乃是平靜。那麼，還有什麼要消解或融入的呢？只有來自外在的，必須加以屏棄。若心思已臻成熟，則僅簡單告以實相本身即是祥和平靜，他們便能得到真知。對心思尚未成熟之人，則須授與聽聞、審思等，但對心思成熟者，則不需要這些了。16

65 莫追逐俗世及其作風，而蒙受愁苦，但要沿著本心的坦途而去，得到平靜。

平靜的體驗

66 許多純樸的信徒，在內心體驗到了平靜，這就是神性的財富，頗具殊榮。

67 消除本心的貪欲與厭惡，而體驗到平靜，就是達到神聖的平靜淡泊這個崇高的境界。

問：師父！靈魂怎麼得到平靜？

尊者〔笑著〕：什麼？靈魂的平靜是什麼？

問：不，不，我的意思是心思。

尊者：喔！你說心思啊！若能抑制習性，心思就平靜了。為此必須探究並參透我是誰。若僅僅說：「我要平靜，我要平靜，我要平靜！」而不先探究何謂平靜，這樣怎能得到平靜呢？首先要努力認出並了知已經存在的東西。[17]

追求平靜，抓緊不放

68 欲求平靜之外的事物，是有害的。一心專注在平靜，牢牢烙印在心思上。

69 不管你會失去什麼，務要緊緊掌握平靜，那是幸福，當下務要珍惜。

70 獲得平靜的人，也獲得隨之而來的一切；失去平靜的人，則失去一切。

平靜女神

71 ★光輝燦爛的尊者，陶醉在與吉祥女神的合一；她是悟者們一直頌揚的平靜女神。

72 這種深邃平靜的存在，能將乾旱的沙漠轉化為甘露之海。

73 保持靜止，安享至上、幸福平靜之喜樂，那美麗的女神。

74 平靜，是我生下的女兒，珠光寶氣，願已與她結為連理的你，安享至上的喜悅。

75 要獲得幸福，請與她在本心裡結為連理。她是眾女之后，〔要視她〕為你最親密的伴侶。

76 平靜女神緊緊地擁抱著你，安享你內心的這份幸福，將一切拋諸腦後。

77 受悟者們所尊崇為無盡至上之樂，別無他者，唯有美麗的平靜女神所散發的幸福。

78 她美麗而嫻靜，體態婀娜，值得尊敬，魅力無窮。

79 將你自己供養（dakshina）給她，擁抱她。與女神結合，她是瑰麗高貴的海洋，無可逾越。

80 若你有幸與那位美麗的女子〔平靜〕結婚，你的生命將豐盈無比，就像發現了埋藏的寶藏。

81 悟者都對她極為尊崇，緊緊盯著她的聖足，準備服侍她。

82 無論是何人，一旦成為她目光加持的對象，將能領受無盡的幸福。

83 若她成為你的王后，在她的統治下，你將獲得無比的榮耀。

84 她是溫柔的少女，形相絕對完美，完美體現了至上絕對的幸福。

85 活在幸福的平靜女神示現之中的人，就算是諸神的極樂世界，也不屑一顧。

86 與平靜女神合一的人，擁有殊勝的生活方式。對他們來說，過著跟〔其他〕盛裝打扮的女子的人生，就顯得可憎。

探究真我

探究真我的必要

1 除非你在內在，自己深入探究自己，否則不可能與你的真我，合而為一。

2 除了如實探究真我，並無其他有效的方法，得以實現至上幸福。

3 除非深入探究，參透自己的本來面目，否則心思的騷動，不會止息。

4 不去細心探究而參透本來面目之人，無法獲得幸福，那是心思的供品。

5 為了要讓你的真實境地融入本心，成為你的本來面目，你必須探究，並知曉那個真實之境，這是唯一的途徑。

6 探究真我的小徑，是解脫的大道。離卻探究之人，遊走無數的林間小路，終究徬徨困惑。

「無數的林間小路」，指探究真我以外的修行方法。

7★真我的境地，回歸來時路，就可抵達。不論你走的是哪一條路，都得帶你來到這裡，在此皈依。

在本頌文中，「這裡」既是指真我，也是探究真我的道路。尊者在許多場合都說：「回歸來時路」，意謂心思必須返回心念生起的源頭。他也指出，其他的修行方法，最終都匯流在探究的大道。這就是頌文中所言，「不論你走的是哪一條路」。

尊者：這個行法〔專注在「我」〕是直接的道路，而其他的行法，都是間接的。第一條路會證得真我，而其他行法，則通往別處。縱使其他行法證得真我，他們最後還是要走上第一條道路，才終於把他們帶到目的地。所以，修行者最終是要採行第一個行法的。那麼，為何現在不採行呢？為何要浪費時間呢？[1]

萌起「我」

8★那個「我」之思維，萌生之處為本心、真我、存在之知。

9 在本心，追蹤而探究：「這個呈現自我及其他一切的源頭的『我』是誰？。」

上面的引句，取自尊者〈我是誰〉的散文版本：

在此身軀內，生起「我」者，其為心思。若探究「這個『我』最先從身體的哪個部位萌生」？則知是在本心，那是心思的萌生處。就算持續專注於「我—我」，還是會朝向本心處。在頭腦中一切思維之生起，以「我」之思維為最先。一旦第一人稱萌起，第二、第三人稱便繼起，若無第一人稱，第二、第三人稱便不存在。

尊者：吠陀經文載及本心，述其所在，是位於「我」之概念的萌生處，那是說「我」從肉球中萌生嗎？它在我們生命的正中央某處生起，「我」並沒有個位置，而一切都是真我，除卻真我，別無一物，所以本心可以說是我們的整個身體或整個世界，而視之為「我」。但為了讓修習者（abhyasi）容易了解，我們指出本心在世界或身體的確切位置。因此，這個本心，就是真我之所在。而真相是，我們如如其在，別無其他。[2]

10 為何你現在要生起「我」而備受煎熬，失去在睡境中所體驗到的真我之幸福呢？

11 不要一再沉浮於「思維的我」，而糟蹋自己。要安住於「存在的我」，活出真實的生命。

問：這個「我」之思維都從我生起，但我不認識真我。

尊者：這些都僅是心思上的概念。現在你將一個虛妄的「我」，亦即「我」之思維，認同為你自己。這個「我」之思維，起起落落，但真正有意義的「我」是在起落之外的，而存於你的生命裡，不會中斷。你，那個睡眠的你，也同樣是現在醒時的你。在熟睡時，你並沒有不快樂，現在，你卻不快樂。但現在發生了什麼，讓你體驗到這種差別？那就是睡覺時的你，並沒有「我」之思維，但現在卻有。那個真實的「我」並不顯然，但虛妄的「我」卻彰顯自己。這個虛妄的「我」，障阻了你正確的認識。找出這個虛妄的「我」從何而萌生，然後它就會滅息，你將只是「在」於你自己，亦即絕對的在而已。

問：如何做到？我還是做不到這個地步。

尊者：探尋「我」之思維的源頭，這是必須要做的一切。世界因「我」之思維而存在。若「我」之思維止息，一切愁苦也告終結。唯有找到源頭，虛妄的「我」，乃能滅止。[3]

12

防止「我」之思維的生起，不要執著在錯誤的認同上。

尊者：正如火花來自火，個體起現於絕對真我。那個火花，叫做自我。就未悟者而言，當自我生起的同時，會認同某個對境，若不相應對境，自我便無法延續。

　這個相應，是由於無明。滅絕無明，乃是我們努力的目標。若自我認同對境的習性被滅除，自我會變得清淨，然後沒入其源頭。人誤認為自己是身體，遂有我就是身體的概念，這個概念必須剷除，接下來才會有好的結果。[4]

13 自然地保持與本心合一，不生起「我」，乃是正法。

14 悶悶不樂的，假裝自己是獨立的個體，口口聲聲都是「我」，這很空洞、無用又吹毛求疵。

我在

15 尊者開示：「去探究，好好認識自己，明覺『我在』（I am）是必須的，此外無他。」

尊者：跟隨著「我」之思維（aham-vritti），去行探究，就好像狗循著氣味，去追蹤主人的行跡。主人可能在狗所不知的遠處，但這並不妨礙牠的追蹤。主人的氣味，對動物來講，是絕對不會出錯的線索，至於其他的東西，例如他所穿的衣服、他的體格、身高等，都不算數。狗在尋找主人時，掌握住那個氣味，就不會偏離，最後會找到主人。

同樣地，你在尋找真我時，那個絕對不會出錯的線索，就是「我」之思維，那個「我在」，就是你經驗的主要基準，沒有別的線索能直接帶領你參悟真我。[5]

問：我讀了尊者的著作後，才知道審究（investigation）是參透真我的途徑。

尊者：是的，那就是探究（vichara）。

問：如何行使？

尊者：提問者必須承認他自己的存在，「我在」即是了悟，尋線探索，直到參透，就是探究。探究與參悟，一也。

問：這是很難掌握的，我應該定於什麼？

尊者：定，要有個東西，以便作觀，但探究是只有主體，而無客體。入定與探究，在這方面是不同的。

問：若不禪定，只有探究，這就足夠了嗎？

尊者：探究既是過程，也是目標。「我在」是目標，也是最終的實相。努力掌握，便是探究。當它自行發生，自然而然，那就是了悟。[6]

尊者：為了使修行者避免可能的疑惑，我告訴他要拾起這條「線索」，或者「我」、「我是」的線頭，追蹤它的源頭。因為，人首先不可能會懷疑自己「我」之概念，其次，不論修行者採取什麼行法，其最終目標是參透「我」的源頭，而「我」是你經驗的最初素材。因此，若你持行探究真我，你將證得本心，那就是真我。[7]

16

以潛藏的明覺（「我在」），作為你專注的唯一皈依，活出你的生命。

尊者：「我存在」是每個人唯一恆在而不證自明（self-evident）的體驗，無一物能像「我在」那樣顯而易見的。大家所稱的自明，都是從感官經驗來的，離自明遠甚。真我獨在，就是那個。直證（pratyaksha），是真我的另一個稱呼。所以，分析自己，住於「我在」，是唯一可行之事。「我在」是實相；我是這個或那個，都是虛妄。「我在」是實相，是真我的另一個稱呼。而「我是神」，則是虛妄。[8]

尊者：「我」或「我是」的概念，雖然是當成「我」之思維在使用，但不像頭腦所造作出來的諸多念頭，它不算是心念。因為，不像其他諸多念頭彼此之間並無關聯，而「我」之思維卻與每個起心動念息息相關。沒有「我」之思維，其他念頭就不存在；但沒有頭腦的念頭，「我」之思維卻可以獨存，所以，這就是「我」之思維與其他念頭根本上不同之處。[9]

17

「我在」（sat-bodha）這份存在的明覺，是心智的源頭，乃是使人得到真知的神聖加持。

方法

18

若你尋求的是平靜，應唯一深入探究「我」，住於真知的三摩地。

問：請告訴我，要如何參透那個「我」，我應該持誦「我是誰」嗎？

尊者：並不是那樣的持咒。

問：我要想著「我是誰」嗎？

尊者：你已知道「我」之思維湧現而出，抓緊這個「我」之思維，然後找到源頭。

問：能指示我方法嗎？

尊者：按照所告訴你的去做，然後再看看。

問：我不知道應如何著手。

尊者：如果這是對境，就有一個客觀的方法可以顯示給你看，但這是主體性的。

問：我不懂。

尊者：什麼？你不了解，這個就是你。

問：請告訴我方法。

尊者：你在你自己家，還須要指示走到屋內的方法嗎？這就在你的裡面。[10]

19

緊抓住這一條真正的途徑，這是探究之道，在探究中，領會你的本來面目。

問：您說人能藉著探索而證得真我。這個探索的特色是什麼？

尊者：你就是頭腦，或者你認為你是頭腦。頭腦不過是思維而已。現在在每個特定思維的背後，都有個普遍的思維，那就是「我」，亦即你自己。讓我們稱這個「我」是第一個思維。抓住這個「我」之思維，並質問下去，找到「它」到底是什麼。當這個問題牢牢抓住你，你便無法再有其他念頭。

問：當我願意這樣持行，抓住我自己那個我之思維，其他念頭還是來來去去，但當我自問：「我是誰？」接下來卻沒有回答。這樣的狀況，是在修行。是這樣嗎？

尊者：這是很多人都犯的錯。當你認真尋找真我，「我」之思維這樣的一個念頭，便會消失，這時內心深處有某個東西占據著你，而那不是一開始在探究的「我」。

問：那個東西是什麼？

尊者：那是真實的真我，「我」的內涵；真我並非自我，它本身就是至上之在。[11]

[20] 停止思維，並藉著仔細探究而知曉唯一的實相，那是你內在的本心、你的本來面目。

[21] 放掉對境，背棄它，在敏銳的探究中，參悟那在本心燦爛的真理。

問：您常說人在行探究時，必須排斥其他的思維，但思維是無止盡的。若排斥一個念頭，另一個念頭又起，似乎沒完沒了。

尊者：我並沒有說你要排斥思維。若你堅定守在你自己，就說是我之思維吧，你一心專注在那個單一的概念，那麼其他的思維便被排斥，自動消失。

問：所以，不必要去排斥思維嗎？

尊者：不，某些時候，有必要。若一有念頭生起，你十分警覺，奮力排斥每個念頭，你會發現你逐步深入到你自己內在的真我，在那裡你就無須再費力排斥思維了。

問：那時候就可能不用努力，沒壓力了！

尊者：不僅這樣，超過某個程度，你也不可能再使力了。

問：我要進一步覺悟，我應該設法完全不努力嗎？

尊者：在這裡你不努力，是不可能的。但愈深入，愈不可能有所努力。12

22

我—我

「我是誰」的這個問題，答案是無聲無息的真知，是「我—我」明曜在本心。

尊者在《真理四十頌》第三十頌，解釋何以「我—我」的覺受，是探究真我的成果。

> 人在內心問及「我是誰」？當他抵達本心，個體的「我」萎縮下沉，實相瞬即顯現為「我—我」。雖然實相自顯其身，但不是自我，而是圓滿的存在、絕對的真我（Self Absolute）。13

尊者在《探究真我》中，有更詳細的闡述：

> 因此，把這個屍首般的身體，當作一具實際的屍體，不再脫口說出「我」。若現在精警探

究「那個生起的『我』是什麼」？那麼，在本心就會自動有個無聲的「我—我」在振動（sphurana），它就是渾然獨在，不可分割的覺性，而龐雜分歧的思維，也泯然滅息。若能保持靜止，而不離卻之，則「我—我」的振動，在滅盡了個體感，除去「我就是身體」的自我形象之後，最後也會滅息，一如焚燒樟腦的火焰一樣消散，這便是偉大的聖者及經文所說的解脫。[14]

23 視它（質問「我是誰？」）為斧頭，一刀斬斷你當下的疑慮，也會一刀斷開未來的困惑。

24 在本心輝照明曜的「我—我」，就是靜默。靜默乃是真知的真實本質，本身就是解脫。

真正的「我」之覺受

25 莫想像有兩個「我」，因此愁苦、哀嘆。在真我中安住，了知並安享那個一體的「我」。

26 自我若失去了作為，這份覺受，乃是鋒利而剛硬的真知之劍。

在梵文中，kara是助詞，若在名詞及介系詞之後，意義是「作為」或「執行」。因此，ahamkara意思是「視自己為行動的作為者」，此字一般譯為自我（ego），kara在字尾時，把真實的「我」(aham) 轉變成「自我」(ahamkara)。

尊者：原始的名，總是在生命個體上，自行運作，毫無費力，那個名是「我」，但當這個名顯化時，便以「自我」而呈現。15

27 莫受困於煩惱，因而憔悴，要認清你的目標是真我之真諦，住於本心中的「我」，緊緊把握，證得「知」的幸福。

探究法門並無二元或衝突

28 ★真理在〔探究之外的〕其他法門，都是二元的，若探究真我，就會發現真理獨然明曜。

尊者認為，每個靈修法門，除了探究之外，都是定靜者與所定之境的人為二元對立。真正的探究真我，其義是安住在主體的「我」，完全沒有相應或客體。

尊者：你必須學習了悟到主體與客體是一體的，若你定於一個對境，不管是具象或抽象，你都在破壞那個一的感知，而創造了二元。只定於真我。16

問：為何唯獨探究真我，被認為是獲得真知的直接方法？

尊者：因為除了探究真我之外，其他修行方法，皆以心思為前提，作為修行的工具。若無心思，則無法持行，而自我在修行的不同階段中，可能以不同而精微的形貌呈現，但它仍未被徹底消滅……

藉著探究真我以外的方法，試圖消滅自我或心思，則猶如竊賊化身為警察，試圖尋捕竊賊，而不知那個警察本身就是竊賊。單純探究真我，既無自我或心思存在，就能顯露真相，使人領悟到真我或絕對之在的清淨而無分殊。17

29 因為實相僅是一，所以直接法門就是與真知合一。因為沒有二元對立，故無其他法門可言。

30 在探究實相的捷徑中，不會萌生恐懼與困惑，因為真我的本質是不二。

《真我語類》三九三頌，頌釋：若已進入殊勝而直接的法門，開始探究「我是誰」的真知，便永不會在道上迷失而困惑。原因在於，那個法門是直接的，好像太陽的光，直接照進持行此法門之人。

頌註：因為真我的本質是不二的，所以探究跟其他法門不一樣，總是正確朝向真我，獨取真我為目標。此外，不會橫生枝節，引生困惑。因此，可謂直截了當的法門。

其他法門，不論修到什麼程度，使修行者得見真我者，唯有探究，即便只是瞥見。因此，為了顯示探究勝過其他法門，這裡形容為殊勝的法門。

把真我視為太陽，而探究為日光。

31 在探究真我的道路上，邁向清明的覺照與寧靜，心思怎麼會狂亂，或失去力量呢？

《真我語類》七四五頌：你應該知道：若說某人為了修練無垢的住於真我，而固守在真我，而真我這個神的本質就是「知」，結果他竟更加迷惘、瘋狂、崩壞，這樣就好像在說，有人喝了不死甘露而暴斃。

32 在探究真知的道路上，參問並認識到實相如如其在，那麼障礙，即缺陷，是不存在的。

探究無法以研讀書籍而行之

33 且把吠陀及濕婆典籍（Agamas），擱置一旁，專心於探究，俾深入你生命的本來面目，那是清淨之知。

34 離開吠陀及濕婆典籍〔的教導〕，唯獨融入真我，才是值得坐擁的尊貴。

《真我語類》一四六頌：惟有熟練於探究之人，捨棄浩瀚的吠陀及濕婆典籍，以存在之知為指引，往內探究，藉著存在的輝照，將貪求枯槁的感官對境這個欲念，斬草除根。

頌註：將極其龐雜的吠陀及濕婆典籍擱置一旁，因為經籍的真正裨益，是要人深入探究自己的內在。何出此言？因為經籍是在人的外在，而其要旨，不過是在獲致實相而已。既然真我是從人的內在而獲得的，若想要得到真我，卻在非真我上找尋，那是無意義的。只有藉著探究這個行法，從根本上真正克服欲望，才能獲得真我的福佑。

35

值得信賴的探究，不在於研讀書本，也非向別人學習，而是在於自己對「我」的感知。

《真我語類》三九一頌：行探究，卻不進入本心去看到真我，反而停留在五身層內，試圖在著名的真知經籍上探討，那只是經籍的探討而已，能說是探究真我嗎？非也。

問：研讀經籍，對渴望解脫之人，有用處嗎？

尊者：所有的經文都在說，為了解脫，心要靜下來；因此，終極的教導就是，心必須靜下來；一旦了解了，就無須不斷的研讀。為了要平靜其心，只有探究內在的真我為何，才能辦到，而這樣的探究，又怎能在經書上找到呢？人應以自己的智慧之眼，認識自己的真我。真我在五身層的內蘊裡，但經書在五身層之外；既然探究真我，是要捨棄五身層，故在經書上找尋真我，終究是徒然的。終有一天，人將會忘卻他所研讀的一切。[18]

既無上師，也無誰人可為你行探究

36

雖然我一再講述，已舌敝脣焦，但心思困惑的人，仍然不放棄追問。

37 不論上師授與的教導有多少，靈修者的真正支柱，乃是他們對自己真我的本來面目所做的探究。

38 那些到處閒晃，詢問「別人這一生世的本質為何」，卻不探究自己到底是誰的人，都做錯了。

39 人應問自己：「我是誰？」問別人這問題，有什麼用？

問：我應該一直問「我是誰」而不求答案嗎？在行探究時，應持什麼心態（bhavana）？那個「我」是指真我，還是自我？

尊者：在探究「我是誰」時，那個「我」是指自我。這個問題的的真正用意，是在問這個自我的源頭或萌生處是什麼？你不須要懷抱什麼態度，重要的是，你要放下你就是身體的心態、身體怎麼怎麼描述，又有這個那個名稱。你對自己的本來面目並不需抱有什麼心態，本來面目如如其在，真實而無心態。[19]

問：「我不是心思、心智、身體等」，我不應該這樣說嗎？

尊者：在探究的過程中，你不宜對頭腦應答。那個回應，理應發出內在。個體「我」的回應，不是真實的。循著真知法門的方法，不斷探究，直到得到答案。這種探究，叫做禪修（meditation），而從這個境地生起無為、祥和而全明的覺受，就是真知。

問：我是誰？「我」從何處而來？我們應該在心裡這樣複誦，還是應該對心思探究一兩次，然後深入「我」的根本，並在那裡放下一切俗世的念頭？

尊者：不宜複誦「我是誰、我是誰」。對心思探究一次「我是誰」之後，你應探尋那個「我」的根由所在，並停止所有的念頭，若那個人的名字叫德賽，他無須一再複誦「我是德賽、我是德賽」，同理，也無須複誦「我是至上絕對、我是至上絕對」。在所有的修練中，心思必須平靜，然而在持咒時，心思不是平靜的。與其這樣修練，不如把觀看心思的人，也就是觀照者，作為至上絕對的形相來體驗，而至上絕對也作為觀照者來體驗。[20]

何時行探究

40

若想仔細擇定吉日持行〔探究真我〕此一善行，那今天就是最好的日子。

《真我語類》七五五頌：若生命個體修持探究，不虛擲光陰，他的生命將無比殊勝。「我是這副殘身衰軀」將不復存有，而極樂的海洋將於他的內在滿溢。

《真我語類》五一八頌，頌釋：不論主宿星座、行星方位、星座合盤相位等為何，也不論呈現的吉凶時辰為何，全部都是禮敬神明的吉星、吉位、吉相、吉時，神是永不黯淡的存在之光。

頌註：由於星座及其方位的關係，而有時辰的擇定，這只會對受制於心思之俗人產生不良的影響。但對於超越頭腦概念之人，禮敬神明完全不構成障礙。可以參考虔愛派信徒，例如智者桑班達（智親）及阿魯那吉里納薩（Arunagirinatha）的頌文〔述及星座與行星方位對信徒無傷〕是有深義的。若星象無法影響神在加持主勢下信徒的行動，你們就應該知道，星象對禮敬神明完全無傷，因為祂與它們〔在祂示現下所進行的活動〕，是涇渭分明的。

41

若一有機會便持行〔探究真我〕，毫無疏忽懈怠，人的生命就會變得穩固而堅強。

問：行探究真我時，若我在上午花點時間做，在晚間花點時間做，這樣夠嗎？我應時常持行之，甚至我在寫字或散步時，也要這樣做嗎？

尊者：現在，你生命的本來面目是什麼？是寫字、散步或存在嗎？那個不會變異的實相，就是存在。在你尚未參透那個清淨之在的狀態前，就應該探究，一旦你安住在那裡，就不會再有苦惱了。

除非思維萌生，否則人不會探尋思維的源頭。只要你認為「我在走路」、「我在寫字」，就要探尋是誰在這樣做。[21]

問：探究時，要持行多久的時間？

尊者：只要你的頭腦還有對境的心識印記，就須要一直探究「我是誰」。一生起念頭，就要以探究，在萌發的源頭即時加以消滅。若藉著不斷定於真我，直到參透為止，這個方法亦可行。只要敵人仍在堡壘內，他們就會一直向外出擊，若在他們一出現時，就加以殲滅，那麼堡壘就會落在我們手中。22

42 縱使你將喪失生命，你也應該永遠保持警覺，不要鬆懈探究真我這件事。

43 你在醒著時，要不斷地持行探究、切莫遺忘，否則會進入睡眠的休止。

Laya是心思暫時休止的狀態，例如恍惚中或沉睡時。23

尊者：滅絕心思，就是苦行，這是人唯一的責任。人若專注在自己的工作上，就不會思及別人的工作。人應守在真我的思維，莫有逸離的空間。人可能有許多職責要履行，在無須履行職務的其他時段，務要持行探究真我。行住坐臥，人皆能持行探究，不是嗎？若因習性，而忘記探究「我是誰」，每當憶起時，就不應鬆懈，要重新探究。24

探究的好處

44 唯有探究，能揭發感官享樂的空洞，進而掃除貪欲。

45 只有實益的探究能加惠於你，因為你的形相就是無垠的至上幸福。

《拉瑪那之歌》第七章第六頌：

探究真我之結果，是從一切苦難中解脫；這是一切成果之最，無一物能逾乎此。

46 藉著探究真知，深入詢問「我是誰」，將執著的妄見，及我是身體的觀念，摧毀殆盡。

47 在探究中證得真知後，獲得了對實相的清明體驗，就沒有什麼可以再追求的了。

48 探究「我是誰」以尋求知道真我，乃是治癒一切疾病最完美的藥草。

49 探究是藥草，打擊並消滅一切〔源於〕原始疾患〔自我〕的諸疾。

「……尊者屢次說道……對照哈達瑜伽士所言，修練瑜伽是在隔絕身體外在的疾病，使身體清淨而健康，有助於專注等，然而探究的行法，若絕對心注一處，嚴格執行，無論病菌在何時何處滋生，都能全面將其吞噬。」[25]

問：據說修練哈達瑜伽能有效去除疾病，因此倡導它是真知瑜伽必修的前行。

尊者：讓倡導的人自行為之，這裡的經驗不是如此。所有的疾病，都會在持續不斷的探究真我中，藥到病除。[26]

臣服、愛及奉獻

我身臣服

1 把自己無條件供養給自己生命源頭的那個力量。

尊者：交出自己，便為己足。臣服是把自己交給生命存在的本源。莫自欺而誤認這樣的一個源頭，是你外在的某個神。人的生命本源，在其內在，將你自己交付給祂，意思是你要尋繹源頭，融入其中。1

尊者在臣服的教誨上，這則摘文極為關鍵。尊者在此言及，人應臣服於所探尋生命個體「我」的源頭。事實上，他將探究真我的持行與這樣的臣服，等同看待。這樣的相互關係，也出現在下面尊者的答語：

尊者：臣服能有其實效，只有在充分知曉臣服的意涵之後。這樣的知曉，來自於探究及審思，而必定終結於我身臣服。真知與絕對臣服於上主，並無二致，亦即在理念、言語、行動上皆然。2

2 想要獲得生氣蓬勃的不朽生命，不再有死亡，唯有臣服，別無他法。

《真理四十頌》禱詞二頌：

內心十分恐懼死亡的成熟靈魂，來到無生無死的至上主的聖足下，尋求皈依，因為他們的臣服而靈魂死亡，如今成為永恆的不死之身，他們還會有死亡的念頭嗎？[3]

3 因為捨棄自我，就是在臣服中交出自己，所以要驅逐那個自稱是「我」、墮落的自我心思。

問：若「我」也是幻覺，又是誰在驅逐這個幻覺？

尊者：「我」屏棄了「我」的幻象，剩下的還是「我」，這是了悟真我的弔詭之處，不過了悟者並不覺得矛盾。舉虔愛為例，我趨前向至上主祈禱並融入祂，然後懷著信心，全然專注，然後留下的是什麼？我身全然臣服之後，在原始的「我」之中，留存著神，而我已然滅失。這是最上乘的虔愛（parabhakti）、臣服（prapatti）、無執著的極致。

你慢慢捨棄「我的」財產。一旦你放下「我」或「我的」，瞬間都被一舉放棄。那個想要占有的種子，在邪惡的芽苞初萌時，便已摘除或粉碎，這必須以非常堅強的無執著之心才能辦到。那種渴望要夠強烈，必須像快要在水中滅頂之人，抱著一股亟欲浮出水面求生的急迫感。[4]

4 在滅盡自我、喪失個體感的狀況下，找不到執著於非真我的立足點，這就是我身臣服。

5 以個己我之臣服，而被收攝在不二的寂靜之境裡，是為究竟真理。

6 供養〔個己我〕給真我，是過著閃耀的生活，了無那個被稱為「我」的虛假妄念。

問：奧羅賓多（Sri Aurobindo）的意見是，臣服是重大的修行。

尊者：我們這裡也同意臣服。若臣服是全面的，那就沒有不同了……在臣服中，人必須放掉頭腦，一旦放掉頭腦，其後便沒有任何的二元對立。與神仍有分別的人，尚未臣服。[5]

7 「無論發生什麼，任它發生。無論不發生什麼，任它不發生。」抱持著這種心態，就能安住於真我。

臣服神

8 臣服於神，是加惠了生命個體。既然是務必要做的事，所以不應忽略不做，而虛度光陰。

尊者：臣服則一切皆安好。將所有的責任，丟給神，不要自己承擔。那麼，命運能奈你何？

問：臣服是不可能的。

尊者：是的，剛開始完全臣服是不可能的，但部分臣服，仍是可能。隨著時間而進展，終可朝向完全臣服。若臣服是不可能的，那還有什麼可以做的呢？心總是不平靜的，你無法使心平靜，只有藉著臣服，心才能平靜。[6]

9 內心尚未與全能上主的加持合一，生命便永遠無法圓滿。

10 帕達姆〔神〕問道：「世間的重擔，是我所造，也只由我承擔，為何你們要有那種念頭呢？」

11 神運作並保護諸多世界，生命個體不過是映射的面向之一，卻想像是自己在承擔世界之重，這真是荒謬。

《真理四十頌》十七頌：

神在支撐這個世界的重擔，但虛假的自我卻以為是自己在承擔，他一臉苦相，好像是塔樓上貌似支撐著整座塔樓的雕像。火車上的旅客不把攜帶的行李放下來，而要頂在頭上，這是誰的過錯呢？[7]

12 連「我就是祂的工具」的念頭也要拋棄，保持靜止。

《真我語類》四七一頌，頌釋：縱使住於合一之境，其殊勝的苦行，若帶著「讓我成為濕婆的工具，俾拯救世界」等意念，則對於全面臣服於真我，住於至境而服侍神，仍構成障礙。

頌註：雖然住於合一之境的苦行，擁有固有的殊勝，以摧毀苦行者的私欲而展示其殊勝之處，然而，那個苦行卻因其「殊勝」，顯得諷刺又荒謬。

《真我語類》四七二頌：安住在生命的本質就是不再作為奴隸，而如如其在，了無「我是奴隸」的念頭萌生，那是了無自我的寂靜，全然的凝止，沒有心思走作。在此境內，無垠之知所輝照的，乃是〔真正的〕知。

13 在神的吉祥聖足下，供養你善良的心，將獲得圓滿而永不消退的幸福。

14 在你的內心裡，歡喜奉行我身臣服，幸福將以甜美的加持來到你面前。

問：如何獲得加持？

尊者：類似獲得真我。

問：我們實際上要怎麼做？

尊者：我身臣服。

問：據說加持就是真我，那麼，我應該臣服於我自己的真我嗎？

尊者：是的。臣服於你所尋獲加持之處。神、上師、真我都一樣，只是不同名相而已。

問：請稍加解釋，好讓我了解。

尊者：只要你認為你是生命個體，你就會信神。在禮敬神時，祂對你呈現為上師，在侍奉上師時，祂對你呈現為真我。這是就基本原理。[8]

15 懷著存在之知，行動時了無欲望或一己之私，就是在神的旨意裡，欣喜歡慶。

問：整體或徹底臣服，人必須不存絲毫欲望，甚至不求解脫、不求神，不是這樣嗎？

尊者：完全臣服，你必須不懷自己的欲望；神之所欲，即是你之所欲，你個人了無私欲。

問：現在，我了解這個論點，但我想知道有什麼步驟可以做到臣服。

尊者：有兩個方式。一個是深入去看「我」的源頭，而融入那個源頭。另一個是去感覺「我無能為力，只有神是全能的，除非把自己完全交託給神，否則別無他法可以使我安然無恙」。並且逐漸形成這樣的信念，就是只有神獨在，而自我全都不算數。這兩種方式，都朝向同一個目標。完全臣服，乃是真知或解脫的另一個名稱。[9]

16 我們周遭的人說，回到內在，轉而向神，這很自私。會這麼說，是因為對「知」一無所知。

17 據說，我身臣服雖然本質上高大尊貴，但卻是自私自利，會這麼說的，就是腐朽的自我心思。

18 「無論神的旨意為何，就讓它發生吧。」最好的心態，就是真心如此渴望。

19 正是這種心態，不斷膨脹的自我與不淨之鎖鏈，得以斬斷，而賜予至上幸福之境。

尊者：臣服於祂，遵行其旨意，不論祂是否顯現，只是等待祂的歡心。若你要祂從你所願，則非臣服，而是加諸命令於祂。你不可以要求神順從你意，而又自認為你已臣服。祂知道什麼是最佳、何時及如何處置。將一切全盤交託給祂，讓祂承擔，不再有所顧慮。所有的顧慮都是祂的，這樣才是臣服，也是虔愛。

又或，探究這些問題是誰提起的，深入本心，安住真我。兩種方式，皆可供求道者採行。[10]

20 若你不信任神，而是信任其他人，你將失去平安，內心悲苦。

21 不論上主的加持促使我們做什麼，若我們都欣然臣服，行動便成為樂事，歡歡喜喜。

服侍神

22 雖然對神服侍得無微不至，但內心缺乏真誠的愛，這樣的服侍是無用的。

23 服侍〔神〕所得的裨益，只會與服侍中參雜的真愛成正比。

24 不願意奉獻〔神或上師〕之人，將成為自我幽靈與貪欲的奴隸，備受俗世的折磨。

25 若你有心為神奉獻，殘酷的自我所生起的妄見，就會失去力量。

26 最有資格接受供養的就是神，若供養祂，將引生無限的功德。

27 服侍〔以獲得〕神恩的人，資格是他要將虛妄的五感所造之禍患，全數滅盡。

28 ★若這種「我乃作為者」的不淨習氣已完全滅盡，那麼你的一切行動，都是在服侍神。

29 ★當個體感盡失，所想皆是神的思維，那麼一切所為，都是在服侍至上。

禮敬並定於上主

30 神怎會因為你向祂禮敬而受惠呢？那只對禮敬者有益。

31 堅定探究，深入本心生命的本來面目，即是定於上主的聖足，毫無間斷。

32 ★只有革除習性而滅盡心思，才是對濕婆聖足適切而不間斷的禮敬。

33 禮敬神的形相，會滅盡那個認為「我就是身體」的自我。

《拉瑪那之歌》第十六章，五、六、七頌：

〔**尊者：**〕若信徒自認為是獨立而有局限、所知貧乏的個體，渴望從苦難中得到解脫，而把遍在的究竟實相視為某些神祇並前去禮拜，終於實現了〔獨在的〕「那」之後，而他依然禮敬不輟。人上之人啊！將名相歸屬於神祇的人，就是在當下的名相中，超越了一切的名相。

《真我語類》六五九頌：缺乏自然之光〔我在〕的存在之知的人，因其無明，遭致業報與苦難，若能觀想最相應的神明，就能終結妄念，了悟真我，證得究竟實相。

頌註：不知保持靜止的自然行法，不知要住於真我而定於實相的人，還有因無明而遭受苦難的人，都能以觀想神明形相，擺脫無明。這種觀想神的形相，即人為的造作，可回歸真我本質、終極實相。

34 除非心地柔和而融化、消解，否則吟誦〔祈禱經文〕，對生命個體有何益處？

持誦聖名

35★為了防止累積黑暗的答摩（tamas）質性，尊者在那些吟唱聖名的義人之內心，引來光明的薩埵（sattva）質性。

問：我應如何持誦聖名？

尊者：人不應毫無誠摯之心，制式而膚淺地吟誦聖名。使用聖名時，你應該用渴切的心呼喚祂，將自己毫無保留地交付給祂。只有這樣徹底的臣服，神的聖名，才會始終與你同在。11

36 在心思上，緊守著至上唯一的名相，你對名相所抱有卑微的概念，將為之肅清。

頌文「卑微概念」，是泛指一般性的名相，而非神的名相。

尊者時常說，持誦聖名或單音是前行，使人在心思上增強力量，俾進一步有效持行探究真我。下面摘文，有這樣的說法：

> 就像呼吸控制法一樣，觀神之形相、持誦聖名、嚴規飲食等，僅是有益於控制思維而已。觀神之形相、持誦聖名，則心注一處。象鼻四處晃動，若以鐵鍊拴住，象鼻便固定，不再妄觸他物。同理，心思可藉著修練，固定在名相上。因為心思衍生成無數的思維，念頭逐一轉弱。當轉弱的思維逐漸消退，便可心注一處。心思以此轉為有力，較易在探究中參透真我。

37 這些東西〔名與相〕僅存於生命個體的眼界，對上主而言，並非真實的存在，祂的形相，乃是清淨之知。

頌文中的「名與相」，既指世界萬物的名與相，也指神的名與相，或二者皆是。

38★朝向〔神的〕形相而禮敬，也可致及無形相的真我之域。

「若人能敬仰無名無相之神，那麼他會從名相中解脫。」拉瑪那尊者如是教導。

誠心觀神之形相、神之品質，所能達到的〔解脫〕境地，等同於觀想無形相的神。[12]

39 你要真心誠意地持咒，直到不是自己在持咒。

不是自己在持咒（ajapa），是說「不由自主地持咒」，指心思自然而然地持誦單音或字句。

問：我要持誦咒語多少遍，才能了悟？

尊者：你要一直持誦，直到你持誦的覺知消失為止。然後，你發現自己沒有在持咒。在那個境地，咒音自動複誦，你無須使力，那就是自然的境地，那就是了悟。[13]

尊者在別的場合指出，真正不由自主的持咒是「我—我」，因為真我在本心示現為「我—我」。

尊者：真我本身始終複誦著「我—我」，那是無聲持咒。要知道無聲持咒的這個面向，口頭上的複誦，怎能是無聲持咒呢？在真我的智慧中，持咒的是真我，自然而然，永無休止，就像酥油汩汩流出，這就是無聲持咒、蓋亞曲神咒（gayatri）及一切了。

問：難道口頭上持咒，沒有任何好處嗎？

尊者：誰說沒有？那是淨化心思的方法。若致力於持咒，不斷行之，終於成熟，不久就會走上正確的道路。[14]

吟誦「濕婆耶・南無」

「濕婆耶・南無」(Sivaya Nama) 意謂「禮敬濕婆」，是濕婆派信徒最強力而神聖的咒音，有時又稱為「五字真言」(panchakshari)[15]。

40★尊者加持，確保心定於「濕婆耶・南無」之人，永無危難。

41 定於「濕婆耶・南無」，此真言會在你的內心顯現為你的父親與母親。

在本頌中，父親指濕婆，即是存在（sat），而母親指至上大力（sakti）或知（chit）。

42★心中持誦著「濕婆、濕婆」，其後會自動消失在無聲咒音之中。

尊者很少授予咒音，若有之，一般都是建議持誦「濕婆、濕婆」。尊者曾對穆魯葛納授予這個咒音，也曾授予給若干信徒，如安那瑪萊・史瓦米（Annamalai Swami）、倫伽（Ragan，尊者童年朋友）的哥哥，以及一位不知名的賤民。

43 若心住於五字真言，無有間斷，本心確立於濕婆之知的這種境地，就會生起。

尊者：桑班達是濕婆的信徒，他在一則頌文中，解釋持誦上主濕婆聖名五字真言的方式，其義是人應關閉身體上的九個孔竅（navadwaras，也就是雙眼、雙耳、兩個鼻孔、嘴巴、肛門、生殖器官），鎖上並封住，否則心思會逃逸出去。封閉九個門戶後，才持誦五字真言。若能控制感官，則能掌握心思，亦即心思沒入，最後留下的就是真我。當人定於真我，咒音便成為他的真我。16

智者桑班達（Jnanasambandhar，智親）是十六世紀坦米爾詩聖，其詩頌及生平事蹟，是當今濕婆信仰的重要文獻。

愛

44 除非明覺到真理，否則不可能存在擁有美好、體現真愛的生活。

45 尊者宣示真知的偉大，說道：「只有洞見真知，源於真愛的幸福，才會生起。」

在尊者的開示中，真知（jnana）在坦米爾文譯為aram，通常aram這個字是指「法」（dharma），而aram的次要涵義，就是真知。

46 只有在體驗到真知的田園中，真我之喜悅，這份愛，才能紮根茁壯。

47 每個人對自己的真愛，是固有的本性，因此人的本來面目，就是幸福。

48 因此，要想獲得至上幸福的人，有責任去徹底的探究，並認識自己的本來面目。

49 唯有「知」，是真愛的體驗。感官經驗並非「知」，僅是愛的假象。

50 只有化為清淨之知的真愛，才是證得圓滿、真知的濕婆之愛。

《拉瑪那之歌》第十六章，四頌：

愛之流衍，有如油液，朝向上主，縱使並無所求，愛也會帶著一個人的心思成為他真實的形相。

51 ★唯有了悟「知」，才會了解虔愛的本質，其與真愛的關聯。

52★真愛，在清淨的濕婆之知中生起。只有屏棄分離感（vibhakti），才可稱為在真愛中充滿喜悅。

53 因為真我的本質就是幸福，所以對真我的愛，也是生命個體的本性。

「只有全然虔愛，上主才會回應信徒，接下重擔。」（信徒）向尊者朗讀這段文句時，遂有如下的對話：

問：上主顯示加持，是否以那個人是否全然虔愛，為先決條件？難道上主對其子民自然雨露均霑，不論他們是否虔愛嗎？

尊者：人又怎能不虔愛呢？每個人都珍愛自己，這就是體驗。若真我不是他最珍愛的東西，那麼人怎麼會愛上呢？真我或上主不在他方，而是在我們每個人的內在，而人愛的是自己，所以人愛的就只是真我而已。[17]

穆魯葛納：因為每個生命都有自然流向自己的愛，所以真我的本質就是幸福（sukha swarupa）。對於參透真我本來面目的人，已了無自我，至高上主就是他們的真我。因為愛自然融入上主，所以明覺真我（Atma jnana），又名為至上虔愛。因此，至上虔愛與明覺真我，並無不同。[18]

54★除非把真我當成自己的本質來愛，否則不可能如實住於本心。

尊者：愛本身就是神的實際形相。若說「我不愛這個，我不愛那個」，你便排斥了一切，而所留存者，便是實相，亦即本有的真我。那就是純粹的幸福，叫它純粹的幸福、神、真我，隨意。那就是虔愛，就是了悟、就是一切。[19]

虔愛奉獻

55 在你內心擴衍的幸福加持，與你滔滔流向神的虔愛，形成正比。

問：那麼，真正的虔愛奉獻（bhakti）是什麼？

尊者：不論我做什麼，或認為我在做什麼，其實都是上主在作為，沒有東西真的屬於我，我在這裡服侍上主，這個服務的精神……其實是至上的虔愛，虔誠的信徒視至上之在為存於一切萬物之中的上主。禮敬祂的名相，使人超越一切名相。全然虔愛之極致，乃是至上之知。

雖然虔愛的信徒，起初因俗世的貪欲而奉獻，但欲望實現後，虔愛之心並未止息，因其無可撼動的信念，持續精進，最終了無遺憾地進入了悟的最高境界。[20]

56 參透真我是追求的目標，為了真正實現這個成就，適切的方法便是虔愛上主濕婆。

57 融入真我、自我滅盡的境地，就是光榮奉獻於上主濕婆明確的境地。

58 只有在本心看到上主示現以幸福為形相的真我實相，完美的虔愛奉獻，才會生起。

問：虔愛拜神就會解脫嗎？

尊者：虔愛與解脫，並無不同。虔愛是真我之存在。人始終是那個，他以修持的行法而領悟了這點。虔愛是什麼？思及神，這意味著只有單一的思維全然充塞，而排除其他一切思維。那個單一思維，是神的思維，就是真我，或者是臣服於神的我。當神祂高舉著你，萬物皆不能困擾你。思維之不在，乃為虔愛，也是解脫。

真知行法也就是所謂的探究，不是別的，就是「至上虔愛」，所不同的僅是用詞而已。[21]

59 因為恪遵濕婆法則而在本心累積對濕婆的虔愛，將有如盔甲般保護著靈魂。

60 十缺一的虔愛奉獻方式，是漸進領受不二實相的階梯。

拉克希瑪·薩瑪曾解釋何謂「十缺一」，其意涵取自《拉瑪那至上之知奧義書》的一則頌文及註釋：

智者稱之為「我身臣服」，即在虔愛中將自己交託給神。因此，尋求解脫者必須持行對神的虔愛，描述共有九重，包括聆聽等諸項。

在此參照《薄伽梵往世書》中的一則頌文〔列有九種虔愛的方式〕：「聆聽神榮耀的傳說、講述之、憶念之、依偎在祂的聖足下、禮拜、恭敬、服侍、視神為摯友、將自己奉獻給祂。」[22]

61

若「我就是身體的觀念」的障礙已徹底消失，那麼對唯一實相的虔愛，就會出現在你本心，成為你的本來面目。

尊者： 任何禪修，都是好的。若分別感消失，觀想的對象或觀想的主體被拋諸其後，沒有什麼要知道的，這就是真知。真知，是對於一體實相的虔愛（ekabhakti）。開悟乃是他的結局，因為他已成為真我，無事可做；他也是圓滿具足的，因而無畏。只有二元對立，才會萌生恐懼（Dwitiyat vai bhayam bhavati）。這就是解脫，也是虔愛。[23]

62

只有不受遺忘所阻斷的真我覺受，才是真正的虔愛。生命個體的上主，就是真我；這是人與上主的關係，潔淨以行之。

修行的建議

認真修行之必要

1 為了使你的心思堅定，務要全心專注，遵守你的職責，這就是修行。

2 修行不能只是做做表面功夫，要嚴格遵行，一心一意。

3 唯有嚮往至上之知的美好願景，視靜默為最終的目標，最值得黽勉以赴。

4 加持不會與蝙蝠般的心態結合。務要專注於單一〔行法〕，持之以恆。蝙蝠啃咬果實後，便立刻飛走，去尋找另一個果實。牠們不會待在一處久留，吃完整個果實。

5 所有的禪修都是助人增強內心的力量，那是固守於真我所必需。

問：如何屏除心思，或超越相對的覺知？

尊者：心思的本質是躁動，先解除躁動，給予平靜，使之不致紛馳；訓練其內返，讓習慣成自然，這必須無視外在的世界，掃除心思平靜的障礙，才能辦到。

問：如何掃除心思的躁動？

尊者：接觸外在（接觸身外之物），會使心思躁動。對非真我的事物，毫無興趣，乃是無執著之第一步，然後繼之以內攝與專注，其特徵是控制外在感官、內在感知（sama, dama），止於三摩地（心無雜念）。

問：這些要如何修練？

尊者：外在現象曇花一現，細審其本質，可使人淡泊無欲。因此，探究是優先採行的步驟。若探究持續自動下去，便會厭倦財富、名聲、安逸、享樂等等，而「我」之思維在一番檢視之下，愈呈明顯。[1]

修行的正確態度

6 至上絕對是你自己的本來面目，若你把它視為你身外之物，它會害羞得溜之大吉。

7 致力於接近實相，卻認為實相有別於自己，這會使人與實相同在的不二覺受，變得遙不可及。

8 即使在〔修行之路上，〕面臨了無法克服的障礙，片刻都不要動搖，要保持警覺，堅持在你所採取的無誤且可靠行法上，即勿忘真我。

尊者：所有的思維，諸如「證悟很難」或「參透真我離我很遙遠」，或「要了悟實相，我必須要克服很多困難」等，這些障礙都要屏棄，因為這些都是虛妄的自我所編造出來的。2

9 在尚未受到濕婆的至上大力加持而參透實相之前，把狂喜體驗看得很重要，這是有害的。

有效的修行

10 一切修行之最上乘，乃是心思的靜默，這是真誠信徒必須持行的。

尊者：靜默有四種：言語靜默、眼睛靜默、耳朵靜默、心思靜默。只有最後一種才是純粹的靜默，也最為重要。3

11 若不能清楚揭示真我，縱使這些行法把其他東西講得井井有條，又有何用？

12 你的責任，只是專注在那個已然存在的，其他一切的修行，不過是大夢一場。

13 當修行者終於發現他的真實本質背後的真理，就會發現其他諸多行法中的異曲同工之妙。

14 最合宜的修練方式，亦即你的方便法門，乃是深入探究自己，並堅定住於真我。

身體靜默的重要

15 修行必做的首要功課，就是靜默。

16 〔不說話的〕靜默是一帖良藥，能改變像瘋子般胡言亂語的習性。

抑制頭腦意識的重要

17 抑制頭腦意識的躁動不安，接著，就好像釘釘子一樣，在清淨之知中，把那份躁動紮紮實實地摧毀殆盡。

18 不論頭腦意識沒入內在的程度為何，真我的幸福也會同樣程度反彈而起，朗現其身。

《真我語類》四五一頌：真我實相以迥然有別〔於感官的享受〕的本質閃耀著。你沒入本心有多少，你就會在渾然一體的真我實相中，體驗到同等程度的幸福。

頌註：實相的幸福，會以沒入本心的程度而顯現，也適用於「客體認知消退的程度」。尊者說，在享受到想望的對境，也能夠體驗到幸福，因為這時心思沒入本心。因此，當心思一直住於本心，了無客體認知，這就像有明辨力的人，沒有離開樹蔭，真我的幸福便會自行明曜。

19 除了心思作為萬物的見證者，並以此而自處之外，修行者還能做什麼其他的〔修練〕呢？

屏棄分殊的知見

20 心思迷妄的原因，在於對立面是如此誘人又令人難以自拔，而人卻信以為真。

21 在不二的實相裡，怎麼會存在喜歡與不喜歡呢？在那個實相裡，既無拒絕，也無接受。

22 放棄爭論、屏棄因「我」與「這個」而起的分殊妄見，成為光輝燦爛的整體。

23 破除分殊差異的心智感知，就是深入修行而取得的重大成就。

24 超越一切分殊的知見，住於無與倫比的幸福之源，沐浴其中。

無視非真我

25 人出於貪欲，想要知道「知」以外的事物，這把人推向無明與妄想。

26 不抓緊「知」之情態，反而執著「知」之外的東西，是何等的愚蠢，不就是醉酒的樣子？

27 為何要為〔「知」之外的〕事物苦惱，彷彿這些都是真實存在的？何不將「知」視為實相，俾獲得平靜？

28 你應該知曉平靜的原始來源，是在人的內在，而不在非真我上。

29 除非停止非真我之物的思維，否則就無法在本心領悟自己真我本具的寧靜。

30 心懷妄念之人，若不放下〔異於真我之〕外物，也不堅守自己的明覺之情態，會變得狂亂而迷失。

31 終於鉅細靡遺地理解了本色虛妄的非真我，但終究只是白費力氣而已。

問：渴望解脫，是否必須要去探究各種物類的質性？

尊者：就像你要丟垃圾，就不用分析那些垃圾、了解垃圾的性質，要認識真我，也無須細分〔非真我的〕種類或探究它的特徵。你要做的是，屏棄一切障蔽真我的種種。世界應該被視為一場夢。4

32 不要四處遊蕩，或把注意力放在非真我上。住於圓滿，那是你的本來面目，平靜的幸福。

問：參透真我，棄世是必要的嗎？

尊者：棄世與參透真我，並無二致，那是同一境界的不同面向。捨棄非真我，即是棄世；固守在真我，即是真知或參透真我。那是同一個真理的消極面與積極面。5

問：覺性（awareness）是什麼？如何獲得並加以培養？

尊者：你就是覺性，覺性是你的另一個名字。既然你就是覺性，就不須要外求或加以培養。你所要做的，只是放掉對其他事物的感知，也就是那些非真我的東西。若你放下了，那麼留存的就是清淨的覺性，那就是真我。6

33 為何你要捨棄至上真理的真我，在那些異〔於真我之〕物上蹉跎呢？

34 除非對非真我的欲望，全然滅息，否則無法得到恆在的實相。

35 若心思僅知非真我，它又怎麼知道真我實相的本質呢？

問：如何找到真我？

尊者：對於真我，並無所謂調查或研究這回事。調查或研究，僅能針對非真我。唯一的可能，是消滅非真我。真我始終是自證自明的。7

36 切莫四處徘徊，尋找非真我，要融入你自己的本質，與真知合一。

37 當人的內心被真我之光所穿透，就會無視於非真我，那是愁苦的根由。

38 練就哈達瑜伽之缺點，是這種成就有可能會丟失，但獲得真知，則是完美的成就，永無失落。

哈達瑜伽在本頌文中，意謂「強制瑜伽」，或需要努力才能維持的瑜伽造詣。

尊者：人們常問我，如何控制心思，我告訴他們：「把心思拿來給我看，你們就會知道怎麼做。」其實，心思僅是一團念頭，怎能以念頭或意欲，來滅絕心思呢？你的念頭及意欲是那團思維的一部分。心思因增生的新念頭而滋長壯大，因此，企圖以心思來消滅心思，是愚蠢的。唯一可行的方法是，找出其源頭而掌握之，心思將自行消退。瑜伽教導控制心思走作（chitta vritti nirodha），但我說「探究真我」是唯一實際可行的辦法。心思走作受制而止息，得發生在睡眠、暈厥、飢餓等的狀態下，一旦這些狀況消失，思維就會再度萌生，這時又有何用呢？在茫然恍惚失神的狀態下，其人平靜，並無愁苦，但恍惚失神消退，愁苦再起，所以控制是無用的，不可能有長久的效益。[8]

39★尊者慈悲賜予偉大的真理，摧毀敵人，亦即妄見，終結哈達瑜伽調息之苦。

40 若想靠尊者的加持來認識自己的真實本質就是清淨之知，那麼調息法（pranayama）是虛妄的執著。

尊者說到修調息法（呼吸控制）時，很少像這兩則頌文那樣的批判，通常他會說，對於無法用別的行法來控制心思的信徒而言，修調息法具有初步的輔助功能。然而他還是會補充說，呼吸控制的效果永遠是暫時的。在〈我是誰〉一文中，他談到這個主題：

使心思止息，除了探究真我以外，沒有其他妥當的方法了。若採行其他的方法，心思或許在表面上止息，但仍會復萌而起。例如修調息法，可以使心思止息，但僅限於氣息（呼吸、身體的生命元氣）控制的時段而已；一旦呼出氣息，心思也會出現，並在習性的影響下，四處馳逐。……調息法，僅是輔助心思的控制，但無法滅盡心思。

肯定與否定

41 因反覆如持咒般想著「我是那」而為之身心俱疲，何不了無思維而融入「那」呢？

尊者區分禪修與探究真我。他定義禪修是定、止於某個對境；而探究真我，是探尋「我」之思維的源頭，或住於那個源頭。他說，想著真我，例如一直想著「我是濕婆」或「我是至上絕對」或「我是那個」，其實那是心智的活動，徒使心思忙碌，而不是返回其源頭。在〈我是誰〉一文中，他解釋道：

心思時時定於真我，謂之探究真我。而思及己身為存在、真知、幸福之至上絕對，乃是禪定。最後，全部所學的都要忘掉。

《真我語類》九〇二頌，頌釋：既然可以全然確定圓滿的「一」之實相，是寂靜的本質，為何還要不斷想著「我是那」而不勝勞擾呢？當心思臻及寂靜，這就確定安住在「我」已滅息的至上之在。一旦「我」已完全死亡，絕無可能思及「我是那」。

頌註：「為何一天到晚要高喊著『我是那』，述說無法用言語形容的幸福實相呢？那些獲得吉祥的濕婆智慧之人說，在真實的靜默之境，沒有『我』。」（塔俞馬那瓦二十八章，二十五頌）

在本頌文中，塔俞馬那瓦完美詮釋了真知，即不二的成就。

42

何不安住在真我的幸福裡，如其本來，卻要想著「我是這個，我是那個」呢？

本頌文教誨的主題，與上一則頌文一樣。有位訪客，曾請詢及此：

問：肯定神，不是比探尋「我是誰」更有效益嗎？肯定是積極的，而另一種是否定的，甚至表示分離。

尊者：只要你想知道如何了悟，給你的這個建言，就是為了找到你的真我。你尋求的那個途徑，就表示了你的分離。

問：說出「我是至上之在」，不是比去問「我是誰」更好嗎？

尊者：是誰在肯定？這一定有個人，找出來。

問：坐禪不是比探究更好嗎？

尊者：坐禪隱含著「觀」，探究是為了參透實相。坐禪有個客體，而探究只有主體。

問：一定有條科學的途徑來研究主體。

尊者：避開非真實，尋求真實，這就是科學。9

問：假如我們想著「我是真實的」，這樣有用嗎？

尊者：所有的思維，都背離了悟。正確的狀態是，屏棄我們自身的思維以及一切其他思維。思維是一回事，了悟又是另外一回事。10

43

★人的真實本質就在本心，心智並不懂得這個真相，單靠心智的敏銳，也是無法參透的。

尊者：確實有個合一之在，但心智創造分殊。雖然心智是真我的一股力量，但心智背後的法則，不為心智所知曉。11

44

為何你放走了真知實相的繫繩，卻抓住「我是濕婆」概念的尾巴呢？

頌文中的繫繩，是指穿過牛的鼻孔，纏繞牛頸的韁繩。牛喻指心思，得以繩子穿鼻而繫之，俾易於引導。不過，抓住牛尾巴，並不能控制牛。

45 宣稱萬物皆真我，不過是感知萬物的自我所重申的妄見。

要說出萬物皆真我，勢必有個「我」在感知萬物。對於這種宣稱萬物皆真我的表述，拉克希瑪那·史瓦米（Lakshmana Swami）認為顯然是缺乏直接的覺受，他解釋如下：

> 人們說，看見到處都是真我或神，就是參透真我。此語並非真理。能看見真我遍在各處，就必須有個「我」才能看見，而且當「我」存在時，心思也在。悟者一無所見，因為他內在能觀看的那個實體已不存在。在真我裡，了無觀看，只有存在而已。若心思仍在，人就會在某個階段把整個世界看作真我的呈現，但心思已滅息，無人在看世界，無世界被看見。
>
> 若你有個頭腦，則天地星辰皆存在，而你都能看見。若頭腦死亡，則無天地、無星辰、無世界。物象世界，其名與相，僅是心思；心思死亡，則世界俱滅，唯真我在焉。
>
> 視萬物為真我，會讓人覺得真我平均散布各處。這也是頭腦的觀念。最後心思滅亡了，你才參透：原來沒有散布，也沒有各處。[12]

46 單靠憶念，是辦不到的，唯有墮落虛妄的「我」滅息了，真實無二的至上之知，才會穩定持續下來。

47 為何你要思維著「我—我」而苦惱呢？若你能在真我中保持靜止，你本身就是幸福。

雖然尊者在本頌文中，將「我—我」的思維與苦惱相提並論，但他在少數的情況下，贊同複誦「我—我」有可能找到「我」的源頭。雖然他平常教導探究真我，但是當有信徒感到難以持行時，他大致上都會教以持誦「我—我」：

問：我看不懂經文，我認為探究真我的方法，對我太困難了。我是個有七個小孩的婦女，要操持許多家務，沒有時間打坐，我祈請尊者給我較簡單易行的方法。

尊者：要知曉真我，不需要學問或經文的知識，正如人要知道自己，不需要靠鏡子。一切所學的，都屬於非真我，終究要放下。操持家務或看顧小孩，都不必然是障礙。若你無能為力，至少在你的心裡持誦著「我—我」，正如〈我是誰〉所述。……若不斷思維著「我—我」，這也會使人邁向那個境地〔真我〕，不論你所執行的工作為何，行住坐臥都可以持續複誦。「我」乃神的名字，是首要也是最偉大的真言，甚至「唵」都在其次。[13]

48 要知道心智的活動（buddhi vyabara），也是心思走作（chitra vyabara）。既然心智活動是個巨大的障礙，就要徹底擺脫它。

雖然頌文述及各種心智活動，但也警告要避免諸如肯定或否定的行法，這些都是企圖利用心智來參透真我：

問：我們試著禪修，但禪修並無進展。我不知道如何了悟。您能否幫我們了悟呢？

尊者：你是怎麼禪修的？

問：我開始自問「我是誰」，排除不是「我」的身體、不是「我」的呼吸、不是「我」的心思，然後就沒有辦法再進行下去。

尊者：嗯，這就是心智所能達到的地步。你的禪修，僅是心智上的。事實上，所有經文敘述的修行過程，只是在指引探尋者認識真理，但真理是無法直接指出來的，因此才有這種心智運作的過程。

你們看，那個排除所有的「不是我」之人，無法排除「我」。在說「我不是這個」或「我不是那個」時，一定有個「我」，而這個「我」，只是自我或「我」之思維。「我」之思維生起後，其他諸多思維繼起，因此，「我」之思維就是思維之根源。若拔除了這個根，其他諸多思維也同時被拔除。所以，要探尋這個「我」的根，而問自己：「這個我是誰？」並找出其源頭，然後所有的這些思維，將杳然消失，而純粹的真我，始終在焉。14

滅除欲望

49 神聖的尊者說：「欲求某事，〔想像它〕何其美好，乃是無明的自我幽靈才有的舉動。」

50 愚痴之人對這個虛幻的人生有所貪求，他們就在火葬場的生活中打轉。

51 邪惡的貪欲是個永遠填不滿的深淵，拉著你的生命墮入永無翻身的貧困。

《真我語類》三七一頌，頌釋：所欲之目標，在獲得之前，其強烈的欲望，能使一粒原子形成一座大山，但所欲之目標，在獲得之時，則全面反轉，一座大山頓成一粒原子。強烈的欲望，使人永遠貧困，貪婪的欲望是看不透無底深淵，永遠不可能滿足。

頌註：蒂魯瓦魯瓦（Tiruvalluvar，坦米爾詩人）說：「欲望的本質，正是永遠不能滿足。」真正的富裕豐盛，僅是此心知足。若不知足，不論賺了多少錢，誰都不能拔離貧困，變得富有。

52 若內在有所求之心（kamya buddhi）離去，而擁有吉祥殊勝的無所求之心（nishkamya buddhi），這顆心就成為幸福的歸宿。

53 諸欲皆息，其境安寧，此乃強大的吠檀多之覺受。

54 六個虛幻的敵人，始於欲望，混雜於心，若全數殲滅，極致清亮的真我之光，將輝照無邊。

六個敵人是：欲望、憤怒、貪婪、妄想、痴迷、嫉妒。

問：棄世的真正意涵為何？制伏色欲、激情、貪婪等，是所有法門的一般認知，也是基本的前行。擺脫激情，不是意味著棄世嗎？……

尊者：你都說了。你的問題也內含著答案，擺脫激情是最基本的條件。若達成此項，其他一切也就達成了。[15]

問：我如何處理我的情欲，我應該加以遏制或滿足呢？若我遵行尊者的方法而探問：「這些情欲是誰的？」情欲似乎並未消滅，而是更加亢奮。

尊者：這樣正顯示，你並沒有正確採行我的方法。正確的方法是找出所有情欲的根本，其萌發的源頭在何處，然後擺脫。若去壓抑，那只是暫時的，以後又會復起。若去滿足，也是一時的，以後又會渴求。滿足欲望，藉此想要剷除欲望的根本，猶如火上添油。唯一的辦法是找到欲望的根本，然後剷除之。[16]

55

若你驅離並剷除欲望等諸魔，你將置身於解脫的寶庫。

問：處理欲望，擺脫它們，最好的方法是什麼？是滿足欲望？或是壓抑欲望？

尊者：若滿足欲望就能擺脫欲望，那麼滿足欲望並無妨。但大體上，欲望無法藉由滿足而滅息，想要以此斬斷欲望的根，就如同把酒精淋在火焰上滅火般枉然。與此同時，強力壓抑也不妥當，因為這樣的壓抑，勢必遲早會強力反彈，結果並不是我們所樂見的。所以，擺脫欲望最好的辦法是找出：「是誰存有這個欲望，源頭是什麼？」若能找到，那麼欲根被拔掉，欲望便永不再萌生。至於生命中小小的欲望，諸如吃、喝、睡等欲望，聽其自然所需，雖然這些也都屬於欲望，但你可以在安全的情況下滿足它們，它們不會在你心思的習性中扎根，使你再度出生。這些活動，是生命運作所必需，不可能會增長或留存在習性裡。因此，一般而言，若滿足欲望，而那個滿足不會使心思製造習性、生出更多欲望，也就無妨。17

56 這個〔真我的智慧〕只有了無虛妄欲念之人得見；對感官對境需索無度，心思腐敗之人，無緣得見。

《真我語類》一四九頌：不二的體驗，僅能被滅盡欲望之人獲得。心懷欲望者，不二的體驗，則遠在天邊。因此，允宜將其欲望導向無欲的神，以便經由所祈求的神，使他們虛妄的欲望，為之滅息。

57 內心被強力的欲望幽靈所盤據，那是卑劣的執著、愁苦的宅第，有如長著翅膀的白蟻，從垤堆裡，傾巢而出。

58
若感知萬物皆是一體之「知」，你的心便不會有絲毫的渴求。

問：如何減弱貪欲？

尊者：藉著明覺。要知道，你並非心思，欲求都是心思上的，這樣的認知，有助於控制貪欲。

問：但是在我們實際的生活中，貪欲是不受控制的。

尊者：每次你想要滿足欲望時，要知道最好是斷掉這個念頭。你生命的本來面目是什麼？你怎麼會忘記呢？醒、夢、睡之境，僅在心思階段而已，都不是真我，你是這三境的觀照者。你的本來面目，也存在睡境中。[18]

尊者：只要有個與主體分離的客體，也就是二元對立，必有欲望（kama）存在的空間。若無客體，則無欲望，而無欲的狀態，就是解脫。在睡眠中，並無二元，也無欲望，但在醒境，則有二元，故也有欲望。因為有二元對立，就會萌生對客體的欲望，這就是外馳的心思，是為二元對立及欲望的根基。若知道至上的幸福無異於真我，心思便會內返。一旦獲得真我，一切所欲皆會實現。[19]

59
生命中氾濫的貪欲，源於對俗務執著的蔓延，在遺忘自己的本來面目中，導致毀滅性的後果。

60
生命個體遭致毀滅，有如飛蛾撲火，葬送在邪惡的感官對境之火，只因為無止盡的貪欲，而自毀其身，還真是奇怪。

61 反常而虛妄的生活，即世俗生活。一旦摧毀了頭腦的概念，在世俗生活中所積累的欲望，亦隨之滅息。

62 頭腦因欲望的狂風肆虐而極度不安，會在憶念神之時，得到暫時的平靜。

戒除官感的沉迷

63 唯有「知」是圓滿的實相。一切感官及其感知，皆非「知」，是虛妄之心的卑劣缺陷。

64 心思以五感追逐歡樂，壓制本心的上主，是個不貞的女子。

《真我語類》七十三頌，頌釋：甚至在「我」萌起的日子，這位女子，即月亮般的個體感，作為上主合法之妻，應細心盡責，以貞潔持身於本心的真知虛空；上主是真我，乃真知的太陽。假若她背棄合乎正法的真我之幸福，做出不淨之舉，耽溺於世間享樂，在紅塵中打滾，這樣的狂妄愚行，乃是無始以來的宿昔業力所致。

頌註：生命個體與真我，分別稱為月亮與太陽。它們的居所，被指為本心，亦即真知虛空。「真我的幸福」：是究竟之樂，乃人的本來面目。實際上，它具有超越頭腦的殊勝之處。

「世間享樂」：指經由五感，色、聲、香、味、觸，所體驗到的快樂。這兩種享樂〔真我的幸福與世間之享樂〕乃雲泥之別，是神魔成就之境地，彼此對立。故說「背棄真我的幸福……耽溺於世間享樂，在紅塵中打滾，這樣的狂妄愚行……」

因此，只有證得真我之覺受，才是擁有智慧的標誌。

65 持續地認識實相、體驗真理、棄絕虛妄卑劣的官感之人，不可能與真我之境不合。

66 對於頭腦昏沉、妄念叢生之人，唯一真我的實相，要如何輝耀於本心？

67 要知道〔得到真我實相〕的真正障礙，乃是極度沉迷於五官感知的對境。務必擺脫這種癮頭。

一位信徒曾問尊者齋戒（禁食）的意義。尊者慈視之，說道：「若放下五官的活動，心便注於一處。若一心專注在神，就是真正的齋戒（upavasam）。Upa意謂『接近』，vasam指『住』。他要住在哪裡呢？他要住在他的真我裡。欲望是心思的食料。捨棄欲望，就是齋戒。若沒有了欲望，也就沒有心思這種東西，所留存的，就是真我。人若能齋戒其心，也就無須齋戒其身。」尊者如是說。[20]

68 莫使自己在世上受到感官知覺的折磨，務要凝然精進在修行的戒律〔苦行〕上，完全擺脫愁苦。

69 盡可能保護你的心思，不要讓對世間感官對境的有害渴望，攀附在心思之上。

70 莫重視五官的感知，那是虛幻的，但要知道你的覺知也遍及感知，全體均霑。

摘自《我是誰》散文版：

雖然沉溺於官感的習性，接踵而來，歷有多時，有如汪洋的波浪，不斷湧至，但精進定於真實的本質，習性終將止息。不留思維質疑的餘地：「有可能滅盡所有的習性，而獨存真我嗎？」人應凝然定於其真實的本質，不論罪孽如何深重，不應哀號：「啊！我是個罪人，如何能解脫呢？」應完全屏棄罪人的念頭，穩穩定於自己真實的本質，必將獲得拯救。

71 除非直接體驗到吠檀多，否則身體及感官虛妄的存在，不會消失。

72 最上乘而勇猛的英雄行為，乃是「在真知之火中」將化身為感官知覺的惡敵，燒成灰燼。

73 視五官感知為真而哀傷之人，無法與充滿良善的真知之樂合而為一。

74 以五官感知貪求平淡無奇的對境，乃因缺乏明辨力，沒有探究自身真實本質所致。

75 對感官享樂的迷戀，在虛妄中生起。在神性之知主宰的心中，這種癡迷終將止息。

淨化心思

76 因為心思清淨，乃是一切修行所不可或缺，故其地位至高無上。

77 心思清淨（chitta suddhi）之偉大，在於它是一切德行之母。知道這樣，就務必每天審視其心。

78 行為端正，心思自然會獲得穩定而專注的平靜。

79 心思融入〔神〕，〔對眾生〕慈悲，都是淨化心思的方法。

80 「知」是人的本來面目，極為精微，微妙到無法用言語、頭腦、心智來認識它。

81 因此，正確而必要的是，先深思神之恩德真知，將其〔言語、頭腦、心智〕轉化。

習性

82 頭腦生起的思維，其本質乃沿襲過去習性而來。

尊者：習性本身，便是心思。若無習性，則無心思。那個如如其在的，就是存在（sat）；存在就是至上絕對（Brahman）。那，就是自身耀明的；那，就是阿特曼（Atman），那，就是真我。[21]

83 在修行時試圖凝然精進，若心有擾動不定，那是正常現象，乃習性萌起所致。

84 至上大力護持著你的加持力，若能及時掌握，使你煩心、焦慮的習性，將為之肅清。

「至上大力護持著你的加持力」，是指「我在」的內在感覺。這個感覺，在穆魯葛納的著作中，經常是指蒂魯瓦盧爾（tiruvarul），亦即引導你朝向真我的神聖加持力。

85 除非廓清〔所有的〕習性，否則伊濕瓦若不可能賜予解脫的境地。

86 唯有滅盡宿昔的各種習性，終結所有的執著，才能抵達永不動搖的幸福之境。

問：既然沒有滅盡習性（vasana-kshaya），就不可能參透，我要怎麼實現這個習性已確實滅盡的境地呢？

尊者：你現在就在那個境地裡了！

問：這個意思是說，習性一旦萌起，就應該緊抓著真我，消滅習性嗎？

尊者：若你保持你的本來面目，習性就會自行消滅。22

87 在道行深厚的階段，會察覺到「不專注於真我」（pramada）與自身的關聯，此乃心思的原始虛妄之習性使然。

88 持續修行而達到住於真我，這就是到了一種擺脫炙烈習性引生愁苦的生命境地。

尊者：正如壺中之水，在狹窄有限的壺身中，映射巨大的太陽，以個人習性或潛在傾向作為映射的媒介，也捕捉了本心生起的那遍在無盡的真知之光，以映射呈現的現象，叫做心思。未悟之人僅是看到映射，便誤信他是個有局限的人身，亦即生命個體。

若因探究「我」之思維的源頭，心思隨之內斂，習性就會消失；在沒有映射的媒介之下，映射的現象（也就是心思），也被收攝在本心那唯一的實相之光裡，泯然不見。

這就是求道之人必須知曉的一切總結及內涵。「我」之思維的源頭，他必須認真地一心探究。23

89 肅清俗世的習性，在本心植入開闊之知的習性。

肅清習性

90 驅逐你本心中邪惡〔習性〕的積累，儲存神〔所加持〕的廣大財富。

91 持行虔愛瑜伽，敬愛伊濕瓦若，以此功德，肅清你本心中的習性。

92 誠然，習性就是染著（sanga），因此你應知道，肅清習性，就是屏棄一切染著。

《真我語類》九一二頌，頌釋：在本心呈現的一連串習性，殊值鄙視，智者鑒於染著障阻著住於真我，因而加以屏棄。若先保持獨處，耐心持行住於真我，後來心思完全平靜，那麼，不管因為今世業報居處在什麼環境，他超凡的心不受習性染著，沒有汙點。

頌註：除非內在執著的習性已經存在，否則外在的執著無法牽引心思外馳，妨礙其安住真我。因此，擁有廣大平靜之心者，不論所居處的環境為何，都不會招致絲毫汙染。這意味著，只有內在的執著，才是真正的執著，而外在的執著，不是問題。

93

把你自己安頓在真我裡，以便將習性，即不淨，連根拔起而滅盡，這才是真正的行動方針。

問：阻卻參透真我的障礙是什麼？

尊者：心思的習性。

問：如何克服心思的習性？

尊者：參透真我。

問：那樣是惡性循環。

尊者：自我引發了困難、創造了障礙，然後苦於顯然矛盾的困境。找到那個探究的人是誰，然後就會發現真我。24

問：在滅盡習性之前，能否參透真我？

尊者：有兩種習性：（一）對未悟者，引諸束縛（bandha hetuh）；（二）對智者，給與享受（bhoga hetuh）。讓悟者享受，並不會障阻了悟。[25]

94

有如火焰中的棉花，內心的所有〔習性〕在神聖的加持力下，以真知之火，全數同步燬盡。

加持、努力及成熟

加持的必要

1 除非靠聖母的加持力，否則誰都不可能在實相、存在之知的覺受中安住。

2 加持力，亦即聖母，不靠祂，無人能證得實相，那是濕婆之知的覺受，是為真理。

聖母指真知至上之力（chit-para-sakti），或「知、至上大力」，經常以女性形象出現。

3 除非透過崇高之光，亦即「知」與至上大力的加持，否則不可能超越心思概念化的力量。

4 自我，唯有加持力可以摧毀；黑暗的顛倒之見（客體認知），不足以消滅。

加持力的運作

5 了悟真我，似乎極為困難，但若有加持力，便很容易實現。

《真我語類》五一二頌：要得到不二的真知，極為困難。然而秉持著虔誠這份真摯的愛，對著濕婆的聖足，堅定不移，則因神恩的加持、真理與清明之光的淨化，乃滅除虛妄，使（獲得）

真知變得極為容易。

6 所謂加持，是指清淨之知所散發的光芒，這股力量能滅盡無明的虛妄。

7 在真誠信徒心中恩德的洪流，乃是無盡的開闊之知，那就是實相。

穆魯葛納：加持的意義，就是了知真我（Self-knowledge），在疊加於生命之上的自我止息時，就會自然朗現。

至於神，乃圓滿的「一」，其形相是渾然一體、純粹、不二、究竟虛空，祂除卻自身，不知其他。那個全然圓滿，祂本來面目的清淨之知，為神聖加持之真理。[1]

問：我如何能得到加持？

尊者：真我，就是加持。那並不是去獲得的，你只要知道它的存在。太陽只是耀明，它看不見黑暗。但你說到太陽來臨，黑暗便溜走。信徒的無明，也是這樣，好像是黑暗的幻影，消失在上師的諦視裡。你已在陽光的環繞中，若要看見太陽，你必須轉到它的方向去看。加持也是如此，你須採取適當的作為，才能找到，雖然加持就在此刻當下。[2]

8 在內心得到堅定〔於真我〕的覺受，而無阻礙，這就是受加持的生命。

9 神的加持，僅是賜予心思的平靜，而非欲望的實現。

《真我語類》七五三頌：莫斷定你因諸多善行，獲得世上各種眾多的財富，就算是已獲得神的崇高加持。唯有「知」之寂靜清明，一種沒有因遺忘真我而苦的清明，才是神恩的指標。

10 切莫萎靡不振，要對神的加持充滿信心。

尊者：一隻飛行中的麻雀，嘴巴銜著蛋，蛋滑落掉入海中，麻雀焦急地要取回蛋，屢次飛到海裡，再飛到海岸邊，把喙中的海水吐來，抖抖翅膀。這時，聖者那拉達（Narada）路過，目睹麻雀的舉動，便前去探個究竟。

「你這愚蠢的麻雀！這是你能做得到的事情嗎？」那拉達說。

麻雀答道：「我不管是否能做得到，但我全力以赴，堅忍不拔，此外，就操之在神的手裡了。」

那拉達對牠的信念很滿意，便跑去找迦樓羅（Garuda，印度神話中的巨鳥，又作大鵬金翅鳥），告訴他麻雀的事情。

然後他說道：「這個生物是屬於你的鳥族，竟然有如此堅定的信念，你保持沉默這樣對嗎？難道不去幫忙？」

迦樓羅聽了這件事後，迅即飛到麻雀那邊。他在那裡，振翅揮搧，海水立即分隔為二，麻雀的蛋，赫然可見，麻雀便立刻銜去而飛走。

同理，有人定於真我而行善，若他們努力著，從不感覺：「這是龐鉅的任務！沒有幫助，我怎能做得到呢？」那麼，神的協助就會自動降臨。難道海水的消退，是麻雀用嘴巴去吸取而在海邊吐出來的嗎？那隻麻雀，本著信念，堅定不移。類似如此，若人努力以赴，假以時日，不會沒有成果的，因為凡事唯獨信念最重要，若行的是善，若帶著信念而工作，神的協助，將會來到，就像迦樓羅那樣幫忙。在協助到來之前，人在工作崗位上，應該秉持永不動搖的信念，全力以赴。[3]

努力與加持

11

若只靠修行，亦即生命個體的努力，那是永遠無法完全徹底地消滅「我」。

《真我語類》六四八頌：你應知道，當人帶著虔愛，把自己交給神的聖足，而神的加持因而流露，真我乃能顯明。但這項真理，極為隱微，無法藉著生命個體心智的努力而得知及領悟。

尊者：人不時想要臣服，但自我總是冒出頭來，這時就要遏制它。臣服不是件輕鬆的事；劇除自我，也不是容易的事。只有在神以其加持使你的心思內斂，你才能全然臣服。但要得到這樣的加持，也只有於今生或前世，業已歷經一切的努力及修行，作為滅絕心思及剷除自我的準備之後，才會實現。[4]

12 若無加持之光的照耀，渺小的生命個體焉能有所作為，來脫離迷妄之網，而獲得清明呢？

《真我語類》六三四頌：在這個相應著生命個體而處於無明的世界，除非以神的粹然之光，否則實在不可能使迷妄的生命個體，體認到實相的幸福，那是在黑暗（沉睡）之中，仍然閃閃發光的「知」。

頌註：若無加持，則無法看見實相。尊者曾說：「加持是必要的。」那些認為憑藉一己之力便可得到真知的人，除非蒙受加持，否則無法得到真知。

13 因為二者（伊濕瓦若與生命個體，或者上師與弟子）之間，有其始終存在的相同質性，故加持與良好的虔愛，並非兩相分離。

從真我的觀點來看，「二」是一，同一也。下則頌文，說明這種同質的結果。

14 「因此，說二者之一乃另一之因，並無矛盾。」圓滿的尊者，智慧圓融，如是而說。

「二者之一」涉及到底是努力而獲得加持，或是加持促使人努力的問題。

問：但是，在探究上有所進展，難道上師的加持不是必要的嗎？

尊者：是的。但你在持行探究，這個事實本身，就是上師的加持，或是神的恩德。[5]

問：我能省卻外在的協助，而以我自己的努力，自行探入真理嗎？

尊者：你在行探究，這個事實就是加持力的顯現。它在本心是耀明的、是內在的存在、是真實的真我，它牽引你內斂，你必須努力從外入內。你的努力，就是持行探究，而內在深度的運作，就是加持。這就是我所說的，沒有加持，就沒有真實的探究；沒有持行探究，就沒有加持力對他運作。二者皆屬必要。[6]

問：神聖的加持之於了悟，是否為必要，或者個人的真誠努力，就能達到不再有生死？

尊者：神聖的加持之於了悟，是不可或缺的，加持力引領人了知神，但如此神恩，只賜予虔誠信徒或瑜伽士，那些精誠不懈地朝向解脫之路者。[7]

成熟與不成熟

不成熟的心思

15 在所有艱鉅的任務中，最困難的莫過於向心思受到〔感官歡愉〕毒害之人，解釋他們喜悅的真實原因。

16 只有在〔感官歡愉引生的〕毒害略為減輕後，對這些人教導真知，始有助益。

17 面對「知」、永恆實相的至上之在，這些心思迷妄的學究只會視而不見。

18 以枯槁而迷妄之心，想達到全然無念無欲之境，是不可能的。

19 忘記前去〔自性上師〕的崇高目的，而起心縈懷著非真我，此為不成熟的昏昧心思所致。

《真我語類》一五二頌，頌釋：只要一盞燈的光，遠處的黑暗就會消去，但燈柱底下的黑暗，不為燈照而移離。同樣的情況，遠方的信徒，誠心禮敬上師，獲得拯救，不囿於時空。雖然如此，某些有幸親炙上師的信徒，環侍於左右，如影隨形，並未見其在真知上成熟，或滅盡自我之愚暗，反隨肉體而老死，此乃他們的不成熟所致。

頌註：上師是真我的輝照太陽，以其本來面目，驅除內在的黑暗。實際上，他是真知虛空，既無升起，也無落下，因此而說：「真知上師，宇宙不得囿之。」頌文的重點在說，那些有幸來到真知上師面前的人，不應忘記前來的目的。藉著專心致志，夜以繼日，以上師的加持為主要的依託，定會獲得真我的福氣。

《四行詩》（*Naladiyar*，坦米爾詩歌集）說：「能親近聖者，那是再多的錢也買不到的福氣，若還虛擲光陰，他就是個心智不成熟的人。」

20 將婚禮儀式視為真實的婚姻生活，是對婚姻的美滿有所誤解，〔只是顯示出〕並不成熟。

《真我語類》五九九頌：未達青春期的幼童新娘，會相信婚禮本身就是夫妻牉合的體驗，因而感到快樂。同理，心思尚未內斂，並未細心審究而知曉真我之人，會稱其閒談以及書本上得來的知識，都是不二的真知。

成熟的根器

21 心思以極度清淨的質素，融入本心，將實現圓滿的平靜。

22 若心像羽穗草（darba grass）梢般注於一處，與本心合一，純粹存在之覺受，看似不可得，卻會變得容易察覺。

23 用粗大的鐵橇〔當作細針〕，不能用細線縫合極其精緻的綢緞。

《探究真我》文中第十一則提問是：「心思的本質，是無休止的變動。這樣有可能體驗到真我嗎？」尊者的部分答覆如下，是這樣說：

「……心思不淨，又受到躁動及昏沉的影響，就察覺不到隱微而不變的實相；正如一塊上好的綢布，無法以粗大的鐵橇來縫製；或精美物品的細部，不能在風中搖曳的燈光下辨識一樣……」[8]

24

不論是什麼，若根器不足，無事可成。

我〔巴拉雷姆·雷迪（Balaram Reddy）〕說：「一位老師及其弟子。老師面對弟子，授與相同的教導。為什麼有的弟子聞後持行，進步快速，但有的弟子聞後持行，卻幾乎沒有進步？」

尊者回答說：「有的人在前世必定已修持過這個教導，但有的人現在才開始，也有的人生下來根器就比別人高。」[9]

《拉瑪那之歌》第七章，八、九、十、十一頌：

怎麼樣的根器適合參問？人能夠知道自己的根器如何嗎？

〔尊者：〕以觀想神之淨相等行法，或因前世功德，業已淨化之人；認知身體及感官對境並不完美，極度厭惡頭腦在感官對境上的運作之人；明白身體並非永恆之人，他們被稱為持行探究真我的利根。

覺察到身體的短暫無常，不執著於感官對境，以上述兩項徵象來看，得以知道是否為探究真我的根器。

尊者：有的修行者禮敬自己的神明，已經有了直接的覺受（kritopasaka），有的並沒有任何體驗。前者稍加激勵，便能了悟真我，雖然他尚有些微疑惑，但一聽聞師父的開示，便輕易掃除疑惑，很快入三摩地。他在前世已諦聽（sravana）教導、反思所聞等，現在，不再需要這些了。[10]

25 心思反覆不定又沒有修行之人，便無法單憑指示就清楚理解。

26 除非做完所有的功課又心無所欲，否則不容易止於其在。

問：入定時，有主觀經驗或其他性質的跡象，這樣能表示在了悟真我上有所進展嗎？

尊者：愈能擺脫逸思雜念，愈能心注一處，都是衡量進展的指標。[11]

問：有可能所有人都能堅持探究真我的行法嗎？

尊者：這個行法，僅適於心智成熟之人，而非心智不成熟的人，這是事實。對於心智不成熟者，低聲持誦禱文或聖名、膜拜神像、呼吸控制、觀想光柱等類似的瑜伽、靈性、宗教的實修等，皆可供其採行。實修後，逐漸成熟，可持探究真我的行法，參透那個真我。[12]

問：師父，探究「我是誰」是獲得了悟唯一的方法嗎？

尊者：探究並不是唯一的方法。若人修行時觀名相，複誦聖名，或專修一種，認真勤奮，他便成為「那個」。每個人的根器不同，所以說會有較為適合持行的某個法門，而且各種法中又有不同變化。有些人距離蒂魯瓦納瑪萊很遠，有些人近；有些人就在蒂魯瓦納瑪萊，但有些人已來到尊者的廳堂了。對於來到廳堂的人，當他踏進門時，告訴他：「這位就是大成就者。」這就夠了，他立刻就認出來了。對於其他人，得告訴他要走哪條路、搭哪班火車、在哪裡轉車、拐進哪條路，才會到道場。

像這樣的情況，必須根據修行者的根器，才能決定採取哪個行法。這些修行不是為了知曉人的真我，真我是無所不在的，而是為了幫助修行者擺脫欲望的對境。當所有的這些都拋棄了，人只剩下自己的本來面目。[13]

27 若心思不成熟（無有欲求），那麼住於自然三摩地的覺受，也不會圓熟。

28 除非心思極為清淨，否則看不到本心的真知實相。

29★對眾人極為困難的事，對極少數人卻極為簡單，因為他們的心思已成熟（chitta-paripaka）。

尊者：我們必須力抗長久以來的心識印記，它們終將全數離去。但只有那些累世精修勵行之人，能儘早蕩滌淨盡，而其他人則須多費時日，才能除盡。

問：這些心識印記是逐漸除去的？還是某天頓時滅除的？我問這個，是因為我在這裡，待了一陣子了，但我仍然不感覺到我有在改變。

尊者：太陽一升起，黑暗是逐漸褪去，還是即刻不見？[14]

30 極少數人了悟真我，因為「天意之路」而獲得拯救，是其心思已全然成熟。

康猷．史瓦米敘述「天意之路」(daiva gathi) 涵義如下：

我早期待在史堪德道場的日子，時常習慣廁身尊者左右，我發現當我聽聞尊者回覆信徒提問時，我都能立解疑雲。並且，藉著諦聽這些答覆，我能夠學習更多尊者教誨的面向。我自己很少提問，通常若我想找機會問一些靈性的議題，這時其他信徒就會提出正好相同的問題，而尊者的答覆，同時澄清了我們的疑惑。這種獲得知識的方法，在經書上稱為「天意之路」，《瓦西斯坦》（*Vasistam*）書中有個適例，說迦納卡國王聽聞一些仙人的對話，便茅塞頓開，獲得真知。

有些經書，如《吠檀多寶鬘》（*Vedant Chudamani*）述及三種了悟的方式：天意之路（daiva gathi）、明辨之路（viveka gathi）、幻滅之路（viraktha gathi）。前去接近自性上師，並藉著研讀經文、練習辨識，謂之明辨之路；幻滅之路則是真知在瞬間洞明，有如閃電，不受年齡和周遭的環境影響，悟者例如佛陀、帕提那塔爾、拉瑪那尊者等，均屬這種幻滅之路的典型，《瓦西斯坦》是部權威經典，稱「好像水果突然掉下來，真知的出現很容易」。

某人心中毫無所欲，前去觀視一位悟者，看到他正在回答弟子的問題，由於他昔日功德，耳聞之餘，便即刻徹悟大明，好像按下開關，電燈放光，這就是天意之路。上述三種方式，都是由於累世偉大的業行，成為獲得真知的緣由。其他許多聖典，也都載述相同的真理。[15]

第六章
世界及其創造者

世界彷彿是一場虛構的謊言，隨著時間和空間的演變，透過五感相乘運作而呈現。對於困惑之人來說，唯一的出路，是跟隨著死亡殺手的腳步，但人的本質卻是清淨的，充滿無限的智慧。1

這個世界之呈現就像一場夢，只存在我們的頭腦裡。要正確認識這世界的真相，就需要依靠超越幻象的至上之知。2

當我探索世界的起源，我明白緣起並非來自〔外在〕某處，而是來自內在的「我」。當我把自己安頓在本心之時，世界便消失無蹤，我對「我就是身體」的執著，也隨之消失。3

創造

理論

1 由於感知創造的人，本性各有不同，故經文載述的創造理論，互見歧異。

尊者：在經書及科學論述裡，有許多創造的理論，它們得出最後的結論嗎？不能……

創造的理論何其多，但這些論述都是向外擴衍，沒有止盡，因為時間與空間是無限度的。然而，論述僅存在頭腦裡，如果你理解心思，就能超越時間、空間，參透真我。

持科學或邏輯解釋創造，可滿足自己，但終極意義何在呢？這種論說，被稱為逐步創造（krama srishti）。另一方面，世界為觀者所造（drishti srishti），則是同步創造（yugapad srishti）。若無觀者存在，所觀之物亦不存。找到那個觀者，一切創造皆在他之內。為什麼要向外看，繼續解釋現象呢？那是沒完沒了的。[1]

2 有關創造的概念，不過是心思的想像所造，心思四處遊蕩，探問這些念頭，像一頭流浪的公牛。

3 經文載述的創造理論，只是針對那些遺忘真我、昧於眼前造物之人而言。

雖然尊者對不同的人教導不同的創造理論，但他自己的領受是，創造本身，並無發生，除非是在生命個體的想像中，他們自認為凡夫無明，感覺自己是物質世界的一部分：

問：請問創造（srishti）何來？有人說是由於業力，有人說是上主的遊戲或運作。真相為何？

尊者：聖典有各種記載，但有所謂創造嗎？只有在有創造時，我們才須解釋由來，但是所有這些，我們可能都不知道。然而，我們現在的存在，千真萬確。為何不去知道這個「我」及現在，然後再去看是否有創造？[2]

問：商羯羅的吠檀多學派接受世界創造的原理，是為了初學者的緣故，但對於高階學者，便提出無創造的原理。請問您對這件事的看法為何？

尊者：Na nirodha na chotpattir
Nabaddho na cha sadhakaha
Na mumukshur na vai mukta
Ityesha paramarthata

這則偈頌出現在喬荼波陀的《釋論》〔蛙氏奧義書注釋〕第二章〔三十二頌〕，意思是：無生無滅、無束縛、無人在修、無人求解脫、無人解脫。安住真我之人，因參透實相而明瞭這道理。[3]

創造的過程

尊者談及世界創造，通常主張頓時創造的俱生論，他說，看見世界的心思投射出這個世界，是「我」之思維及其習性的擴衍：

4 無始以來的自我意識，呈現在本心，乃是這個世界的種子。

5 宿昔累積的習性之顯現，乃是創造。習性之滅除，乃創造之終結。

《真我語類》八十四頌：因心思而呈現的一切事物，早已存於本心深處，這些都是習性，是古老的故事，以外在可見的方式顯現。要知道這點。

尊者常說，世界是心思向外的投射，與投射在銀幕上的電影畫面一樣。在前面的章節中，我引述《阿魯那佳拉八頌》中的第六頌。尊者譜寫這則頌文，是在闡述自我及其固有的習性，如何被真我的力量賦予生機，而擴衍成為整個世界及其觀者。尊者特別喜歡解釋這個過程，其論述聚焦在以電影畫面的製程，隱喻為世界的呈現。他有時說道，古代的師父，如商羯羅，若在當時也有今天的電影，他們必然也會援用來解釋世界表象的投射。

既然習性創造世界，接著自然就是，當參透真我而滅除了習性，作為觀看對象的世界圖像，也會一併消失不見了。

6 思維創造世界，滅除思維而實現的平靜，就是世界〔永遠〕毀滅。

《真我語類》二十九頌，頌釋：世界僅在醒、夢兩境裡，思維萌起時，清晰可見。在睡眠時，並沒有生起絲毫念頭，世界還能被看見嗎？思維本身，就是世界的實質基礎。

世界是在「知」裡的反射

當他深入解釋創造過程，論及世界的呈現顯然與觀看世界的人彼此分離的，他有時說道，世界是投射在「知」的銀幕上而被看見，其與畫面投射在電影的銀幕上而被看見，如出一轍。這種反射，就叫作反射意識（chidabhasa）：chit是支撐畫面的基礎之「知」，abhasa是呈現的反射畫面。這個chidabhasa便是虛妄、分殊的覺知之顯化，而客體認知所投射出的這個世界，人會刻意加以區分為世界及感知世界者。

7 反射的意識，也就是被稱之為頭腦的客體認知，是一種極其巧妙但錯誤的表象。

從真我而依序萌起的是：（一）反射意識，是一種耀明，（二）生命個體、個體意識、第一個概念的觀者，（三）現象。4

……萌起之頃刻，心思僅是光，只是後來「我是這個」的思維出現。「我」之思維形塑了生命個體及世界。[5]

反射能夠發生，必然有個提供反射的層面。柯恩（S. S. Cohen）曾向尊者詢及：

問：那個賦予「我」之感知與認知世界的光，是無明，還是「知」？

尊者：那僅是「知」的反射之光，使「我」相信自己有異於別人。而這個反射的光，也使「我」創造物象，但要反射，勢必有個層面，能使反射在上面發生。

問：那個層面是什麼？

尊者：就真我的了悟而言，你將發現反射及在上面發生反射的層面，其實並不存在，而是二者一體，同為「知」。[6]

8 尊者驚訝地說：「生命個體看到自己的反射而生困惑，何其怪哉！」

9 這個原因在於，他對自己的本來面目認識不足，讓他無法體驗到幸福。

10 為什麼要像無知的孩子一樣，用二元對立的眼光看世界呢？世界之存在，是你本質的反射。

去除反射

11 尊者即真我，他道出真理如下：「生命個體與至上絕對的結合，正是去除了反射意識。」

問：若真我在當時並無活動，它怎會知道自己呢？

尊者：對真我而言，沒有什麼可以知道，或被知道的。無知之人，才要努力獲得知，這是醒境發生的情況。非真我，也叫作反射的意識，具備無明，所以這個反射意識必須努力獲得真知。知之或不知之，發生在非真我裡。真我無須獲得知，因為它本身就是知。當感覺到一個知者，亦即反射意識，當下就呈現無知或愚痴了。然後那個感覺到愚痴的人，就會努力獲得真知。當反射意識得到真知，它就無復留存了。這是因為反射意識，總是和無明或錯誤的知（mityajnana）一起殘留下來。在睡眠時，並無反射意識，所以〔那時〕也沒有錯誤的知。認識真知，意謂知道真我的情態。這個〔解說〕全部來自最近的談話。其實，只有真我而已，因此，無物要知道，而且無物可被知道。7

12 傻瓜不尋求真知之光，卻相信其他的光〔反射意識〕而馳逐於感官之路，勢必酷熱難當。

尊者：要看清楚黑暗中的物體，需要眼睛及燈光。若要看到光，眼睛就夠了。但要看到太陽，無需任何的光，就算提燈，燈光必為太陽的光芒所掩蓋。我們心智不足以參悟那個真我。要看見這個世界及外物，心思以及隨之萌起的反射之光〔反射意識〕是必要的。但要看見真我，只要心思內斂即可，無需反射之光。[8]

13 生命個體將自身反射出來的形象視為自己，棄絕了自己的真實情態，而困惑不已。

14 為何你要將反射視為真實而受苦呢？探究你的心思，就會平靜。

15 心思如月，創造了名相；人的本來面目，則如真知之陽。心思在太陽之下，也像概念般沉落而滅息。

尊者教導，心思有如月亮，沒有自己的光芒，其能顯現而輝照，乃是反射來自別處的光照。那個光從本心太陽發出，照亮著如月的心思。

《拉瑪那之歌》第五章，十四、十五、十六、十七頌：

〔**尊者：**〕正如太陽把光給了月亮，這個本心，把光給了心思。

正如夜晚太陽不在，所見僅是月光。人不住於本心，所見僅為心思。

人沒有覺察到光的真正源頭，就是他自己的真我，認為頭腦所知的諸物，有別於自己，愚痴之人，於是惶惑。

本心中的悟者，看見心思之光融入本心之光，好像月光沒入日光。

觀者及其所觀

觀看造就被觀者

1 每一次〔心思〕的看見，都是在觀看的行為之中，對觀看的認知而言，許多景象宛如真實。

創造不外乎觀看，觀看與創造一體，同步而行。創造之滅除，在於觀看之止息，別無他途，因為世界的終結，取決於自身正確的覺知。1

問：心思與對境的關係為何？心思與有別於自身的某物，亦即世界，有所接觸嗎？

尊者：在醒、夢兩境中，世界「被感知」，或說世界是我們所感知與思維的對象，而感知與思維皆是頭腦的活動。若在醒、夢兩境中，沒有頭腦活動，也就不會「感知到」或推斷出有個「世界」的存在。睡覺時，並沒有這樣的活動，故「物象與世界」對於我們並不存有。因此，「世界的現實」乃自我所造，那是自我出現在睡眠中的行為。那個「世界的現實」，得因靈魂睡覺時，回歸其本質，而被吞噬或消失。世界的萌現與消失，有如蜘蛛吐出絲網而後回收。2

查德威克少校試圖說服尊者，說世界有某種真實性及永恆。

他說道：「若世界僅是因我的心思存在才存在的話，在我打坐或睡覺時，頭腦止息，難道外在的世界也消失不見了嗎？我不這麼認為。若考慮到我入睡時，別人有覺知世界的經驗，就會得出這樣的結論：那時世界是存在的。若說世界被創造出來，始終存於某個巨大的集體心思裡，這豈不是更正確？若這個說法成立，怎能說並無世界，世界只是一場夢？」

尊者拒絕改變立場，而說道：「世界不會說它在集體的心思，或者在個別的頭腦裡被創造出來。它僅呈現在我們小小的頭腦中，若你的心思滅盡，就沒有世界了。」[3]

世界與真我無法一起被看見

2 ★就是這個觀非真我的眼識，障蔽了真我實相的本質。

3 藉由探究「世界」與「至上」兩者的區別，了悟住於本心的只有其一，要去擁抱（那一個）。

4 這兩者不能同時處在本心，因為彼此互不相容。試圖把兩者放在一起，是妄念的結果。

5 既然，一個障蔽另一個，那麼其中之一，便是另一個所想像出來的。

《真我語類》八七六頌：除非蟒蛇的假象褪去，否則底層真相的那根草繩不會朗現。除非虛妄的世界不復存在，否則潛藏的真實、真理、實相，不會自行發露。

《真我語類》八七七頌，頌釋：在分化的覺知中，世界顯得與真我實相有所分別，唯有對世界的這種認知消除了，真我的覺受，在萬物中輝耀著的真我，才會實現。只有存在的生命融入真我散發的光，個體生命才活得順其自然。其他生命，與差異分殊相應，那是客體認知的對境，都是虛幻。

頌註：因為「天」〔Loka，世界〕一詞，意指「那個被看見的」，故「對世界的認知」一語，應該理解為與分殊差異相關的知識。「光」一詞，意味著實相之輝照、無屬性、清淨之知。因為屬性由三方所組構，乃妄見的結果，而妄見是不真實的，故說生命只有融入真我輝照的光，才是順其自然的生命。至於說，「其他生命……都是虛幻」，是在宣稱基於辨別而得的一切所知，甚至涉及神的世界，都只是無明而已。

6★因為真我之知大放光明，世界為之全然失色，轉化為清淨之知。

尊者在解釋有關阿魯那佳拉的一則頌文時，有如下的論述：

尊者：太陽照亮了世界，而阿魯那佳拉之日，耀眼眩目，世界為之掩映其間，無間燦爛猶存。然而，這無法以現在的狀況而體悟，只有本心之蓮花綻放之時，才能體悟。普通的蓮花，在肉眼可見的陽光下開展花葉，但精微的本心，只有在諸太陽中的太陽面前，才能顯現而出。

祈願阿魯那佳拉，使我的本心朗現而出，俾祂的無間耀明，始終輝照。[4]

7 三方屬性及其源頭，亦即清淨之知，絕不會同步呈現，就像木頭及木雕的大象，當其一呈現時，另一便消失。

《真我語類》四十六頌：就石雕的狗而言，狗及石頭都無法同時被看到，〔同理〕看見世界，則至上隱匿；看見至上，則世界消失，二者無法同時清楚看到。

尊者：古老諺語的字義被誤解，十分普遍。我們常聽到：「見狗不見石，見石不見狗。」一般的了解，是指你找不到磚塊砸野狗。但這種普遍說辭的背後，有更深層的涵義，這是出於一則故事。

有位富人的住家門禁森嚴，在大門旁的石柱，繫著一隻凶猛的狗。但這隻狗及狗鏈卻是極為精巧的藝品，以石雕打造，栩栩如生。某人路過看見了，便心生恐懼，試圖走避，有位好心的鄰居見狀，於心不忍，就告訴他說狗不是真的。當他下次又路過時，便讚美石雕狗的精巧工藝，忘了他上次害怕的經驗。因此，當他認為是隻狗的時候，他就無法看到那是石雕；但當他認為那是石雕的時候，他就無法看到有狗會咬傷他，因此才有這樣的諺語。請比較這句話：「大象藏著木頭，木頭藏著大象。」這是指木雕的大象。[5]

觀者的真相

8★觀者沒有存在之知，就沒有被觀者存在。〔觀者的存在之知〕乃是自證自明的萬物之中之最。

尊者： 若無人感知，世界焉能存在？何者為先呢？是存在之知或是萌生的覺知？存在之知，如如其在，永恆而清淨，而萌生的覺知，有起有滅，是短暫的。

問： 當我睡覺時，世界對別人而言，難道不也是存在的嗎？

尊者： 這樣的世界也在嘲笑你，因為你認識它，卻不知道自己。世界是你心思的總結。認識你的心思，然後觀看世界，你就會了解世界與真我，並無二致。6

尊者： 人看見這世界，有其感官感知，這就表示有觀者及其所觀的存在。所觀諸物，處於觀者外在，觀者存於真我，在人之內在深處，但人不將注意力轉向昭明的觀者，只是一味分析所觀，當心思愈向外延伸，參透真我則愈為困難複雜。人務要朝向觀者，才能參透那個真我。

問： 所以這等於去綜合各種現象，而找到背後唯一的實相。

尊者： 為何你還在考慮現象呢？去看那個觀者是誰。綜合現象，就表示運用頭腦在別處尋找，這不是了悟的方式。7

9
觀者的偉大，遠遠超過「赫然在目」的諸物之偉大。

10 除非觀者看見而認識在本心的自己，否則坐擁「知」之圓滿虛空的境界，就不可能達到。

11 在觀者看到、認識並與他本來面目的真相合一之前，他（觀者）的心思無法平靜。

12 觀者看清了自己本來面目之真相，就能從無益的執著束縛中解脫出來，這份執著源於深重（無明的）黑暗。

13 只有親見（darshan）觀者的本來面目，才能目睹真實偉大。除此之外，不論觀者所見為何，都僅是虛幻之象。

14 迷妄的自我之愚蠢在於，執著在看著會動的那個。

「那個看著的」指目睹對境的觀者；「會動的」指所看見的世界。

征服世界的表象

15 為了使所觀的一切，作為心思的概念而消退，就要藉著觀察那個在看的人，來滅息你的心思。

16 若剷除不淨自我的障礙，那麼創造（srishti）所呈現的世界，就只是表象（drishti）而已。

17 光明的尊者說道：「征服世界，只是在本心的實相意識裡，滅盡所萌生的世界幻象。」

18 堅定在出離的實修上，就能對世界無動於衷，了悟其為虛妄，並置之一旁。

19 所見一切，乃心思所造。務要擺脫頭腦的迷惑，讓「知」獨然輝照。

無垠之眼

尊者有時使用「無垠之眼」敘述悟者覺知其自身及所呈現的世界。當客體認知，亦即分裂意識運作時，便有個「我」萌起而在觀看外在的世界，那個「我」又透過眼睛來處理所看到的資訊。在真知而言，人所觀看而知曉的世界，乃是自身真我的呈現，而不是透過眼睛以二元的方式來認知事物。這個「無垠之眼」看著，知道一切無異於它，並無觀者與所觀的錯誤區別。這個弔詭的說法，在《永結真我的婚姻頌集》十五頌述及之：

> 祢是眼中之眼，而祢無眼以觀。誰能看見祢呢？阿魯那佳拉啊！[8]

當觀者與所觀的錯誤分別止息，又能參悟自身真我乃世界呈現的基礎，而非觀者在觀看世界，則觀看與存在於是合一，同為一物。

尊者：首先，人視真我為對境，然後看真我是空無，最後見真我為真我。只有到了最後「的境地」，一無所見，因為看見（seeing）即是存在（being）。[9]

20 悟者眠息但無睡眠，他專注在自己的本來面目，以迥異於肉眼之眼，自行輝照。

尊者：其實，說「我們必須在一切處及一切物中，都看到至上絕對」，也不是太正確。唯獨在最終的階段，一無所見，也無時間與空間，那裡沒有觀者、觀看及所觀，只有無垠之眼。[10]

21 在濕婆之知裡，獨一之眼，全然張開，乃是清淨意識，而第二種眼識不可能存在。

22 若此眼乃真理之光的眼睛，就用那隻眼睛觀看即可，不需要另一隻眼睛。

23 真正的觀者，以真我之眼觀看，會灼傷、摧毀那關注客體化概念的人。

24 那些將所見之物，視為與自己眼睛具有相同本質之人，將安住在真知虛空的本質中，煥發明光，了無困惑。

Kan-mayam這個詞，可指為「知的本質」，或是「眼睛的本質」。就第二個字義言，尊者有時提出這個概念，特別在《真理四十頌》第四則頌文述及之：

若人有相，世界及天神也有相。若人無相，誰能看見世界及天神的相，又如何去看呢？被看見的東西，其本質與眼睛的本質，不同嗎？真我就是那眼，乃無垠之眼。[11]

這則頌文倒數第二句，也可解為「沒有眼睛，會有眼識嗎？」這是較為普通的解釋，但不是尊者特別要表達的意思。拉克希曼·薩瑪（Lakshman Sarma）曾記錄尊者對本頌文的解釋。閱此解釋，就可清楚明白上面的頌文，就是尊者要特別表述的意涵：

尊者：若觀看的眼睛是肉眼，所見即是塊然之物；若佐以眼鏡觀看，看不清楚的東西，也能看見其形狀。若以心思為眼，所見則是精微之情態。因此，觀看的眼睛與所觀之物，有相同的本質，亦即，若眼睛本身有相，所觀之物也有相。然而，肉眼與心思自身並無看見的能力。真實之眼，乃是真我；真我無相，乃清淨無垠的知，是為實相，真我所觀無相。[12]

25

所觀之物的質性，取決於觀看之人的質性。

尊者：在《真理四十頌》第四頌，也教示相同的真理。若你的觀念是，你是某個形相，你局限在這副身體，那麼在這副身體上，你必須以眼睛去觀看，而神及世界也會以形相呈現在你眼前。若你參透自己並無形相，你是無限的、你獨然存在、你的眼睛是無垠之眼，那麼除卻無垠之眼之外，還有什麼東西可看的呢？沒有眼睛，什麼也看不見。若要看見，必然有觀者來看見某物，也必然有時間、空間等等。但是，若真我獨在，那麼真我既是觀者，也是所觀，又超越觀或被觀。[13]

26 融入解脫的聖者，無垠之眼是其本來面目，乃是究竟幸福之人，永不知沮喪為何物。

真知之見

真知之見（jnana drishti）乃是住於真知的境地時所發生的真實之見，因此與「無垠之眼」密切相關。

27 無論是住於真我還是在真知之見中，視景物為有別（於其自身）的客體化行為，是完全不存在的。

安住真我之境，既無觀者，也無對境可觀，只有觀而已。在此境所發生的觀（seeing），亦即真知之見（jnana drishti），既是真實之見（true seeing），也是真實之智（true knowing）。

尊者：你就是真我，你始終存在，關於真我，除了存在，別無其他。得見神，或得見真我，僅是住於神，或住於你的真我。見即是在。[14]

28★在真知之見裡，只有真知實相而已，因為除此之外，別無所見，這就是真理、開闊（之知）。

尊者：人進入三境中的任何一境，感官感知便含攝在該境，此可解為：在醒境中，粗質身感知名相；在夢境中，心智身感知了心智所造之萬般名相；在深睡無夢之境，對身體的認同消失，了無感知。同理，在超越之境，人視自己為至上絕對，與萬物和諧共存，而無一物自外於其人之真我。[15]

29 因為實相是不二的真知，故實相的智慧，僅是住於實相。

30 真正的慧見，乃是在屏棄客體認知之時，堅定住於熠熠的存在之知而能知曉。

31 在真知之見的境地，堅定持續地安住真我，而萬物皆屬「知」之本質。

尊者：觀以肉眼，則見世界。觀以悟者之眼，萬物之呈現，皆為至上絕對。[16]

32 只有摧毀無覺性與「知」交纏的結，才可能有真知之見，住於開闊之知。

33 首先要根除自己心思的困惑，然後觀以真知之眼，了知萬物乃獨一清淨之知。

34 「慧觀實相」、「對實相的認識」、「成為實相」所有這些詞，皆是指堅定安住真我實相，毫無懈怠。

這則頌文可能源自穆魯葛納耳聞尊者以英文表述：「見即是知，知即是成為，成為即是其在。」[17]

35 受加持力的啟發，而慧觀實相，將徹底消解分別思維的妄見。

36 完整而圓滿的真知覺受，其實益僅在於滅息「我」與「彼」二元對立的認知。

37 ★在〔自我〕過度活躍的感知中，真我呈現為許多不同的感官對境；在真知之見裡，真我是加持之廣被。

38 對於一再重複體驗同樣的感官享樂，感到厭倦，並因此而放下之人，才能慧觀實相。

39 只有擁有那股力量的信徒，光芒灼爍，以真實之見征服了世界，乃是國王。

世界表象背後的真實

世界表象背後之非真實

1 由於身體不存在時，世界也就不再呈現，因此可以說世界無異於身體。

2 把所見到的世界與看見世界的頭腦區分開來，並把豐盛的存在歸因於世界，這是錯覺。

問：據說我們所見的世界及對境，皆非真實，有如將草繩看做蟒蛇；另一個說法是，觀者與被觀者是一樣的。若觀者與被觀者是一樣的，怎能說被觀者是虛妄的呢？

尊者：這些說法都在表示，把被觀者視為獨立的個體，自外於真我，這是虛妄的。被觀者與觀者是無分別的；存在的只有的真我，並非觀者或被觀者。把被觀者視為真我，則為真實。[1]

下面的摘文取出〈我是誰〉散文版，在另一個問答版中，尊者也有相同意涵的答案，涉及了悟、心思及世界表象：

……「世界」獨立於思維之外，這是無稽之談。在深眠中，並無思維，亦無世界。在醒與夢兩境，有其思維，也有世界。正如蜘蛛從其自身吐出絲網，而又收回其身，同理，心思自身投射出世界，而又沒入其身。當心思從真我萌起而投注在外，世界呈現；當世界呈現，便不見真我，當真我朗現，世界就不呈現。

3 世界出現在你自己的真我裡，就像蔚藍的顏色出現在天空一樣。

4 這個世界是感官知覺所組成的反射，變幻無常，若說世界是真實的，這是何其矯飾。

5 喔，為何世上愚蠢而瘋狂的人要四處奔走，漫無目標，關注空洞無用的心思造物？

6 把幻影的水，看作佈滿盛開蓮花的池水，然後試圖從中取水，這是愚昧無知。

7 離卻真我的本來面目，脫離了不二的實相，則二元的情景，怎麼能呈現呢？又如何呈現呢？

8 若世界為真實，那麼聲稱感知世界的覺知是虛幻的，就是錯誤的言論。

認識真我，以了解世界的本質

9 〔持行〕不懈把心思安頓在真我裡、在至上開闊之中，並認知外在世界僅是表象而已，據此持身而之。

10 一切的呈現，僅是真我本質之顯化而已，要實現這樣堅定的信念，就要充分了知真我的本質。

摘自散文版〈我是誰〉：

心思是一切知識及行動的來源，若心思止息，感知世界亦告滅息。〔若把對草繩的感知，臆想為蟒蛇，〕除非附加上去的蟒蛇感知止息，否則潛藏的草繩感知，就不會出現。同理，除非附加其上的世界感知滅息，否則潛藏的其人本來面目之感知，就無法獲得。

11

若先知曉內在輝照的唯一真相，就能徹底明白世界的真相。

問：這個世界的實相為何？

尊者：若你先知曉你自己生命的實相，你將會知道這個世界的實相。多數人不在意自己的實相為何，卻急於知道世界的實相，這實在是很奇怪的事。你應先參透你生命的真我，然後再看看這個世界是否存在於你之外，看看這個世界是否能來到你面前聲稱其真實或存在。2

12

若沉澱下來，回歸到自己生命的本質裡，變得極其平靜，整個世界就會立即被收攝在你之內。

問：參透真我之時，會是什麼樣子呢？

尊者：這個問題問錯了，人不是悟到什麼新穎的東西。

問：師父，我不明白。

尊者：這很簡單，現在你感覺你在世界裡面，到時候你會感覺世界在你裡面。3

13 難道不是因為你真實本質的存在輝耀，三方屬性所構成的那個世界，才蔚然而起嗎？

真我之光，存在而輝照，先於區分為觀者與所觀的客體認知之運作。因此，真我之光的存在，被視為是三方屬性呈現的直接根源。三方屬性指觀者、觀、所觀，同此概念，也出現在下一則頌文：

14 難道不是那個已知的「我」存在而輝照，這個世界才呈現在我們眼前嗎？

尊者：世界就是你的思維，而思維是你的投射。「我」先創生，然後世界繼起，世界是「我」所創造，而「我」從真我而生。若能解決「我」的創生，就能解決世界創造的疑惑，所以我說，去找到你的真我。……在了悟的境地裡，並無創生可言。若看見世界，就看不見真我；若得見真我，就看不見世界。因此，觀知真我，體認並無創生可言。4

15 這個錯誤的世界幻景，將會存在著，一直到人探究其內在，參透實相為止。

問：世界分化的呈現，是真實或虛妄？

尊者：這取決於我們如何看待真實或虛妄這兩個詞。若我們注視至上絕對，就沒有世界。

問：那麼，世界為什麼會呈現呢？

尊者：對誰呈現？世界並不會說「我」。有什麼證明世界呈現呢？這個世界是對誰呈現的呢？

問：對我。

尊者：你是誰？找出你是誰，然後若是有個世界，請告訴我。[5]

16 除非萬物在「知」中沉寂，否則人所聯想到的各種情景都會（看起來）是真的。

17 你應該先了解自己的本來面目，只有這樣，若一切（sarvam）仍然存在，你才能處理、護惜之。

18 當人從真我跌落，執著於影子般、顯得有缺陷的世界，就是無明。

濕婆之知與至上大力

本節以濕婆之知及至上大力的角度，解釋創生與世界表象背後的真實。濕婆之知，也就是清淨之知，這是濕婆的真正本質，其中絲毫沒有創造可言，甚至也沒所謂虛妄的表象。然而，當濕婆之知的活力及創造力的一面喚醒時，萬物皆顯現。這個至上大力，視為濕婆的示現，乃是那股使得世界表象的投射，得以發生的力量。

19★ 一連串虛幻的頭腦印象，因為錯誤的疊加附會而出現在意識裡，其實並不存於濕婆之知。

20 雖然她〔至上大力〕孕育了眾多世界，但依然是處子之身。若此事為真，世界的真相，必然極為美妙。

有一個關於濕婆哲理的概念，在《濕婆之知的成就者》（*Sivajnana Siddiyar*）第二章七十七節有扼要的敘述：

> 濕婆生至上大力，至上大力生濕婆，兩者歡喜結合，生出世界與眾生。儘管如此，濕婆是梵行者，而至上大力是處子。這個真相，僅為悟者所知曉，他們因苦行，得到濕婆的加持。

21 一切的形相，都是至上大力的形相。上主，亦即濕婆之知，是沒有形相的。

22 八形相，全都是濕婆的形相，對於濕婆之知，亦即真我實相而言，諸相非相，甚至了無跡象。

八形相指五元素[6]、太陽、月亮、個體靈魂。

23 ★她〔至上大力〕並未自外於他〔濕婆〕而存在，同樣的，他也從未自外於她而存在。

24 尊者道出真相，並警示：「把他和她分開，這是錯誤的。」

25 若世界與濕婆之知是不同的實體，那麼悟者為何要宣稱世界就是濕婆的本質？

上面三則頌文概述尊者教誨的一個新面向。既然至上大力是濕婆之知不可分割的部分，也可以說世界是濕婆之知裡的一種顯現，因此，世界可謂是真實的。雖然尊者通常會說世界是虛妄的，但有時也會說，若能知曉世界是在真我裡的一個顯化或呈現，則可視之為真實，但這裡的真實，並非指感官感知為真的外在物體。

問：至上之在〔至上絕對〕是真實的，但世界是虛幻的，這是商羯羅一貫的說法，但有另說，世界是實相，二者孰為是？

尊者：兩種說法都對，分別從不同的發展階段、不同觀點而說。尋道者從「真實的必定永遠存在」這個定義出發，然後感於世界不斷改變，而把它屏除在真實之外。世界不可能為真，「不是這個，不是這個」。最後尋道者抵達真我，發現整體才是遍在一切的基調，於是領悟到原先所排斥的非真實，也是整體的一部分。世界被融入實相，故世界也是真實的。了悟真我，唯有「在」，別無其他。[7]

若能體認到：世界的呈現以真我為基底，是不可分割的整體，就是正確地了解了世界的本質。對悟者而言，世界並非真實，是因為其物質面的呈現，但世界為真實，是因為其固有的本質與深層的真我實相密不可分。

《真理四十頌》十八頌：

對尚未了悟〔真我〕之人，及了悟〔真我〕之人，眼前的世界都是真實的。但對未了悟〔真我〕之人，現實局限在世界的範圍內，但對了悟〔真我〕之人，實相閃耀著無相的光芒，是世界的基底。要知道，這就是兩者之間的區別。[8]

《拉瑪那之歌》第一章十一頌：

悟者始終站在他真我之立場，堅定而無所畏懼。他不認為世界是虛妄，也未見世界有別於他自己。

若悟者知曉世界是絕對地真實，他為何時常告訴提問者，說世界是虛妄的呢？對此，尊者提供了他的答案：

尊者：在尋道者的階段，你必須說世界是虛幻的，別無他法。至上絕對乃真實、永恆而遍在，若人忘記自己是至上絕對，卻妄認為自己就是身體，居於世界，而其中充斥著遷流不住的軀體，而以妄念在勞動，那麼你就要提醒他：世界是虛妄，是一種錯覺。為什麼？因為他的眼界已忘卻自己的真我，而停留在外在的有形世界，除非你使他明白，外在的有形世界是虛妄的，否則他不會自省。一旦他參透他自己的真我，而且無物不是他的真我，他就會視整個世界為至上絕對。[9]

26 ★在「知」成為至上絕對的體驗中，如果見到了世界，那麼那個世界也是至上絕對。

27 一旦知曉世界是神的遊戲，為何還要用其他的方法去解脫呢？

28 若你參問而了悟，那麼整個世界都是濕婆之知的本質，〔除此之外〕生命又流轉至何處呢？

29 至上大力〔心思〕的真實本質乃是濕婆之知，唯有參透這一點，才是最殊勝的境地。

幻象

幻象（maya）是一股創造幻覺的力量，讓人以為有個真實的外在世界存在，而這個幻象之力實乃至上大力偽託之異名。既然如此，前一節內文所得的結論，也適用於此。在真我裡，幻象不存在，也無法存在，但幻象卻同時神秘地從真我裡生起，催生出這個表面上的現實世界：

30 幻象之力是為虛妄，有如陰影之為力，並非真我固有的力量。

《真我語類》五九七頌：真正存在的，只有本心而已，那是圓滿的知。就因為如此，巨大的幻象是虛妄的，不是嗎？那條蛇，是虛妄的幻象，是頭腦，有人被這條蛇咬到而不知所措，這真是不可思議，不是嗎？

31 一切的活動，細分為創造（維持、毀壞、障蔽、恩德）等，這些都只那個（幻象的）的屬性。

承續上兩則頌文，在下面三則頌文中，尊者斷言，因為他安住於未顯化的真我，故與幻象毫不相應，甚至不知幻象為何物，也不知其運作為何。

32 這股強大的現象（幻象），是一種難以形容的強力錯覺，與我完全無關。

33 宣稱幻象為真的，是自我的頭腦所為，並把我與它相連。

34 就連這種說法，都會使自我的頭腦陷入了有害的幻象。要在放掉頭腦，參透這個最終結論的真相。

35 由於唯有「那」才能在本心中散發本心的光芒，因此欺瞞的頭腦幻象，只是概念而已。

36 幻象論（Maya vada）是指把不存在的幻象當真；不是說幻象是「虛幻的」。

摩耶（Maya）在傳統上定義為「幻象」，引申為製造並維持幻象的那個力量。尊者時常質疑傳統的定義，他比較喜歡把摩耶看作是不存在的東西，而不把摩耶當成會製造幻覺而真實存在的東西。

尊者：當商羯羅被說是幻象論者，那麼駁斥之詞是：「商羯羅說沒有幻象。否認幻象存在的人，稱幻象不存在的人，當然不能被叫做幻象論者，反而是那些賦予幻象存在，並說幻象的產物——世界，是真實的人，才是真正的幻象論者。」10

問：奧義書說，一切都是至上絕對，那麼怎能如商羯羅所言，說這個世界是虛幻的呢？

尊者：商羯羅也說，這個世界是至上絕對，世界是真我。他所反對的是，大家認為組構這個世界的名相，限制了真我。他只是說，離卻了至上絕對，世界便不存在。至上絕對或真我，就像是銀幕，而世界就像銀幕上的畫面。只有在有銀幕的情況下，你才能看到畫面，但是，當觀者本身變成了銀幕，只有真我留存而已。《解脫之精粹》述及幻象，有六項問答，很有啟發意義。

第一問題：幻象是什麼？答案：無可描述。

第二問題：幻象對誰而起？答案：頭腦或自我，以為自己是分離的個體，總認為「我這麼做」，或「這是我的」。

第三問題：幻象從何而來？源頭在哪裡？答案：誰也說不清。

第四問題：幻象如何生起？答案：由於不探究，不問：「我是誰？」

第五問題：若真我與幻象，二者同時存在，那麼不二論豈非不攻自破？答案：不然。因為幻象依附在真我上，猶如畫面在銀幕上。就其意義而論，畫面不真實，但銀幕真實。

第六問題：若真我與幻象為一體，是否可以說，真我既是幻象的本質，真我也是虛幻的？答案：不行，真我有能力製造錯覺，但並不虛幻。魔術師能幻化其魔術，變出各式各樣的人物、動物、情景等以資娛樂，我們皆清晰目睹，但變完魔術後，魔術師依然存在，而他所製造的幻象都消失了。他不是幻象的一部分，而是真實牢固的存在。[11]

37 心思的力量，使微小的陰影呈現出繽紛壯觀的幻象世界，實在令人嘆為觀止。

38 因為忘卻自己的本來面目是真知之光，才被幻象之網所捕獲，不知如何逃脫，不是這樣嗎？

39 幻象的力量，使生命個體一再地去做他已經做過的事。

其他世界的真實性

40 這個世界有多真，其他世界就有多真。

41 「關於天堂與地獄，只能言盡於此，不引起爭論。」上主尊者如是說。

《真我語類》一七八頌：你們之間，莫在以天堂為首（包括神祇及惡魔諸域界）的其他世界之真實性，彼此爭論。這個世界有多真，其他以天堂為首的其他世界，就有多真。

問：人們說到瓦崑特、凱拉斯、因陀羅世界、旃陀羅世界〔印度神祇的天界〕等，這些都是真實存在的嗎？

尊者：當然，你可以確信他們都是存在的。那裡也有個像我這樣的師父，坐在長椅上，弟子環坐四周，他們問，他答。萬事萬物，大概就像這樣，這是什麼意思？若有人看見了旃陀羅世界，那麼就會有人要問因陀羅世界，而因陀羅世界之後，又問瓦崑特，瓦崑特之後，又問凱拉斯等，心思便一直奔波下去，這樣哪裡有平靜可言呢？若要平靜，探究真我是唯一正確有效的途徑。藉著探究真我，才有可能參透真我。若人能參透真我，那麼他能在他自己的真我裡，全都看到這些世界。萬物的源頭，就是他自己的真我。若人參透真我，就不會看到真我以外的東西，那麼就不會問這些問題。瓦崑特或凱拉斯，可能存在，也可能不存在，但是你在這裡，是個事實，不是嗎？你怎麼樣呢？你在哪裡呢？等你都了解了，你就可以思考到所有的那些世界。12

問：神明伊濕瓦若或毘濕奴，祂們的聖地凱拉斯或瓦崑特，是真實的嗎？

尊者：就像你現在的身體一樣真實。

問：祂們具象的存在（vyavahara satya），就像我的身體一樣嗎？還是祂們幻化，就像野兔頭上的角呢？

尊者：祂們確實存在。

問：若是這樣，祂們必定在某處，祂們在哪裡呢？

尊者：見過的人說，祂們存在某處，所以我們必須接受他們的說法。

問：祂們到底存在哪些地方？

尊者：在你裡面。

問：那麼，這些都只是一種觀念，而我能創造，並加以控制嗎？

尊者：每一件事物，都是這樣。

問：我能創造單純的幻象，如野兔有頭角，或半真半假的幻影，但不論我的想像為何，總是有個事實存在。神明伊濕瓦若或毘濕奴等，也是這樣的存在嗎？

尊者：是的。[13]

42

每個世界的呈現，都只是頭腦不淨的幻想，也是概念化力量（kalpana-sakti）的儲藏所。

問：凱拉斯及其他世界，是怎麼回事？它們確實存在嗎？

尊者：全都是幻象的產物。[14]

尊者：解脫的意義為何？天堂及天堂的幸福，存在天上的某個地方嗎？難道是離開了這個世界、沒有這個身體之後，這些都在其他某個身體或某個世界裡所體驗到的嗎？至上的世界，只是本心而已。寂靜化作無上的靜默，就是至上的幸福、解脫之喜樂。愁苦的止息，就是抵達了究竟。住於存在之知，就能在當下這個世界、當下這個身體，時時刻刻、在在處處，實現終極的幸福。15

伊濕瓦若與命運

尊者通常在所闡述的同步創造理論中，人格神伊濕瓦若有其重要性，但僅屬於次要的角色。在世界創生的過程，伊濕瓦若也同步出現。

> **尊者：**心思在萌起之頃刻，只是光，只是後來「我是這個」的思維出現，「我」之思維乃形塑了生命個體及這個世界。首發之光，是清淨的心思（即開闊之知）或伊濕瓦若，其模式顯化成對境。[1]

然而，伊濕瓦若雖然僅是真我之內的一種投射，但祂一旦出現，祂的至上大力遂成為其後許多顯現的致因：

1. 伊濕瓦若運作五項勢能[2]，就像太陽讓世界運轉。
2. 除了相應至上大力之外，伊濕瓦若和世界並無直接的關係。

在〈我是誰〉中，問及「萬事萬物難道不都是神的傑作嗎」？尊者寫下如下的文字回應：

> 太陽並無任何貪念、意欲或努力，僅是示現，放大鏡便射出熱光、蓮花綻開、人起而生活

作息、指針朝向磁鐵挪移。同理，受制於三項或五項不同功能運作的生命個體，在神毫無意欲的示現之影響下，根據各自的業報作息。縱然如此，神了無意欲（完成任何事情），並且無一物能觸及祂；此可比擬為世上的所有活動，都不能觸及太陽，或者四元素（地、火、水、風）中好或壞的素質，都無法影響無所不在的空。

Sankalpa意謂「決心」、「意志」或「意欲」。神並無個人的意欲，也就是說祂不下決定或甚至不會去想到祂應該要做什麼。雖然成熟的信徒，因為祂的示現而「綻放」，但這不是因為伊濕瓦若有意要將祂的加持賜予這些幸運的少數人。祂的示現，是全體均霑的，只是成熟之人將其加持轉化成為了悟，而其他眾生也益臻成熟，但尚未達到去除障蔽的地步。

神的三項勢能，是指創造、維持、毀壞，而神的五項勢能是這三項，再加上障蔽及加持。根據許多印度教經文的記載，神創造、維持，而最後毀壞世界。當世界存在時，祂透過障蔽的幻象力量，在人間隱藏祂的本來面目，同時祂顯發加持，使成熟的信徒能揭開虛幻的障蔽，意識到祂的本來面目。

然而，雖然尊者教導，伊濕瓦若是引生世界諸多事務的原因，但他也教導，從絕對實相的觀點而言，伊濕瓦若是個虛妄的主體，祂終究須要被超越：

人格神伊濕瓦若，宇宙的至高創造者，真實存在，但這對尚未參透真理之人，從其相對的觀點來說，是真實的，他們相信個人靈魂是真實的。但聖者從絕對的觀點來看，除了不具人格性的真我之外，他並不接受其他存在。真我唯一，且無形無相。

伊濕瓦若有軀體、形相及名稱，但並非如身體是塊然之物，那是信徒在心中造其形體，見其淨觀。神的名相不一，每個宗教，彼此互異，但神的本質與我們相同，都是獨一無相的真我。因此，神所幻化的，僅是一種創造或表象而已。

伊濕瓦若遍及宇宙，存於每個人、萬事萬物之中，而一切萬物全體組構成神。這股力量中的一小部分，成為這整個宇宙，其餘力量作為備用。這個儲備的神力，加上呈現世界的顯化之力，共同構成了伊濕瓦若。

伊濕瓦若、神、造物者、人格化的神，這些非真實的形相，最後都是要離開的。只有絕對的存在，乃為真實。因此，不僅世界、不僅自我，甚至人格化的神，都不具真實性。[3]

3 你要知道，障蔽（tirodana）致使生命個體遺忘〔前世之事〕，這是伊濕瓦若的無上悲心之舉。

4 假若這些記憶仍在，生命個體就達不到隨時皆可肅清不淨的成熟狀態（malaparipaka），而生命也將破碎毀敗。

伊濕瓦若第四項神功是障蔽，通常指藉由幻象之力，對信徒隱藏祂的本來面目，但也包括隱藏生命個體對自己前世的記憶：

《真我語類》一一六頌：關於〔生命個體〕在過往歷史裡，無數的過去生中，充斥著他帶給他人的痛苦，以及別人造成他的痛苦〔的細節〕，但詳情是，這些並不留存在生命個體的意識裡。要清楚了解，這個障蔽，這種徹底的遺忘，乃是神對生命個體所施與的加持。

《真我語類》一一七頌：甚至在這一世有限的記憶裡，想到幾個事件而偶然湧現的念頭，也都會使個體的生命，為之愁苦。故遺忘，大有必要。

尊者：沒有人能夠知曉自己的前世。大家都忘了，這個遺忘是好的。在這一世中，我們有時對過去所發生的事情，非常煩惱。若知道前世的種種，我們能承受得了嗎？知道前世的事實，意味著知曉人的真我。若了知真我，就會發現前世今生，都只是頭腦與意欲的表現而已。4

神的諭命與命運

5 雖然有些人不了解「知」，又對世上發生的事情指指點點，然而一切事情，都是依照神的諭命而發生的。

「神的諭命」來自伊濕瓦若。尊者在評述《教導精義》(*Upadesa Saram*) 第一則頌文時，闡述如下：

問：「行動因神的諭命，而結出果實」(Karthuragnaya prapyathe phalam)，那麼作為者〔神〕是誰？

尊者：作為者是伊濕瓦若。祂根據各人的業行，分配行動的果報給每個人，這意味著祂是有屬性的至上絕對。真正的至上絕對，是無屬性而無行動的。只有帶有屬性的至上絕對，稱之為伊濕瓦若。祂根據其人的業行，施給果報（phala），這就意指伊濕瓦若僅是個居間的媒介……沒有伊濕瓦若的至上大力，業報便不會發生。5

尊者也在別處，闡述命運或今世業報，是如何分配的：

尊者：一個人在其前世，可能有許多的作為，但只有少數的作為，被選擇在這一世作為他的果報。這有點像播放投影片，播放的人只挑了少數的幾張投影片在這一場次投影，而其他的投影片，留待下一個場次放映。6

尊者：每個人都必須承受自己的業報，但伊濕瓦若以其旨意對他們的業報，做最好的安排。神運作業報，不會添加，也不會取走。人的潛意識是善惡諸行的儲藏室。伊濕瓦若從儲藏室中，挑選最適合每個人靈性演進的業報，而不論苦樂。因此，業報之施與，不偏不倚。7

6 諭命是獨特的，運作一切事務，保持中立，不偏不倚。受困於造物的生命個體，無法知這個真相。

7 真誠的信徒，在其內心確信，凡所發生的一切，對他都是最好的。

穆魯葛納：人所擁有的力量，微不足道，甚至都無力改變自己的頭腦，而頭腦理應是人所能掌握的。就是這樣，外部世界的事件，受強大的伊濕瓦若所強力掌控，人卻想要加以改變，這麼做，可歸類為無明。除非人的努力與伊濕瓦若的諭命一致（這類事例是，成功只是一種巧合，好像一隻烏鴉剛好停在樹枝上，而果實正巧從樹上掉下來一樣），否則他們通常都會以失敗告終。這類嘗試，終究是失望。[8]

8 「凡事該經歷的，都會經歷，不管你想要與否。」尊者一再這樣說。

西瓦普雷克薩姆．皮萊（Sivaprakasam Pillai）在其未出版的詩歌〈哀傷〉（*Irangal*）中，記載尊者對命運的敘述：

「我們不知何故，已賦形為人身，不論好壞，註定要來的，必然會來，不會不來。只有一個辦法，能免於受苦，那就是使心思內返。」拉瑪那如是說。[9]

問：在修行初期，若能獨居，放棄外在生活的職責，那不是對修行有幫助嗎？

尊者：棄世始終是指心思，並非指走入森林或獨居之處，或放棄自己的職責。關鍵是看心思不要向外，而是向內。其實，此身前往這裡或那裡，是否放棄其職責，並非取決於你；所有發生的事情，都是根據命運。人一出生在世，此身要經歷的活動，皆已註定，並非你要接受或拒絕，就能定奪，你唯一的自由是，使你的心思向內，棄絕妄動。

若你要深入生命最基本的東西，你就必須探究你是誰，找出那個誰，那個誰有其自由或命運。你到底是誰，為什麼你有這副身體、有這些限制？[10]

9 會來到你身上的，就自然會來。不會來的，就不會來。〔因此，〕保持在你幸福的自然境地。

問：人有自由意志嗎？或者人一生的每一事件，都已註定，而且事先命定？

尊者：自由意志涉及個體性，有主導地位，只要個體性還在，就有自由意志。所有的經論，都建立在這個基礎上，皆勸人把自由意志，導向正確的通道。

找出是誰在關切自由意志或命運，然後住於其中，就能超越自由意志與命運，這是討論此類問題的唯一意義。這些問題，是誰在提起？找出來後，然後保持平靜。[11]

《真理四十頌》十九頌：

爭論命運與自由意志，孰勝孰負，兩者差異，僅是對於那些不知道命運與自由意志的來由之人而言。人若知曉真我[12]，就知道命運與自由意志是從自我而來的，那麼就會把爭論拋在腦後，也不會為此糾結。[13]

10 堅定不移的悟者，無所畏懼，徹底耗盡他現在身上的今世業報。

11 體驗到真知的幸福，對真我有所覺受，今世業報的經歷，將不會附著在「我」之上。

《真我語類》六九八頌：今世業報有如旋風般無情攪動舞弄著心思，心思因「我就是身體」的想像而萎縮。當不淨的自我，在探究真我下，悉數滅盡，今世業報便絲毫無法擾及無執著的心，而成為清淨之知那極度清澈的虛空。

頌註：當心思成為無盡開闊的知，圓滿輝耀，故無躁動。

12 凡所發生者，皆是上天所諭命。因此，〔想要世界改變的〕人感到焦慮跟苦惱，是沒有意義的。

《真我語類》一一九一頌，頌釋：至上主宰擁有無窮大力而又無所不能，無人能與之抗衡。因此，要停止心思妄動的焦慮，不要產生惡毒的滿腹牢騷，正確的做法乃是在神性的雙足下入定，進入至上之知之中，制服狂妄的自我。

第七章 正確的知見、正確的行為、正確的態度

舟停泊在水面上，若是水進入船中，就會有大難來臨。〔同理，〕人生活在海水環繞的世界上，若世界進入了人，這人的一生就陷入悲慘的境地。1

正如山羊的鬍鬚隨風飄舞，人也歡喜隨心所欲，滿足自己世俗的欲望，卻忽視將人引向真我中永恆解脫的戒律！這就是世間人的悲哀。2

雖然說善法（正確的行為）有很多，就像黃金飾物般眾多，但所有行為背後的唯一真相，就是要犧牲自我，正如所有飾物的實物都是黃金一樣。3

宗教及宗教的知識

宗教的教義

1 所有宗教的教義都彼此牴觸。他們發動戰爭，互相衝突，終於死亡。

2 在這個戰場上，所有宗教面對靜默時，皆告敗退。靜默，慈悲住於其在，護持著他們全體。

3 稀有而神奇的靜默之力，對於任何宗教，皆沒有敵意。

4★許多不同的宗教，適應每個人不同的成熟度，實際上都可接受。

《真我語類》三四二頌：各種立場清晰的宗教之所以存在，是為了因應不同成熟度的心智，因此，允宜明智地和諧看待這些值得信奉的宗教。

《真我語類》九八九頌：靜默乃智慧的頂峰，是一切宗教共通的本質，故所有宗教都可以作為通往不二真理的手段。不二的真理稀有而清淨。一切宗教與美好的吠檀多，並無對立。

在《日處真我》日誌之一九四五年十一月廿一日，尊者就這個主題，引述塔俞馬那瓦的頌句：

光照的至上！我們觀諸宗教，各自有別，但意旨並不相互牴觸，都是你的遊戲，正如河流匯入大海，終結於靜默之洋。

5 屏棄徒然的爭論，那只會矇騙頭腦、折磨人心，請接受靜默之教的教義，永保寧靜無擾。

尊者：教導的衝突，只是表面上的，只要持行我身臣服於神，就能解決，這樣就能朝向真我，它是每個人必須回歸的終點，因為它是真理。教條間的衝突，永遠無法以辯論各自的優劣而解除，因為論述是頭腦的運作。教條就是頭腦上的東西，僅存在頭腦裡，但真理是超越頭腦的，因此真理不在教條裡。[1]

宗教寬容

6 只要頭腦還在，就有宗教。若頭腦靜默，宗教也不復存在。

《真我語類》九九三頌：一旦頭腦存在，宗教也存在。在滿載著平安的靜默裡，沒有宗教存在。那是出於內返自省，融入本心而生的靜默。

7 在平靜的狀態裡，心思來到本心，那是存在法門的和諧之光，實相輝照四方。

「和諧」在此指表面上互相牴觸的宗教信念，其背後之和諧一致。

8 由於對自己的宗教，盲目而狂熱，生出憤怒及仇恨的情緒，這是殘酷且卑劣之舉。

《真我語類》九九一頌：由於執著於你自己的宗教，向外反對其他的宗教，不如內省，以真摯的虔愛，做你信仰宗教上的修行。

尊者：因此，修道者應持心平靜，不去瞋惡他人的信仰，也不要去爭論，應以所信仰的教導，致力修行，志在得到解脫。[2]

9 看到這種背逆的行為，伊濕瓦若和真誠的信徒皆感羞愧，認為這與無知蕩婦的行徑無異。

10 莫聲討別人〔的法門〕，而糟蹋你的清明。學習一個行法：在你的心中觀察它，予以珍視。

「在許多場合，一提起宗教，」他〔尊者〕論道：「人們不知道自己錯在哪裡。自我在很多地方冒出頭來說：『我的宗教應該被大家擁護。』」

我〔馬達瓦·蒂爾塔（Madhava Tirtha）〕看到一個很好的事例，就是一群虔誠的穆斯林來訪時，他不願意向這些不欣賞印度教的人，灌輸印度教的觀念。

其中一位訪客問道：「人類生命以什麼為目的？」

尊者回答：「就是伊斯蘭教，意味著『安住在神的聖足下』，人就會得到薩朗姆（salaam），意思是平安。」3

宗教的遵行

11★許多宗教的追隨者，持行無數的靈性修練，唯一目的，就是與真我，即至上之「知」合而為一。

12 為何要有這麼多的教導呢？將你的專注力引向證得真我，真我即清淨之知。

13 實相乃清淨、廣大的真知，安住於實相，是世上一切眾生應該堅定奉行的責任。

14 眾多宗教中各種修行法門，都膜拜真知三摩地，住於真我實相，說：「您是吾所皈依。」

15 在所有的供養中，首要而最傑出的，是純粹之在的智慧，在探究〈我是誰？〉中得到熠熠生輝的真我實相。

16 人的責任（swadhanna）只有住於清淨的真我，至於其他〈所認知〉的責任，都沒有價值。

問：我要做什麼？我的責任是什麼？

尊者：現在你無事可做。探究「我是誰？」然後，〈找到你的本來面目後〉假使還有責任的話，就去做吧。[4]

濕婆之知與沙克提

17 濕婆之知（Saivam）殊勝之所在，乃是靜默的清淨、至上之光。沙克提（Saktam）屬於創造〔、維持、毀壞〕等範疇，與頭腦相應。

Saivam代表「與濕婆有關」，是禮敬濕婆的教派，Saktam是著重對於母神的祭拜。然而，我無意用這系列的頌文批判沙克提信仰。我認為頌文中的Saivam，是指濕婆之知（Sivam），而Saktam是指至上大力（Sakti，沙克提），亦即祂的力量或示現。正如下一則頌文清楚表述，至上大力引來心思，顯化其存在，最後消逝，留下「純粹的濕婆之知」的「廣大」。

18 沙克提是〔幻象之〕力的顯發，將在純粹濕婆之知的廣大解脫中告滅。

經書

19 就萬千宗教經書而言，「知」的究竟實相，是唯一必然的真理。

20 吠陀經典是母親，宣述著你的本來面目為「你就是那」，這份真愛是你〔跨越生死輪轉〕的橋梁。

尊者：每個人都知道真我，卻又處於無明。人能夠參悟，是在聽聞摩訶偈語（mahavakya，大格言）之後，因此，奧義書的經文，是永恆的真理，而人能參悟，都歸功於對真理的覺受。真我乃至上絕對，人聽聞了這個道理之後，知曉真我的真諦，當他在偏離時，便能回到本位，這整個過程，就是整個了悟。[5]

21 研讀智慧的經書，僅是朝向三摩地的旅途上的附帶條件，你應當知道，它的價值是有限的。

22 掌握虛飾冗語組成的經文知識，為此自以為是、高人一等，這是愚痴之人的天性。

23 只有渴望知道真相的人，才能從智慧經典中累積到難得的益處，對其他人則不然。

24 想要從經書的知識中得到真知的啟示，就好像決定靠一根微不足道的小草，橫渡大海。

25 讀書人的真理，並不在書籍本身，而是對於〔那個〕吠檀多智慧的覺受。

問：尊者，我已經遍讀吠陀書籍及經書，但並沒有得到真我的智慧，這是為什麼？

尊者：若經書裡面有真我的智慧，那麼你就會得到。若你看著經書，就會得到經書上的知識。若你看著真我，真我的智慧便會朗現。[6]

真正的學習

26 當心思專一，全神貫注，而參悟本心的無上寂靜，這就是〔真正的〕學習。

27 在真正的學習中所得到的智慧，使一切虛幻的痛苦脫落下來，而深沉的平靜，為之氤氳無已。

28 切記！學問的利益是促使心思轉異，使心被真我之光所捕獲。

29 學習的利益，是單純使你安頓在本心，住於了無概念的實相，那是你的本性。

30 要是沒有聖足安放〔在生命個體的〕頭上，學問又能有什麼利益呢？

這則頌文，間接述及上師對弟子傳遞靈力（saktipata）。

問：據說靈力降臨，是發生在人的善惡諸行在兩相均等時（karmasamya）。

尊者：是的。隨時可滅盡不淨的成熟狀態、善惡均等、靈力降臨等，意思皆相同。人以自身習氣行事，若告以他是真我，這個教導就會影響他的心思，他的想像力便騷動起來，在那個強大的靈力面前，他會束手無策。他的體驗，只是來自於他對「我乃真我」的想像，不管他想成什麼。至於靈力降臨，乃是賦予他真實而正確的覺受。

若這個人足夠成熟，能接受教導，他的心思便準備好沉入本心，而所傳授的教導就會在瞬間發揮作用，使他參透真我，否則，就會不斷掙扎。7

31★只有學習到無間的覺受（akhanda-vritti），那是自己的真理、生命的底蘊，這才是真正的學習。

經書知識的真正目的

32 若僅是龐雜的學習到知識，而不付諸實踐，將損及生命個體的平安幸福。

尊者：古人說，書本知識過度龐雜，是心思流溢蔓延的緣故，不會帶你邁抵目標。研讀經書，成為學者，可能會帶來名聲，但卻破壞了你心思的平靜，而平靜是尋求真理與解脫之人所必要的。一個尋求解脫的人，應了解經書的精義，但也要放下研讀，因為這並不利於禪定。這就好像收下穀稻，丟棄秕糠一樣。許多高大的櫥櫃，可以放許多書籍。究竟能讀完多少書呢？有許多宗教、有許多書籍，人窮其畢生之力，也無法閱盡單一宗教的所有書籍。什麼時候，才有時間實修呢？讀越多，想讀的更多，結果是你花時間去跟坐擁書城的人去互相討論，但這樣是不能解脫的。我來到這裡的頭兩年，除了瞑目保持安靜之外，我讀了什麼書，又聽了什麼吠檀多的講述呢？8

33 縱使有淵博的書本知識，若不滅盡其內在〔自我〕的執著，仍屬徒然。

34 精微心智的優秀之處，在於它有能力進入偉大尊貴的本心，而非在於研究與理解事物的能力。

問：尊者，我想讀書找出解脫的法門，但我不讀不懂。我該怎麼做？我怎樣才能參透解脫？

尊者：假使你是不識字的人，那又有什麼關係呢？若你知道你自己的真我，那就夠了。

問：但是這裡的人都在讀書，但我沒有這個能力，我該怎麼做呢？

尊者：你認為書本都在教導什麼呢？你看見你自己，然後看見我，這就好像要你觀看鏡中的自己。鏡子所呈現的，只是人的臉孔。若你洗臉完看鏡子，臉便看起來乾淨，否則看鏡子就會知道你哪裡髒了，所以洗臉後再回來。書本也是如此。若你參悟真我之後，再來讀書，那麼一切都會迎刃而解。若你還沒參悟真我，讀書時就會看到許多不足。所以才會說：「先端正自己，就會看到我。」就是這樣。首先要看你的真我，為什麼你要擔心書本上的學習呢？9

35 若所學無法使你走上〔頭腦的〕意識沒入真我的路，那麼所學全屬虛妄。

《真我語類》一四三頌，頌釋：經書的知識，應促使人抵達本心，到達自我的源頭，並以神的加持作為主要的支柱，以此滅息自我。若經書的知識提供不了〔這樣的幫助〕，那麼對於唯身體是視的人而言，知識只是虛幻肉身的負擔，無異於山羊搖晃著身上的鬍鬚。

頌註：神的加持，無時無刻，從眾生自然湧現。因為知識完全無用，無法助人抵達本心，故比擬為山羊身上的鬍鬚。在抵達本心之前，自我不會滅息，因此說道：「抵達本心……以此滅息自我。」任何依賴自我意識以抵達本心的努力，終究只是徒勞，故說：「以神的加持作為主要的支持。」

36 學習的裨益，無非是能安住在慈悲的聖足上，其形相為豐盛的清淨之知。

靈性學者與一般學者

37 只有居於真我實相之國土，也就是安頓於「知」、至上之在的人，才是學者，其餘的是瘋子。

38 雖然這些最底層的人得到林林總總的知識，但若不抱持著正確的態度去探究而知曉真我，又能真正得到什麼呢？

39 若在「知」之外見到某個外物，他就不可能是一位明覺真知的靈性學者（pandit）。

《真我語類》一三二頌，頌釋：為何你們這些跟我往來的人，都要稱我是靈性學者呢？真正的靈性學者有個不可或缺的標誌，他自始至終都知道，一切所學的人文及科學都自外於他，由此而知所學為無明，而告滅息。

《真我語類》一三三頌，頌釋：深入探究自己的內在：「那個通曉人文及科學的人是誰？」自我便說道：「懂的人是我。」頭也沒有抬，說完即刻滅息，而被自我所知曉的人文及科學等知識，也隨之滅息。只有不偏不倚地了知自己的真正境地，如其本來，才是靈性學者，他在探究之後，只留存真我。一個帶著自我、不知道真我實相的人，怎能是靈性學者呢？

40 以掌握知識壓制對手，利口巧辯、貶低他人，使人啞口無言，這樣能有什麼成就呢？

41 就算研讀而知曉書上諸多精妙的細節，除非他有功德（punya）圓滿，否則心思進不了本心。Punya在此指修行而不求回報的功德。

死亡與苦難

死亡

1 在了無遺忘真我的心裡，生與死，不過是空話。

2 心思受到迷惑，從無瑕的真理跌落，死亡之神〔閻羅〕乃徘徊不去。

尊者：偉大的導師說，遺忘是萬惡之源，乃尋求解脫之人的死亡，因此人應將心思放在其真我裡，永遠勿忘真我。[1]

尊者：遺忘你真實的本質，就是當下的死亡；憶起你的本來面目，就是復活。這終結了流轉不止的出生。你的出生，就是永恆的生命。[2]

尊者：人若認為有其出生，便無法避免死亡的恐懼。讓他探究他是否出生，或者真我是否出生，讓他發現真我是始終存在的。出生的身體衍化為思維，而思維萌現，乃一切生命苦惱的根由。去找出這些思維是從何而生，然後你將住於始終臨在、生命最深處的真我，而擺脫出生的觀念及死亡的恐懼。

問：如何做到？

尊者：思維是無數個前世累積來的習性，滅絕習性才是目標。了無習性，是原始的狀態、永恆的清淨。[3]

3 自我把人綑綁在終將朽滅的虛妄之軀，誠然就是使人成為閻羅的獵物，走上死途。

是死是活

4 身體在睡覺時有如死屍，若有人身上感覺到絲毫的「我」，實際上他已經死了，縱然看似活著。

尊者：現在我們活在死亡之中，那些對無垠真我加以設限的人，就是畫地自限，是在自殺。[4]

5 在〔自我〕滅亡的狀態中，不可思議的真我生命，將顯現在本心。

6 讓不死的真我看起來像是死了的，就是視朽滅的身體為「我」的自我。

尊者：對你來講，有死亡嗎？死亡是對誰說的？身體死了，你能覺察嗎？睡覺時，你有身體嗎？睡覺時，身體並不存在，但你是存在的。醒來後，你擁有身體，你仍存在。你在睡與醒兩境都是存在的，但身體在睡境不存在，僅存於醒境。那個不總是存在的、時有時無的，不可能是真實的。你自始至終是存在的，因此只有你是真實的。[5]

7 人若沉溺在自我錯亂的傲慢中，將一死再死，一天之內死去千遍。

8 心思已死之人，才能真正的活著。心思純屬虛妄，而心思活躍之人，才是真正的亡者。

尊者： 實在說，並沒有什麼死的身體或活的身體之分。不能動的，我們稱之為死，而能動的，我們稱之為生。在夢境裡，你看到許多身體，有活的也有死的，而你醒來後，這些身體不復存在。同樣的情況，這整個世界，不論有生命或無生命，都是不存在的。死亡意味自我的消融，而出生意味自我的再生。不管自我之感在否，你都是存在的。你是自我感的源頭，但你不是自我感。解脫代表找到這些出生與死亡的源頭，並把自我感連根拔除。這就是解脫，代表在全然的覺知中死亡。若一個人就這樣死去，他也會在原地同步，以我的振動之光（aham sphurana）所謂「我—我」（"Aham, Aham"）重新出生。如是而出生的人，了無疑惑。[6]

9 在顛倒的生命裡，朽滅、無用、虛妄的身體成為了生命的本質，這就是真正的死亡。

不死

10 內心被永恆存在的真我實相所穿透之人，是不死之身。

11 與輕忽〔遺忘真我〕為伍，受死亡糾纏，讓人內心恐懼不安。

12 若非常努力，根除遺忘，你將獲得不死的生命。

13 自我已死之人，證得不死之境。愚痴之人，帶著膨脹的自我，才是真正死者。

《真我語類》二二七頌：死亡不過是個把外在身體當作是「我」的妄念。不死就是真我的幸福，消除妄念，就是不再認同自我，那麼無有分別的「知」，就會與你融合。

14 不死之境地，只有捨棄一切，才能實現，這不可能因修練瑜伽而來。

15 身處在這個世界，卻能在本心超越感官感知，獲得真知，這才是不朽。

悲傷

16 為他人的死亡而哀泣，這只不過是一個反射為了另一個反射的消失而哭泣。

尊者：若在活著的時候死了，若他以滅絕自我之死而死亡，那就不是死亡，他不會因誰的死亡而哀傷。[7]

17 因親友死亡而悲傷，這種精神擾動，是無明之舉。

某人死訊傳到尊者耳裡，他說：「好，死者真的快樂了，他已擺脫了這副滋生苦惱的身體。死者並無哀戚，是生者在哀戚。難道人害怕睡眠嗎？相反的，人渴望睡眠，醒來時會說，自己剛才睡得很好。人總是為了好睡，精心鋪床。睡眠是暫時的死亡，死亡是長期的睡眠。若雖死而仍在世，他無須哀戚別人的死亡。在醒、夢、睡諸境中，不管有無這個身體，人之存在，足以明證。因此，為何要渴求這個軀殼的延續呢？讓人去找到自己生命潛藏的真我，然後死去，得到不朽與歡喜！」8

尊者：內省，能克服惡劣的悲痛。人只有在認為這個身體就是自己，才可能悲痛。若能超越形體，便能參悟真我是永恆的，無生也無死。那是身體在出生及死亡，而不是真我的生與死。身體是自我所創造，自我不能脫離身體而被感知。人應想到他在睡覺時是不感覺有身體的，那麼他應了解身體並不是真實的。從睡眠中醒來時，自我感生起，繼而思維。去找出那些思維是屬於誰的，問這些是從何處生起的。它必定是從真我出現的，那就是「知」。知曉這個真相，就算只是約略知道，都有助於消滅自我，然後，便可參悟在那廣大無垠的存在之中，杳無個人，只有存在而已。因此，毫無死亡這個念頭的餘地。

若人認為有出生，那就無法逃離死亡的思維。因此，讓他質疑人是否有其出生。那麼，他會發現真我永在，而身體只是一個思維，那是萬念之首、萬惡之源。9

苦難

受苦的原因

18 頭腦混淆的人，會將虛妄視為真實，心會受苦，人生都被糟蹋掉了。

幾天前，一位一直跟尊者好多年的信徒驟逝。許多認識他的人都感慨良多〔哀傷〕，尊者說道：「把虛妄的〔身體〕當作真實，這只會引來苦惱。」[10]

19 人之所以愁苦，是因為沒有先認識原始的本體，不知道那個源頭的真正本質。

20 世上眾生的痛苦，並不存在，但人若不行探究，痛苦就是存在的。

問：尊者，我的一生，只有受苦，這是由於我前世造的惡業嗎？我問過我的母親，她懷孕時，我在她的肚子裡是否快樂？她告訴我，當時她受到極大的痛苦。我怎麼會有這麼多的罪？為什麼要受這麼多的苦呢？

尊者：我們可以說，這是由於過去的業力（purva karma）所致。姑且不去想，這個昔世業力是由於累世的業報所致，你要去找出現在的這個轉世，到底是對誰而言。若出生的是這個身體，那就讓它去問這個問題吧。你說你都一直在受苦，那只是你一廂情願的想法而已。幸福是唯一的存在，那個來來去去的，才是苦。[11]

尊者：愁苦是因對境而起，若對境不存在，便無隨之而起的念頭，那愁苦也就消除了。「如何使對境消失呢？」便是下一個問題，經文及聖者說，對境只是心之所造，並無實質的存在。請好好針對這個問題探究一番，確定這個說法的真實性。你會得到這個結論：客體世界存於主體之知內，真我遂是唯一的實相，充塞而包舉著整個世界。因為沒有二元性，故無思維會生起而擾亂你的平靜，這就是對真我的了悟。真我恆在，了悟也恆在。[12]

21

焦慮的大山，是頭腦想像出來一堆虛構不實的累積。

問：世俗生活的憂慮，很令我苦惱，我哪裡都找不到幸福。

尊者：這個憂慮，在你睡覺時，也令你苦惱嗎？

問：不會。

尊者：所以這就證明憂慮並不屬於你。[13]

22

對於發生在你身上的事情，沒有什麼值得悲傷的。請檢視你的本來面目。

《真我語類》九五三頌：因為人的實相，是真知的太陽，從未見過虛妄的黑暗，本身就閃耀著幸福的光芒。會苦不堪言，只因自我意識作祟。事實上，沒有人會經歷愁苦。

23 對痛苦的人而言，其所相應的痛苦之心，誠然是自己所造的罪孽。

24 當恆常真正的幸福滿載於心時，自我卻去感覺痛苦，這是一種錯誤。

《真我語類》九六九頌，頌釋：生命個體始終沉浸在神恩的甘露洪流中。在妄念的宰制下，他們經歷焦慮不安與精神哀痛之苦，猶如有人一直住在恆河中，河水豐沛湧至岸邊，而這人卻不知如何解渴，因為自己的愚昧而受苦，彷彿死期將至。

頌註：因為恩德就是神的本質，無所不在，甚至生命個體因出生而罹苦時，仍沉浸在〔恩德〕之中，從未離開過。生命個體的苦難，只是無明而已。

25 心思狂飆，是為愁苦。在有如眠息、了無思維的本心裡，頭腦像陀螺那樣旋轉不停。

26 真我的本來面目，以浩瀚的無上幸福，洶湧而至。為何生命個體遺忘其本質，就真的要憂傷而受苦呢？

27 實相是超越想像的，頭腦卻忖度著其緣起而日益疲憊，代價就是受苦。

28 一切悲慘的根由，在於不淨的習性，相信是「我」在掌控這個身體。

《真我語類》九五四頌：若人審視自己的真實本質，也就是吉祥的幸福，他就不會有愁苦的生命。人之苦難，是因為身體是「我」的觀念所致，那不是真我。它〔悲慘〕全是由於這個邪惡、虛妄的聯想。

29 人只要不知道滅除習性的方法，就會遭受愈來愈多的愁苦。

30 既然你以貶低的心態〔認為這個身體是我〕造作了你所有的苦難，為何你還要責備神，好像祂是你受苦的原因呢？

問：若神是一切，為何生命個體會因為自己的行動受苦？那些行動不就是祂在驅動的嗎？人要因祂而受苦嗎？

尊者：他自認為他是作為者，那麼他就也是承受者。

問：但其行動是神驅使的，而個人僅是祂的工具。

尊者：你這種邏輯只適用在受苦，不適用在享樂。若一直堅信神，也就沒有苦難可言。

問：何時才不會受苦？

尊者：直到個體性喪失為止。若善與惡都是祂的行為，為何你要認為苦樂都是你獨自擁有的呢？行善做惡，也就有苦有樂。把這放一邊，莫將苦難附加在你身上。14

31 要知道，生命個體因執著於虛妄的自我，而深陷愚昧，痛苦只存在於其迷茫的感知中。

《真我語類》九五二頌：人的本來面目，就是每個人內在閃耀的本心，是無盡的幸福之洋。因此，有如天空中虛幻的蔚藍，苦難僅存於想像中，並非實情。

32 若有禍害的自我萌起，一連串無止盡的苦難將隨之引發，歷時漫長。

33 若生命個體離卻其真實境地，跌落出本來面目，忘卻真我，痛苦就會如〔大海〕波濤陣陣襲來，充塞生命之中，與之相伴。

苦難的終止

34 既然你執意脫離苦難，你就應當知道，你的本來面目就只是幸福。

35 困惑與躁動不安，是強加於個體意識的錯誤，並非真實的存在。

36 對於一切令人憂苦的病痛，唯一而無比的醫藥，絕對是確信真我的本來面目。

37 為何你對於不值得關切的事物，無緣無故地煩惱起來而受苦呢？放掉心裡的煩惱吧！

38 那些圓熟的修行老手，不會因為試煉及艱困的圍城，而擔心沮喪。

39 悲傷對生命個體，究竟有何利益呢？明智的對策是，終止頭腦的橫行霸道。

40 除非你探究自己的本來面目，去看清自己，住於本然其在，否則你經歷的三種愁苦，不會止息。

三種愁苦，指你自己引起的、這個世界引起的，以及命運所引起的。

41 沉入本心，那是靈魂的主座、真我幸福湧現之處，這樣你就不會受到痛苦的折磨。

42 在本心內探尋，了解到自己就是那開闊的知、全然的圓滿，但若視這個可鄙的身體是「我」，因而受苦，這就是窮困。

正確的知見、正確的行為

神通

1 導引心思，朝向神通（超自然力量），是在解脫至境路上，阻礙進步的絆腳石。

《真我語類》二二二頌：若修行者致力於解脫的法門，卻將其心思導向各種神通，會使自我的根基，益發膨脹，使他們身上的束縛，益愈強烈。

2 除了真知的成就之外，其他一切的神通，都僅是頭腦的概念。

《真理四十頌》三十五頌：

心思止息，認識並定於始終都在的實相，乃是（真正的）成就。其他的神通，都只是在一場夢幻中獲得的神通。人醒來後，這些神通還會是真實的嗎？那些在真實中安住，擺脫虛妄的人，會被迷惑嗎？要認識真我，如其本來。[1]

全知

3 所謂無所不知，是相應了虛妄，因為在實相裡，並無客體化的認知存在。

《真我語類》九二六頌，頌釋：因為人除了自己真我的實相之外，不知道他物。唯有清淨、無屬性的意識，無限量而飽滿地輝照著，才是真正無與倫比的全知；這不是那種同時盡知三個時程〔過去、現在、未來〕及三界的知。

頌註：因為一切皆是清淨之知，也因為清淨之知是人的本來面目，真相是，除卻真我，便無其他存在可言。因為在真我的境地裡，分別和特殊化的認知已滅息，沒有存在的空間，只有無屬性的知，亦即實相，渾然一體的輝照著，在真相中，沒有認知在運作，那就是全知。

《真我語類》九二七頌：心思並未止息之人，其所引發的一切痛苦，是來自他們經由有限知識所累積的妄念。若他們博識廣知，既存的黑暗妄念會更深，對生命個體，沒有利益可言。

《真我語類》九三〇頌，頌釋：吠陀經文高唱著，神是全知的，這只是為了自認所知有限而感困惑之人講的。仔細檢視之後，〔就會明白〕神並不是隨時都知道所有事情，因為從其本質上而言，祂就是圓滿具足的存在（unmai pooranam）。

4 只有了解實相，乃為全知，若全知有別於對實相的認識，這個知就成為有缺陷的謬知。

5 既然在實相中，無物能自外於「知」而存在，那麼無所不知就是無明，因其本質涉及分別。

《真我語類》九二八頌：其實，人就是那個存在，但因為庸人自擾，他想像自己是個知者，看著一些虛幻的景象。只有對這種人，全知是真實的。但對悟者而言，他毫無困惑，全知只是一種錯亂的知見。

6 在〔人〕參透自己的本來面目就是「知」、至上之前，全知只會與三方歧見有關。

《真我語類》九二九頌，頌釋：不去知曉自己只是存在，反而以為自己的本質是去知道他物，視為對境，而感到精神痛苦，不禁沮喪覺得「我所知有限」。若人能清楚知道自己的真面目，那麼對外物的知見，就會顯得格格不入而遠離它。因此，在究竟真理中，全知成為虛妄，伴隨著有限的知識而告滅息。

7 若客體化的知識中，有全知的存在，那麼全知在本質上，也是零碎有限之知。

好習性和壞習性

驕傲、光榮、讚美

8 雖然這世上看重尊敬與光榮，但你心裡要了解，它們並非無瑕，應不予理會。

《真理四十頌補篇》三十八頌：

不認為自己和別人有所分別，不逸離於自己的真實境地，若始終住於真我，誰是跟我悖離呢？若有人談論我，那有什麼關係呢？若有人讚美或指責我，又有什麼關係呢？[2]

9 莫被驕傲擄獲，心存欺妄。要活得開闊生輝。

10 吹噓自己，傲慢自大，是空洞的小人之標誌，僅是個空殼子。

11 就算有人稱讚你，而你樂在其中，這也不對。只有一無是處的人，才會誇讚自己。

12 自吹自擂，是將敵人裝扮成朋友來欺騙自己，會把自己推入黑暗的深淵，難以自拔。

13 比誇讚自己而驕傲還可恥的錯誤，就是對別人的小缺點說三道四。

名聲

14 保護自己，避免陷入讚美與名聲的縛網而心神不寧，那只會欺騙你。

《真我語類》六二三頌：真我其實是究竟之在，因受到讚美而遺忘真我，錯把自己變成毫無實益的軀殼。智者應以堅定的決心，全然屏棄這種行為，這並不是值得欲求的東西。

15 以自我為中心之人，受到名聲的空洞欲望所誘惑，與受蕩婦誘惑之人無異。

16 名聲毫無價值，害處遠甚於蕩婦。若心中生起對名聲的貪欲，就會成為它的奴隸，無法挽救。

17 你應當知道，欲求名聲，跟我真誠的信徒所展現的崇高，背道而馳。遠離〔有這種貪欲的〕這些人，或者脫離他們。

傳統的行為守則

18 光明的尊者屢次說到行為美德的利益，勸告信徒不要棄絕傳統的行為守則，反而更要加以珍惜而恪遵之。

《真我語類》七九一頌：因為道德與宗教上的戒律，都是在保護修行者〔在修行的道路上〕長遠的修行，就值得好好遵行，但是假若妨礙了殊勝而真實的真知探究，就當作它有所不足，放棄吧。

《拉瑪那之歌》第七章，十二、十三、十四頌：

〔**問：**〕某人根器具足，無執著於感官對境，且有辨識力，適於探究真我，那麼諸如淨身沐浴、晨晚念誦、持咒、火供、吟唱吠陀經文、拜神、拜讚歌、朝聖、供奉、布施、修行等，這些行為對他有用處嗎？或者是在浪費時間？

〔**尊者：**〕對能勝任的初學者，其執著心輕微，這些行為，有助於他的心思愈益清淨。

拉瑪那天神啊！您給了我〔西瓦普雷克薩姆·皮萊〕一小包的聖灰，要我隨時保存好。您也告訴我，放棄傳統的修行是有害的。[3]

19 這個被喻為「頭腦」的東西，實在可恥乖張，不是單純遵行阿恰瑪那、口唸懺悔真言，便可驅除了事的。

阿恰瑪那（achamana）是淨化儀式，口唸真言時，啜飲少量的水。懺悔真言（agamarshana）是咒音，在懺儀中，口唸的咒音。尊者在此的評述，可適用於所有類似的儀行。

20 那個景況光輝燦爛，邪惡的自我已滅，誠然是眾多不同的吠陀祭品之大成，賜予無垢的清淨。

21 既然僅憑著虔愛及出離（charya）維繫著修行，故要以適當的方式，加以奉行與珍惜，莫鬆懈。

《真我語類》八二六頌，頌釋：高大的建物，若沒有打好地基，就會崩毀，成為眾人的笑柄。

因此，自勵的修行者，有責任首先全力修持虔愛及出離。

頌註：努力控制頭腦活動，是少不了的。若初學者隨意不羈而行，終將大失所望。

穆魯葛納在《真我語類》的頌文中有一個註釋，解釋charya的意思，是指虔愛及出離（無執著、超脫）。因此，我在本書《真我精粹》的頌句中，增列這些字，並把這些字用作頌釋裡charya的翻譯。

22 遵守外在行為的紀律，並在內心適切審思其涵義，從而了解真實的目的。

某些前來參見拉瑪那尊者的人士，習慣行八支[4]伏身跪拜的姿勢（即大禮拜，或稱展禮），他們相信，虔誠跪拜，是獲得自性上師的加持所必要的。

為了把道理說得清楚，尊者曾對一位行這種跪拜的信徒說，靈性生活上的持行，僅僅是機械式的奉行，若不知其涵義，也無領受其成果，不會使人幸福。他說道：「對上師行伏身跪拜，其實益只是在滅除自我，而滅除自我，只有在全然臣服，才能辦到。慈悲的上師，以真知之姿，投以觀視在每個信徒的本心。臣服是安靜地將名相的思維，亦即消退中的自我，全然交給「我」的振動（aham-sphurana），那是慈悲上師的真實聖足。因為〔是這樣〕，參透真我，無法因身體的跪伏而得到，但只能以自我的跪伏而實現。」

尊者是這麼解釋頂禮的真諦，他又進一步說，若靈修有成果而無退失，那就應該以充分了解其中的意旨而遵行之。[5]

23★ 除非是悟者的意識已寂靜而澄明，否則不可能探究而了悟修行背後的精義。

24 當人參透其本來面目，就會長住於真我，這就是住於存在（sat-achara）的究竟法則。

雖然achara通常是指必須遵守的某些行為模式或禮法，但「存在的究竟法則」，是指安住、只是存在。

25 清晰而真實的真知，是吉祥的奉行，應在本心裡珍惜之，勝過珍惜生命。

恐懼

26 尊者在本心輝照，說道：「在真我實相裡，還有貪欲或恐懼嗎？」

27 既然真我是人的本質，而真我之外，無物存在，若有恐懼，那是何其愚蠢！

28 要知道：沒有任何情況，也沒有任何理由，可以使你困惑，或心生恐懼。

問：在參禪時，如何消除內心生起的疲倦、恐懼、不安？

尊者：找出這些問題是誰在提問。持行此探究，這些事情，就會消失。何況這些事情是無常的，不要在意。當認識到二元對立，恐懼就會生起。恐懼之所以出現，是因為你認為在你之外，還有別人。若你將心思導向真我，恐懼與不安，就會離去。就你的現況而言，當內心焦躁不安，除去一種恐懼，另一種恐懼又會出現，沒完沒了。要摘下樹上的葉子，一片一片地摘，是很費力的工作。「我」之感知，是一切思維之根，若你剷除了根，樹葉及樹枝就會枯死。與其養成壞習慣，再去吃藥，不如避免壞習性的養成。[6]

29 除非人悟到自己不二的真實本質，否則由妄念所引起的貪欲和恐懼，不會止息。

30 為何你不安住真我，享受幸福，卻對這個世界產生欲望，令心思恐懼呢？

31 藉著神恩之助，摧毀你的恐懼，終結你的苦難，達到幸福的境地。

欺騙

32 現代人以甜言蜜語掩蓋欺騙的心，這種「文明」的行為很高明！實在非常高明！

33 拯救自己，避開現代「文明」的生活，這種生活的本質就是欺騙，就像在毒藥上塗抹甘露。

34 吃了這個毒藥，過著這種欺騙人生的靈魂，內心將經歷愁苦與哀傷，走向滅亡。

35 生命被狡猾欺妄的心思所控制，終究會像劇毒一樣侵襲內心，使其備受煎熬。

問：有些人在表面上很虛偽，欺瞞世人。

尊者：是的，不是有些人，而是有很多人。那又如何呢？人若外在虛偽，內心終究是會不安的。他們會害怕別人是怎麼看待他們的，以致他們的心思成為了他們自己的敵人。若他們想以虛偽欺騙別人，最後是欺騙了自己。他們會想：「我們設計欺騙了別人，顯示我們更聰明。」他們懷著這種自大，變本加厲。當騙局暴露了，他們才會明白這種行為的後果。時候到了，他們欺騙的後果是自身的崩潰。7

36 因為伊濕瓦若是你的真我，所以不論你做什麼，都不可能欺騙祂。

37 苦行求的是解脫，而欺妄的行為，如根苗的蛆蟲，會破壞苦行，推倒偉大的苦行〔之樹〕。

38 對於一顆充滿欺妄的邪惡之心而言，了無騷動的寂靜，遠在天邊。

39 愚者熱衷於人世間的欺妄，遇到困難的問題無法解決，便哀求別人，但當別人拜託他，他就表現得傲慢無禮。

40 生命個體若耽溺於不當的行為，就會在齷齪的感官對境竄起的烈火中，飽受煎熬，叫苦連天。

飲食

41 戒除食肉這個令人無法接受的習慣，是行為完美之人奉行的第一守則。

42 肉食本身會毀掉走在加持之路的真誠信徒，使他們偏離到妄想之路。

43 自我根植於肉身。對於志在革除自我宰制之人，食肉增胖，並不恰當。

44 飲食、活動、睡眠，要適度。應設法節制。

問：禪修時，我應該要怎麼避免睡著？

尊者：禪修時，不應用力太甚，也不應吃過多的食物讓肚子太飽。肚子愈飽，人的精神狀態愈低落。若胃幾近是空的，愈能走向高的靈性。維納琴〔一種大型的撥弦樂器〕不宜調得太緊或太鬆，身體也必須保持這種狀態。

睡覺也是一樣，夜晚的三分之一時間，分配給睡覺。也就是在晚間十點就寢，凌晨二時起床。白天不應睡覺。但還有另一種作息，人應在醒來時，就起身下床，睡意來時，就去睡覺，但是不認為，「我在睡覺」或「我醒了」。[8]

在別的場合，尊者對於晚上睡四個小時，這種略為極端的時間分配，並不那麼堅持：

尊者：在普通生活的活動中，身心有其運作，若不吃不喝，身體會暈眩不支。因此，可以說定量的食物及活動，對靈性的提升，是有必要的。偉大的人物都把睡眠限制在很短，不浪費時間，而能利用時間，從事無私的善行。有人說晚間十點就寢，凌晨二時起身，這是健康的。有人說睡四小時是不夠的，應該是睡六小時。這些都是在說，睡眠與食物，不應過度。若把兩者之一完全禁絕，頭腦就會一直想著它。因此，修行者宜行中庸之道。9

問：請問修行者的飲食規定是什麼？

尊者：限量的清淨食物。

問：什麼是清淨的食物？

尊者：麵包、水果、蔬菜、乳品等。10

問：為什麼要在飲食上有所限制呢？

尊者：你現在的體驗，受到身體所處的環境影響。若你身在道場外面的環境，你能有現在這般的覺受嗎？這種體驗，是一時的。在穩定體驗之前，實修是必要的。限制食物有助於讓體驗更加穩定。若已經能夠安住在真理，種種的限制自然會去掉。又，食物會影響心思，因此食物必須保持清淨。11

45 餓的時候才進食，這是有益的。但還不餓，便加餐進食，則有損靈魂。

尊者： 飲食的規則是，讓肚子有充分的時間休息，然後飢餓感來時，適量吃點清淨的食物。12

46 以乞食所得的食物為藥，治療飢餓之病，心中無欲無求地活著。

這條建議，不適用於所有人。尊者的幾位信徒，包括穆魯葛納本人等，常在蒂魯瓦納瑪萊乞食。但尊者從未堅持每個人應採行這種生活方式。在許多場合，尊者不允許信徒放棄家庭責任，過著乞食僧的生活。尊者有時允許已無俗世責任的信徒乞食，但對工作在身以及有家室之人，則表示他們仍應以較合乎常理的方式為之。

關於尊者一生中乞食 (bhiksha) 為生的日子，他是這麼說的：

尊者： 那些日子，是個很快活的經驗。我外出乞食時，總是把施捨的食物放在手掌上，沿街便吃了。吃完了後，我就舔著我的手，從不在意什麼。我一向羞於向人乞求東西，但施捨物放在我的手掌上，我也是很高興的。那裡常有一些大學者，有時也有些政府的高官，但我又在意誰在那裡呢？一個窮人，外出乞食，可能感到屈辱，但對於一個已經征服自我，成為不二一元者，那是心志昂揚的，若有帝王駕臨，他也不會在意。就是這樣，當我外出乞食時，合掌拍手，人們通常會說：「師父來了。」然後帶著敬畏的心，給我施捨的食物。不認識我的人會說：「你這麼健壯，為什麼不去工作，當個苦力，反而要出來像這樣，做個乞丐呢？」我聽了總是覺得好笑，但我是個禁語師父，所以不方便說話。我通常笑了一下，然後走開，心想一般人總是會這樣說的。他們說得越起勁，我就覺得越有精神。那真是很好玩。13

47
無欲無求，凡有乞得，歡喜接受，視之為充足，供養身體。

壞的習性

48
尊者告誡道：「良善的心，卻對虛構世界的故事很感興趣，這是嚴重的錯誤，因為這些只是頭腦的創作。」

49
修行者允宜控制與異性的性行為，不要耽溺其中，那會引生許多羞恥感。

50
★要意識到對女性的欲望，會導致人的死亡。智者會固守在真我，擺脫這種慾望。

問：要參透真我，獨身守貞是必要的嗎？

尊者：獨身守貞是指守在至上絕對，意思與一般所了解的禁欲苦行無關。一位真正的梵行者，是定於至上絕對，安住其中，而至上絕對與真我同一意旨。為何你要尋求其他幸福快樂的來源呢？事實上，逸離於真我，才是一切苦難的根由。

問：獨身守貞是合一（yoga）的必要條件嗎？

尊者：是的。在眾多的輔助手段之中，獨身守貞確實對了悟有所幫助。

問：那麼，那就不是絕對必要的嗎？已婚之人，能參透真我嗎？

尊者：當然。這是根器成熟與否的問題。不論已婚、未婚，人皆可參透真我，因為真我即在當下。若非如此，參透真我須訴諸努力，或假以他日才可以達成。若真我是要去尋獲的某種新的事物，則不值得尋求，因為非屬自然，也不是永恆的，而我說的真我，就在此時此地而獨在。[14]

問：如何根除性欲？

尊者：根除誤認身體是真我。在真我裡，並沒有性。

問：要怎麼做到？

尊者：因為你認為你是這副身體，而你也以身體看待別人，於是產生不同的性別。但是，你並不是這個身體。存於真我，就沒有性。[15]

51 常懷嫉妒，會傷害自己的內心，失去內在的平靜。

52 哪怕積累了絲毫的習癖，也是本心圓滿、全然棄世的敵人。

53 非真我，是覺知混淆而得出的感知，因此憎恨非真我的事物，是愚蠢的。

《真我語類》四八八頌：高尚之人在情緒激昂時，不管敵人多麼惡劣，都不應對他們懷有絲毫的恨意。因為憎恨，一如貪欲，應加以遏制。

尊者：不應放任頭腦流連於世間對境，或操心別人。不論人有多壞，皆不應生憎恨。貪欲與恨意，皆應拋棄。16

54 遍尋各處，能遇到誠實看待自己錯誤的人，甚為稀有。

55 拒絕接受自己的缺點，原因在於認同錯誤的自我，而自我是虛妄的投射。

對於他人的行為

56 要記住，你的行為舉措，允宜於待己與待人，一視同仁。

57 若一開始就無法控制自己的心思，那麼談論他人的表裡不一，又有什麼意義呢？

58 恐懼不安、怒火中燒，這是那些內心卑劣、極其自負之人的寫照。

59 吹毛求疵，歸咎於心思的扭曲，因為人的真實本質，洋溢著圓滿的「知」。

60 莫去分析對境而說：「這個好，這個壞。」但要找尋住於你本心的真我實相。

61 若你在身語意上表現出慈心，那麼你親愛的靈魂，就永遠不會有恨意。

62 想要受領神的加持，就不應有傷害他人的念頭。

63 深切尊重別人的感受，學習待人處世，可謂是學到了有教養的行為。

64 犯錯乃人之常情，但在內心湧現慈愛，寬恕他人之過錯，乃是殊勝而虔誠的行為。

行動之執行

65 尊者公開宣稱：「不論你執行什麼工作，都應一心專注。」

尊者通常在凌晨四點去廚房切菜。我們有一兩個人會去協助他。有時所準備的蔬菜量，多得嚇人。尊者切菜的快速俐落，勝過我們。有一次，面對龐大如山的工作量，因為我沒耐性把工作做完，便望了一下壁上的時鐘，其實我是想回去睡覺，補個小眠。

尊者覺察到我的不耐煩，便問道：「為什麼你要看時鐘呢？」

我想唬弄他，就說道：「若能在五點以前做完，我想去打坐個一小時。」

尊者反駁道：「分配到的工作，必須在時間內完成。並非工作量的問題，其他的念頭，才是障礙。在時間內，做完你所分配的工作，就是一種禪修。去工作吧，要全神貫注地去做。」

尊者以這樣的方式，教導我們正確、老實工作的重要。[17]

66 若必須要執行一項特殊的任務，那麼就應該以妥適的態度來完成。

67 除了自然造成、不可或缺的活動之外，放掉一切活動，是為明智之舉。

68 過你的生活，不受干擾，只做俗世上無可避免的活動。

69 把心思交託給上主，在人間的戲碼裡，巧妙地扮演你的角色，而不陷落在俗務裡。

70 若你想做一件好事，那就量力而為，好好去做。

71 不論行動如何良善，若執行時，會擾亂、破壞了你內心的平靜，這有何益處呢？

《真我語類》五七四頌：帶著寂靜，全心為之，並從清淨的心生出良善，這才是好的行動。行動若有暴戾躁動，並帶著汙穢的心思欲望，就會落入有罪的行動之列。

72 應為之事不為，不應為之事而為之，這些錯誤，都與強烈的虛妄，同步生起。

改革世界

73 改革世界的方法，在於改革自己，使實相光照本心。

74 在試圖探討並了解改革世界的辦法之前，先征服並摧毀你那個作亂的心思。

75 若自己的內心不先充滿對真我的認識，你能幫上什麼？又要幫誰呢？

76 沒有力量拯救自己的人，無法真實的服務世人。

77 不存在的幻象能藉由假裝對眾生的悲心，而欺騙〔修行者做出〕不正確的判斷。

尊者： 尋道者要知道，某些行動看起來是出於人性慈悲而做的，因此他便被誘惑去做了。他沒有意識到，這個行為會在未來成為束縛。若他自認為不是作為者（akarta），做起來毫無執著（asanga），他會以為實現這個欲望不會對他有影響，於是他就去做了。那麼他仍然會受到束縛，這只有數次出生，才能解脫。未來的束縛，會導致輪迴轉世，經文對此有權威的陳述。[18]

避開壞的同伴

78 惡人之心不誠，其德卑劣，不與為伍，應徹底迴避。

79 一切愁苦的根本原因，在於與不誠實、欺瞞、墮落之人為友。

80 若某人本質跟你扞格不入，莫與之密切交往，避而遠之為上策，但莫說他們的壞話。

81 那些過於激動，失其平靜的無用之人，不僅有害他人，也傷及自己。

82 擺脫愚蠢的激動、野性、狂熱，這些都毫無價值可言。

穆魯葛納：明智之人不僅要完全控制自己的激情，還要以極其謹慎的態度，面對那些被情緒左右的人。否則日後可能會造成無謂的懊悔。因此，不管如何，最好避開這類人。[19]

83 避開以自我為中心的人，乃是明智之舉。他們還沒學會，只要把注意力放在「知」之上，就可以得到平靜。

正確的行為

無動於衷

84

在與世界的關係中，所有的態度都會導致愁苦，除了無動於衷以外。

問：我們被告以要修練無動於衷（udaseena，又作處中、中庸、中直），這只有在認知世界是非真實的，才辦得到。

尊者：是的，建議是無動於衷，但這是什麼意思呢？就是愛恨，皆不存在。當你參透真我，萬法流往而過，你會對它或愛或恨嗎？那就是無動於衷的涵義。

問：這樣會導致我們對工作缺乏興趣，難到我不應該盡我們的責任嗎？

尊者：是的，當然。就算你不想，也不得不這樣做。工作來時，讓身體全然履行，完成任務。

上主克里虛那在《薄伽梵歌》中也說，不管阿周那願意與否，他將被迫作戰。若工作必須由你來做，你就無法置身事外；若工作無須由你來做，你也無法繼續做下去；這即是說，若工作分配到你身上，你就必須履行。簡言之，工作會遂行其事，而你必須承擔你分配到的角色，亦即分配給你的工作份量。

問：這又要如何做到呢？

尊者：就像演員，在戲裡扮演劇中人，心中了無愛恨。[20]

85

登上漠然的頂峰，無欲無惡地輝照著，安住於此。

86 要知道：任何境地，皆不能自外於你，就算萬事萬物看似有別於你，也要在內心保持漠然。

心思鎮定

87 要知道：視毀譽如一，才是心思鎮定（sama-chitta）。

88 人若在內心認識到神是他們的皈依，就會不偏不倚。

89 處在雙雙對立之中，若有加持以保清明，就能使心思沉著。

90 喜樂之人，擁有豐盛的加持，精神上很「滿足」，這才是真正的高興，沒有「我很貧乏」的念頭。

91 內心洋溢著喜悅，感覺「滿足」，就是神性而輝煌的寶庫。這個寶物只能以不求回報的功德才能獲得。

92 若深入探究、認識感覺與情緒，〔就會發現〕這些無數的感覺與情緒，都絲毫離不開真我平靜的況味（santa-rasa）。

《真我語類》九四五頌，頌釋：無論生命在何處何事中得到的體驗，假若深入探究，就會知道〔這些體驗〕不過是對真我零零碎碎的體驗而已。

頌註：「何處」及「生命」，指許多不同的世界及其統治者。

穆魯葛納：真我之樂的本質是平靜，獨然充塞在許多不同的感官對境裡，而為人所體驗；然而，惟有圓滿平靜的悟者，才領悟到這項真理；狂熱追逐感官對境的人，無法知曉。[21]

93 神性的視角、心思之澄明，乃解脫的正確途徑。

94 尊者深信不疑地宣稱：「只有心滿意足而感到幸福，心才能獲得寧靜。」

謙卑

95 謙卑的心態，把你救回，送往不死的世界。沒有謙卑，你將落入漆黑的地獄。

《真我精粹》這則頌句，出現在《古朧箴言》一二一頌的譯文。

《真我語類》四九四頌，頌釋：若能待人謙遜，人的地位就會提升。神乃至上崇高，世人之所以臣服於祂，不就是因為神不會生起虛妄的自我，就算在無意之間也不會，不是嗎？

96 謙卑會摧毀強大而難以攻克的敵人〔自我〕，並賜予生命個體〔解脫的〕巨大的財富。

尊者：謙卑的力量，賜予不朽，乃諸力量中最首要者，難以企及。因為修習類似的美德之裨益，都是在實現謙卑。唯有謙卑能真正莊嚴聖者，這是其他一切美德的寶庫，因此謙卑被譽為神所加持的財富。雖然謙卑是智者普遍的特徵，但對苦行者也是不可或缺的。因為沒有謙卑，就無法偉大。一切的戒律，尤其是修行者在修道上的持戒（yama）或精進（niyama），目的也都只要做到謙卑。謙卑誠然是消滅自我的指標。因此，謙卑特別受苦行者推崇，奉為合適的行為守則。

又，對於住在阿魯那佳拉的人，方方面面的謙卑，都是必要的。阿魯那佳拉是聖地，乃神的化現，梵天、毗濕奴、至上大力皆謙卑地退居於此。因為它有股力量，能使不謙卑的人謙卑，那些不願在阿魯那佳拉謙卑下來的人，就算到其他地方，也得不到足以彌補的美德。至上之主是至高無上，熠熠生輝而又無可逾越，只因祂向來是謙卑之最。謙卑這種神聖的美德，對全然獨立的上主是必要的，那麼對於沒有這般獨立性的苦行者來說，難道還須強調謙卑之絕對不可或缺嗎？因此，正如苦行者的內在生命一樣，他們的外在生活也奉行徹底完滿的謙卑。謙卑不僅為上主的信徒所必要，對上主而言，謙卑也是其特有的美德。22

富有與貧窮

97 若〔在這個世界〕淪喪其心，縱使獲有廣大的財富，究竟又有什麼益處呢？

98 對虔誠的信徒而言，內心充滿了恩德的財富；俗世的財富，並不重要。

99 真誠的信徒，過著恩德滿載的生活；那種俗世的富貴人生，微不足道。

100 對虔誠的信徒而言，唯一值得追求的利益，是恩德的幸福財富；其他的財富，都無關緊要。

101 唯有恩德，能實現內心圓滿的財富，這是有形的財富所辦不到的。

102 唯有財產與持有者合而為一時，乃能安定。

103 一旦財產與持有者（彼此）有別，心就不可能平靜。

104 在富裕的時代，謙卑的心，是最大的福氣。

105 在貧困的環境下，應彰顯的品質，是內心堅毅的情操。

尊者在此是引述《古臘箴言》九六三頌。

106 若你無視於俗世上的挫敗，了無懸念，內心就會自然獲得喜悅的生命。

107 外在生活中命運的逆轉，是為了使人轉向真我。

捨棄執著

108 了無執著，如如其在，證得圓滿，頭腦及心智會大為提升。

109 起於自我的執著，用「愛」的面目示人，欺騙你、糟蹋你，把你的心推向深淵之最。

110 檢視你的心，莫陷入於執著的縛網而毀滅。執著源於自我，只會騙人而已。

111 達到至上幸福之正確方式，是除去內心執著於妻兒及財富的念頭。

112 長期的執著，是因於對非真我的痴迷而生，故說革除滅盡這種執著，就是了悟真我的實相。

113 因為自我乃是一切，除非滅盡自我，否則無執著之境地，不會實現。

114 高尚之人應修練至上瑜伽，過著了無罣礙的生活。

第八章

尊者對穆魯葛納的加持

因為眾所讚譽，他是大度無私的人，我內心滿懷期待和歡喜，來到他的面前。那位大度恢弘的「施與者」凝視著我，悄悄地奪走了我！這位寬宏的施與者，大度無私，實在令人敬佩！[1]

當我悲傷，心煩意亂之時，他已成為我的上主，在我的本心散發著他的光輝，我因此品嚐到他賜予福佑的甘露。他就像天界中人，在我的眼裡，他的形相就是清淨之知。他就是阿魯那佳拉山，尊貴的上師拉瑪那。[2]

在您的信徒中，沒有人像我一樣毫無價值。然而，當我在本心裡不斷地憶念著您時，我得到了至上絕對、清淨一體的覺受。來到您這裡的人，沒有誰是廢物。[3]

他念及〔擔心〕甘蔗難嚼，於是他與我融合為一體，化為甘蔗汁。我的上主、珍貴的至尊，對我的眷愛是無法言喻的。我上主的真實形相，就是加持。[4]

尊者對穆魯葛納的加持

最後這一章，穆魯葛納記述他對尊者加持的覺受。頌文中的帕達姆，都是指拉瑪那尊者那本人。

前言

1 尊者，真我實相，常住於本心，其本質是圓滿一體，不求讚美之辭。

2 我若讚美尊者，恐怕會造成（我們之間的）分別感，而使得我的讚美轉為褻瀆。

尊者使我吟唱對他的讚頌

3 黃金般的尊者，他是坦米爾芬芳的源頭，登上我的舌，佇立著，使頌詞脫口而出。

4 尊者讓我用珍貴的坦米爾語，像宴會上的甘露一樣，用稚子般的語言娓娓道來，歌頌他雙足之高貴與殊勝。

5 尊者使我能夠吟唱大量的讚歌。

6 尊者對我的理解力賜予豐盛的加持，引我歌頌他的清淨無瑕以自娛。

7 尊者讓我的口舌吟唱恩德的讚歌，遠離妄想的歌謠。

8 尊者的恩德無邊，准我除了讚頌他的榮耀之外，不言說其他。

一九二三年穆魯葛納訪見尊者之前，所寫的詩頌內容，極為廣泛，主題不一。但在首訪之後，便立誓以後凡有撰述詩頌，除了尊者及其教誨之外，不再有其他的主題。他堅守諾言，其後五十年間，譜寫兩萬則頌文，全都是以尊者為主題。在〈獻給上師的花環〉的頌文裡，穆魯葛納曾記錄尊者兩則口述如下，指出寫詩的才華，不宜浪費在讚頌普通人的身上：

一五八〇頌　詩人的才華，應該用在歌頌神的榮耀。若其不然，就會墮落，淪落到去崇拜卑微的凡人。這種出賣靈魂的行為，是自我膨脹的頭腦妄想。

二一七二頌　詩人失去好習慣，不讚美上主，竟〔淪落到〕去崇拜卑微的凡人，因而受苦，真的是太遺憾了！

9 尊者使我成為詩才縱橫的巨擘，因神的加持而光輝燦爛。

10 雖然我慧根不夠敘述尊者的榮耀，但他讓我能以卑微的才智，讚美他的崇偉。

11 尊者給我這個舌頭，能夠品嚐甘甜美味之神饌，讓我感嘆道：「夫復何求？」

12 在這個卑微的僕人覺知中，除了緊抓著尊者讚頌之外，別無其他感官能力的存在。

尊者悅讀並修正我的用詞

13 我興奮地寫下詩句，尊者慈祥地糾正〔我〕，梳理文意。

穆魯葛納的許多頌文，都是他虔誠熱情的自然流露，他會把這些詩句呈給尊者，而尊者會加以斟酌，通篇檢視，適當修飾或更正。約在二十年前，筆者在整理拉瑪那道場的檔案文獻時，剛好看到《真我語類》初版的校訂本，內有大量尊者手寫的訂正及刪修的文字。正如下面兩則頌文所示，尊者正視穆魯葛納的詩情奮發，並且不厭其煩，使其詩歌創作符合正確的格律。

14 尊者接受我對他威德的所有讚美，極其歡喜，視其為出色的禮敬。

15 黃金般的上師尊者深知，我所言說的一切，就是莊嚴上師的喜悅花環。

16 尊者即是恩德，他對像我這樣的瘋子，依然和悅，好像我的胡言亂語，是在闡述吠檀多智慧的真實義。

尊者終結我不好的行為

17 我現在了解，我不恭敬而詆毀尊者，是無明造成的，但上師恩德的身形一直沒離開〔我〕。我會把「詆毀尊者」當成是忽視或不相信其為實相的意思。穆魯葛納在不認識尊者之前的好幾年，都不相信神存在。這種態度，使他認為正當的行為，才是唯一要務。

> 累劫以來，我在八百四十萬個生命個體中不斷流轉，承受著存身在世那種難以形容的劇烈苦難，五花八門的苦難折騰著、消磨著我。按照命定的方式，〔在動物的生命形態〕向上進階，我以人身出世，以一個能夠證得澄澈真知的根器而出生。雖然我有這樣的出世，也心繫究竟，但我尚未能了解究竟的本質。我得出的結論是，因為那個所知道的神，可能是如實的，也可能是顛倒的想像，所以真正有利於我生命靈魂的，是良好的行為及品德。我堅信於此，修練〔正確的〕行為，雖然我嘗試，但我一再受挫。
>
> 濕婆是究竟之在，並無虛妄的形體，祂住於人的真我，是人的本來面目。祂在心智裡朗現，照亮了心智，那些陷入謬誤的爭辯之人，無法來到祂這裡。〔濕婆〕寬容我不成熟的行為，把我看作已經從不淨中解脫的人，容許我加入祂隨行的行列。[1]

18 我是個粗野的人，行事乖張，但尊者耐心包容，原諒我的過錯千百回。

19 〔就連〕我沉迷在幻想中的表象裡，尊者還是讓我浸濡在澄明之「知」的究竟虛空中。

20 尊者指導我，持身行止要與世和諧，我因背離世道的愚昧而感到羞愧。

21 我像個空洞的瓶子響叮噹，直到尊者把我填滿，使我內心平靜而滿足。

22 若我錯失了與尊者同在的幸福，那全是我的問題，錯不在於讓人醍醐灌頂、至上正直的尊者。

尊者拯救這個罪人

23 放蕩如我，但尊者並未以蔑視的姿態嘲笑我，反而憐憫我，賜予我豐盛的加持。

24 尊者沒有規避我，而是讓我體驗到真知的甜美，進入我這個罪人的心。

25 仁慈的尊者摧毀我這個異端的愚昧無知，以至上幸福之光，當我是寵兒。

26 尊者接納我的服侍，使我這個作惡的人，徹底轉變為歌頌他的侍者。

27 尊者是恩德的磁石，把這個無明罪人的惡意吸引來偷走，而這個罪人甚至連一個優點也沒有。

28 傻瓜如我，自愧缺乏真知，尊者以恩德意識之相，洗刷我的罪過。

尊者護佑我

29 存在之知，就是濕婆之力。尊者以存在之知的甲冑，護佑我的靈魂。

30 這個世界熙熙攘攘、爾虞我詐。尊者在我的本心護佑著我，不讓我涉入這齣鬧劇。

31 我心驚膽顫，奔向尊者請求保護。尊者是大勇無畏的庇護者，與我的本心融為一體，歡欣鼓舞，溫言安慰著我。

32 慈悲為懷的尊者，為了不讓可憐的我偏離真我，落入非真我的境地，他乃大放光明，普照四方。

尊者掌管我，成為我的主宰

33 尊者在我的本心熠熠生輝，讓我就地歡欣，我總是仰慕著他的仁慈高貴，他以此統御著我。

34 聽到我高喊著：「救救我！」尊者說：「怎麼啦？」出於憐憫，他走了下來，饒富興味地統御著我，成為我父，讓我在真知中誕生。

35 儘管尊者是至上之在、眾生父母，他還是我本心的主宰，與我同在。

36 尊者乃幸福的至上之光，他成為我的上主，讓我在證得真我的悟者聖足下，得到皈依。

37 在這個樸實之人的本心，登上獅子御座，尊者統領著整個廣大的世界。

「獅子御座」(sinhasana，獅子坐式) 是英雄濕婆派 (Virasaiva，濕婆教派之支派) 的用語，指本心中神運作其統領之處，遍及靈界及有形世界。英雄濕婆派的大聖者阿拉瑪・普拉布 (Allama Prabhu) 曾形容他的真我覺受像「坐在虛空的獅子御座上」。

38 無明深重如我，吉祥的尊者仍主宰著我，使我心思專注，又用光照亮了我，讓我進入本心。

39 正如尊者一開始把我捲入世俗生活中，他必然繼之以加持來約束我，成為我的上主，終結我的苦難。

初遇尊者之前，穆魯葛納已婚，以教書維生，並擔任某個素有威望的委員會之委員，負責編纂一部經典的坦米爾文辭典。見過尊者之後，對他影響至為深切，數個月後，他棄離家室，並屏絕大部分的俗務職責。一九二六年，母親去世後，他過著苦行僧的日子，乞食維生，並譜寫尊者及其教誨的詩頌，度其餘生。

40 光明的尊者，恩德豐盈，將我置於他的聖足之統領下，使靜默成為〔我的〕本性，在本心中牢牢扎根。

41 尊者成為我的上主，使我沒入本心；尊者之大度，器局恢宏。

尊者改變我的命運及態度

42 尊者要我從了無習性的心中，自然湧現供奉濕婆的心意，以此禮敬他。

43 尊者以實相，亦即存在之知的清淨之力，把迦摩強大的惡作劇，從我本心徹底消除。

迦摩（Kama）是愛欲之神，在往世書著名的一則軼事中，迦摩企圖撩起濕婆對雪山女神的愛欲，濕婆於是將他燒成灰燼。

44 德行高潔、黃金般的尊者強化了我熱切的渴望，使我的心能自然完全安住在他的聖足下。

45 尊者，是我發現的安享之所在，乃心思澄明的覺受，那是供養濕婆的聖食。

46 真我清淨廣大，其中的一切都是濕婆的意識，都閃耀著濕婆之知的光芒。而我的存在一無所求，只求真我。

47 我清楚地意識到，一切不屬於究竟實相的，都不存在永恆不變，哪怕是極細微程度的改變。

48 尊者改變我的理解，（使我意識到，）束縛與解脫的本質，取決於個人的觀點。

49 我的本心中恩德澎湃，感覺圓滿，我乃尊者的信徒，法喜充滿，不再執著於其他事物。

50 尊者使我遠離錯誤的道路，讓我踏上本心的康莊大道，而這條坦途上，真理燦明。

51 尊者使我在本心意識到，所有異於真知（探究）的法門，都是頭腦造作的不良產物。

52 尊者清除了我今世業報的力量，使我堅定安住在本心，不再因為貧富貴賤而鬼迷心竅。

53 我的上主、黃金般的尊者指引我，凡事皆是神之所為。

54 尊者在我的生命裡和悅地行走，他神聖的意志顯發在我的本心。

55 仁慈的尊者，欣然賜予我一種心態，就是凡有所為，皆是我心歡喜。

尊者解除我的行動及結果

56 「你有什麼問題呢？只是在著！」尊者如是云，確保我沒有任何作為。

57「我已承擔你的責任了，你還缺少什麼呢？」尊者如是云，在本心擁抱著我，歡慶逾恆。

58 尊者是「知」，是至上之在，在其中我沒有責任可言，因為每個責任都是他獨自承擔的。

59 甚至當我誤認我自己是行動者而遭受苦難時，尊者卻讓我像永在的舞台般閃閃發光。

此處的stage指劇院的舞台，而非人生的階段或時期。穆魯葛納是在說，尊者讓他知道自己是真我永在的銀幕，而非投射在銀幕上面的短暫影像。

60 尊者藉著真知的平靜，摧毀了我的作者感，讓一種遠離邪惡的生命在本心中茁壯。

61 黃金般的尊者，輝照在我的本心，讓我的行為、行為後果、相關思考，都不復存在。

尊者使我悠閒

62 黃金般的尊者，徹底革除了我四處遊蕩的惡習，使我成為一個完美的閒人。

穆魯葛納與尊者兩人，有時會語帶諷刺地談到，了悟是處於無為的閒散狀態。但是，這不同於一般的懶散，而是極度努力的結果。穆魯葛納在《真我語類》七七三頌，放入這個顯然有悖常理的說法，又在下則（七七四）頌文中，引用尊者的解釋：

七七三頌　我們的上主〔拉瑪那〕堅定地教導我們，最偉大而有力量的苦行，就是「保持靜止」而已，此外，心思及思維就沒有別的責任了。

七七四頌　止於其在而輝照的閒散狀態，就是真我之境，那是人所能實現的最高境地。這些臻至閒散境地的人，德行最高，唯有做非常偉大而稀有的苦行，才能達到這般境地。

63 尊者收服了我，使我什麼也做不了，只剩吃飯睡覺。

64 就連我以為是自己的作為，其實也是尊者的行為，這是完整而絕對的真相。

尊者終結我對身體的執著

65 尊者給我這個真知：「折磨人的束縛，僅是身體意識所致，而不是身體造成的。」

66 尊者的真實本質是深切的真知，他摧毀了我的身體意識，確保我一切的業報都滅盡了。

67 尊者是我生命真實的形相，他教導我探究並知曉〔真理〕，使我清淨的靈魂不被汙穢的身體玷汙。

68 為了使我在喜悅中親近他，尊者乃真知的太陽，輝照在我的本心，以正確的行動，摧毀我對身體的認同。

尊者，我的上師

69 若上主的形相真實存在，我將視其為上師的形相，全神貫注於此。

70 神聖的尊者出世，作為真知上師的尊者來到我面前，使我的一切苦難消失殆盡。

71 光明的尊者、賜予我恩德的真知上師，化為太陽的光體，摧毀我無明的漆黑，錘煉我的心，使我受其感召。

72 黃金般的尊者化身為上師的形相，煥發著美麗的恩德之光，在我的本心揭示神聖真我的光輝。

73 黃金般的尊者化現為上師，使生命超越頭腦和言語，充滿在我的本心。

74 尊者帶我省思，領悟到真知上師乃是真我的真理，好讓我這個忠實的追隨者不陷入迷惘。

「忠實的追隨者」在原文中，是指虔誠勉行，但尚未成功的人。

尊者的恩德

75 尊者的加持增添了我言辭的光輝，也讓我的本心洋溢著了悟的福澤。

76 過去，我或許〔對尊者〕缺乏愛，但他依然慷慨地施予我醍醐灌頂的加持，並接納我的一切行為，視之為對他的服侍。

77 仁慈的尊者使我的本心堅信：「這就是存在的真實境地。」我在他的感召下，使我成為他的一部分。

78 尊者將他自己的真實本質賜予我，使我成為他的信徒，除了他至上的加持之外，別無其他存在的狀態。

79 尊者溫柔，宛如黃金般閃耀，他的祝福勝出，療癒了我心靈的創傷，讓我不再被「明天」的思緒所困擾。

80 在尊者恩德廣袤的天堂中，毒液蛻變成清淨的甘露，撫慰了我的心靈。

毒液似指心思，甘露是真我。在《永結真我的婚姻頌集》六十四頌中，尊者用類似的比喻，指毒液為幻象。

阿魯那佳拉啊！在幻象的毒蛇爬到頭上殺死我之前，祢賜給我不死甘露的加持，拯救了我。2

81 當我四處遊蕩，不知身在何處時，美麗的尊者就是至上的幸福，以他甜美的恩德，帶領我來到他的聖足這裡，拯救了我。

82 每當想到尊者賜予我真實而清涼的祝福時，都充滿了一種使身心柔軟的感動。

83 尊者的加持讓我的靈魂得以成熟，那是一場永不止息的真知盛宴。

尊者的恩視

84 黃金般的尊者，一瞥之間，在我的本心蓄起濕婆幸福之洋，這是無法想像的大壩。

85 尊者是恩德之眼，諦視著我，使我本心被那廣大而又無可局限的加持所包圍。

86 當黃金般的尊者以他的灼灼目光，傳送真知的加持，那個靜默之光，便輝照在我的臉上。

87 黃金般迷人的尊者，他的目光充滿加持，打破我對自我頭腦的迷戀，然後把我撈起來，津津有味地吃個精光。

88 尊者的目光具有加持力，他以懾人的眼神，賜予我妙聖實相智慧的勝利寶劍。

89 尊者用加持真知的目光，注視著我，滅除了虛妄自我的毒害，而住在我的本心裡。

這些頌文可能都是指穆魯葛納在訪見尊者不久之後，發生的某個特殊事件：

> 穆魯葛納非常希望能完全擁有尊者，短時間也行。他從未吐露這個渴望，但有誰能對尊者隱瞞什麼呢？穆魯葛納的秘密心願，卻以完全不可預料的方式實現了。在當時，尊者和信徒都會去林間收集樹葉，製成餐盤。有一次，當大家準備要前去樹林時，尊者意味深長地看著穆魯葛納，穆魯葛納把這個眼神理解成要跟隨尊者的示意，於是趕緊跟上。當大家都走入林間時，尊者和穆魯葛納卻在樹林間，不見蹤影。
>
> 尊者引領著穆魯葛納深入林間。走到某處，尊者便坐在一根木頭上，要穆魯葛納也坐在旁邊。於是穆魯葛納坐下，兩人沒有交談。尊者直視著穆魯葛納的眼睛，穆魯葛納感覺到尊者的加持力，好像一股電流，流過他的身體，他頓然失去時空的感知，體驗到一種莫名的喜悅。穆魯葛納沉浸在這個幸福的境地，渾然不知時間的流逝。當他恢復感知後，才知道他在那個幸福境地已歷時數個鐘頭了。[3]

穆魯葛納本人曾在另一則頌文也述及這個事件：

他藉口說要取樹葉，製作葉片餐盤，便帶我走入林間。在那裡他欣然凝眸注視著我，消除我心思的騷動不安。在半夜裡，他制服了我分裂的個體意識，使我領受到渾然一體的實相。[4]

與尊者的加持結合

90 尊者用慈愛貫注我心，使我的心（新娘）能與他的恩德（新郎）締結良緣。

91 當我履行做一個忠實的妻子時，尊者讓節操成為我的本性，在心中湧現，（使節操）永無汙染。

妻子指心思，節操是指她的注意力不會離開丈夫（尊者），而迷失於外在的事物。穆魯葛納是在說，他致力於修行時，尊者與他合而為一，以便他能夠自然而無須費力地融入尊者。

92 尊者讓我沉浸在「知」的璀璨光芒中，這位恩德的巧婦擁有智慧的神力。

93 在這個世界上，吉祥的尊者讓那位（平靜）女士與我結合，和她締結良緣，這是我的好福氣。

94 尊者乃究竟實相，是豐盛的恩德，吸引我留在他身邊，使我在這一生得到慈悲的救贖。

尊者對我的慈愛

95 尊者是我眼中的明珠，以其無盡的恩德，悄悄地在愛的擁抱中，與我合一。

96 尊者是柔軟嬌嫩的紅蓮花，流露著真愛，住於我的本心，對我的靈魂軟言細語，沒有一絲苛責。

97 不復記憶的年代以來，尊者一直在尋找我，而成為我的上主，他乃是加持、至上之知、真愛境地，住於我的本心。

98 尊者輝照在我的本心，使我感受到滿滿的真愛，猶如賜予加持的上師之蒞臨。

99 黃金般的尊者、迷人的濕婆之知，以其慈愛熱誠地對我運作著他的美好引領，使我不被一個接著一個的念頭所嚇倒。

100 尊者以我的本心作為廟宇，精心培育著我，使我不再像沒有母親的孩童般無助掙扎。

101 尊者撫慰著我的本心，滅盡邪惡的自我心思之動亂。

尊者給我平靜與幸福

102 黃金般的尊者，閃耀著紅珊瑚的華光，讓幸福充盈，我心歡喜。

103 光明的尊者，乃是擺脫各種依賴的真我，使我心充滿了至上幸福，無憂無慮。

104 黃金般的尊者，給我「滿足」的感覺，在我的本心，賜予無比祥和的幸福豐盛。

105 尊者是真理，永恆輝照，使我的內在充滿平靜，不受毀壞或死亡之苦；不再被奸詐的頭腦牽著走，而過著迷惘的生活。

106 尊者是平靜之光，以適當的方式，在我的本心造就無盡幸福的境地，使我陶醉不已。

107 在我的本心，平靜有如月光般皎潔，尊者的加持力，賦予我了無思維的幸福。

108 為了使我不要思念幸福，黃金般的尊者，讓幸福成為我的本性，迸發而出。

尊者把我吞沒

109 仁慈的尊者、濕婆的真知，吞沒了我的自我意識，以致我除了尊者之外，不知其他世界。

110 就像冰融於水，尊者把我摯愛的靈魂溶入他慈愛的形象，把我變成了他自己。

《永結真我的婚姻頌集》一〇一頌：

阿魯那佳拉啊！讓我像雪融於水，讓我溶解在祢全部的愛裡面。5

111 廣大的虛空，黃金般的尊者，興高采烈地狂舞著，滿心喜悅，吞沒了我的靈魂。

112 尊者，真我之境，灼爍光照，在火焰中吞噬了我的靈魂，令人頭昏腦脹的痴迷、客體認知，也因而被摧毀了。

113 尊者是真理，將卑鄙的我淹沒在本心，使得束縛、解脫等等都只是概念。

114 尊者乃本心，以廣大的虛空吞沒了我，卻依然閃耀著純粹真我的真理之光。

115 尊者就像一把火，燬盡自身之外的一切，進入我的本心，散布著甘甜，這是加持過的歡喜甘露。

116 尊者〔縱然〕是實相，乃無上解脫的幸福，卻吞噬著真誠的信徒，如饑似渴，好像他是強大的閻羅。

閻羅（Yama）是死亡之神，於人身在世終了之時，吞噬其靈魂，頌文中「無上解脫的幸福」一詞，也可譯作「食物」。此與下則頌文有關，上則頌文是指食物，故說飢餓。下則頌文，則說是水，故說口渴。

類似的比喻，亦出現在《永結真我的婚姻花環》二十八頌：「阿魯那佳拉啊！我來了，原先是要以祢為食物，但我已成為祢的食物，現在持心平靜。」6

117 當尊者接納我，吞噬了我親愛的靈魂，就好像一泓甘醇之水，喝下去就會滿足，而尊者自己卻變得乾渴。

尊者掃除我的自我

118 尊者擁抱我的本心，站著說道：「別害怕！讓自我幽靈、妄念的假象離去吧。」

有一次，我〔達拉瓦吉．穆達利爾〕在尊者面前批評穆魯葛納，對他說道：「你們這些詩人，想說什麼就說，肆無忌憚。尊者對你說過：『不要害怕。』這是真的嗎？你在《拉瑪那讚頌集》(*Ramana Sannidhi Murai*) 書中寫道：『師父拯救我，他說道：「不要害怕。」』同樣這本書的另一處，〔你又寫道，〕『他開口說：不怕、不怕。掃除了愁苦焦慮。』我要問你，尊者可曾對你說過：『不要害怕』？」

穆魯葛納振振有辭，答道：「他的神情，我看來就是這樣。他的眼神對我說：『不要害怕。』」

我說道：「我接受這個解釋，不再做批評了。」

我這樣說，不是用來取悅穆魯葛納或尊者，我這樣說，因為這是真實的。尊者在許多的場合，他的表情看起來就好像在說：「我給你庇護，不要再擔心了。」7

119 尊者和悅地統領著我，是至上真知的太陽。心思卻如同月亮般，有陰晴圓缺、起起伏伏。這感知〔對境〕的小我，在尊者的示現下，羞愧地消退而去。

120 在我頭腦充滿妄念、失去內在平靜，憔悴沮喪之際，尊者應允拯救我。

121 光明的尊者，消除我的自我，一再地摧毀，磨損至微小如原子的程度，直到成為他的一部分。

這裡涉及到聖者瑪尼迦瓦吒迦爾在《蒂魯瓦伽肯》書中所敘述的領受，而尊者也屢加引述：「蒂魯帕倫杜萊（Tirupperundurai，著名的濕婆神廟）的濕婆啊！逼近又逼近，磨損成一粒原子，最後終於合而為一。」

尊者對我展示真實的「我」

122 為了不讓自認為是罪人的我頹廢下去，尊者給予加持，使〔我的〕「我」成為至上。

123 我明白這是因尊者的加持，而非靠我的自我意識，所以「我」才能知曉背後〔真正〕的支撐所在，並得到救贖。

124 因真我的至上崇偉，所以「我」才能作為「他」而存在，尊者的輝照遍及四方，讓「我」及「我的」永無立足之地。

125 在讓別人跳著「我和我的」之舞的同時，尊者卻在我的本心跳著「我即我」之舞。

126 尊者是真我的神聖殿堂，是永恆的究竟實相，在我的本心跳著「我-我」之舞。

尊者摧毀我的心思

127 尊者是清淨的廣闊（之知），躍升而起！是我一切「行動」果報的崇高毀滅者。尊者是真理的光輝，也毀滅了當下的我。

128 恩德即尊者，擄獲了我的心，像個大魔王不肯鬆手，摧毀我心，將其轉化為自己的不死之身。

129 尊者粉碎了我的心思，然後將其丟棄，使心成為廣大的虛空，沒有黑暗的角落。

130 在真我超越思維的圓滿中，尊者展現出閃耀的真理，駁斥了我頭腦這根本的缺陷。

131 真我的神光是提煉的真知，尊者終結了我卑劣的幻象，斷了三大質性。質性（gunas）指頭腦的三種交替出現的性質及其呈現：薩埵（和諧、清明）、羅闍（活動、激烈）、答摩（遲鈍、怠惰）。

132 尊者乃是真理，至高無上，照耀著在我的生命中無垢的清淨之知，斬斷世俗的束縛，終結個體生命的糾葛。

133 尊者〔的本質〕是全然的一體，收服我的意識，加以壓制並滅盡，俾摧毀基於分別心而生的妄想。

尊者打開我的本心，對我顯示

134 尊者的威德力賦予真我加持的形相，他是滿盈的明徹虛空，打開我的本心。

135 尊者在我本心全然顯現，超越一切分別。尊者就是真我，散發著喜悅之光，對一切無所執。

136 平靜、光明的尊者在本心現身，作為對盜取我的報酬。

137 尊者，是我本心之光，在我所到之處，讓我看到了開闊之知的真正視野，〔讓我〕每天都能珍惜這份恩賜。

138 尊者就是加持，眉宇間散發著寧靜之光，使我心醉，又以本心之光，充滿著我的內在，征服了我的靈魂。

139 尊者打開了我的本心，對我揭示了真我體驗的圓滿明徹，那裡只有不二的空。

尊者使我安住在本心

140 尊者將真我的真理安住在我的本心，有如釘子牢牢釘入柔軟的新木。

141 黃金般的尊者永住我的本心，明曜而真實的〔阿魯那佳拉〕紅色聖山，永遠燦爛無比。

142 尊者是真理，常在我的本心，清明朗現，有如在開闊的天空下矗立的壯麗山峰。

這裡涉及坦米爾文的成語。若某物赫然醒目，坦米爾人便說其醒目如大山矗立於空曠天空下。

143 尊者在我的本心散發著圓滿的光芒，成為無形無相的遍在之光。

144 尊者對別人唱歌跳舞，但針對我，僅是沒入本心。

145 尊者是至上真知之光，在我內在奮然而起，使至上幸福的覺受湧現而出，在本心擁我入懷。

146 尊者將豐盛的真理，賜予我的本心，消除了欺瞞的幻覺所引起的思維貧乏。

147 尊者如同開闊的恩德天空，將我完全包覆在本心，摧毀了那股在無明之中猖獗著的「我」之概念的勢力。

148 尊者宣稱：頭腦意識空無一物，變得清明，就是達到究竟至上，而他給予加持，在我的本心確立了這種覺知。

尊者就住在我的本心

149 尊者是美麗的至上、在我本心閃耀的唯一真我，摧毀我對世界的痴迷。

150 尊者歡欣鼓舞，驅除愚痴的烏雲，歡喜地住於我的本心。

151 尊者熄滅了貪欲和憎惡的火焰，還有其他造成生死流轉的惡習，並以醍醐灌頂的清涼常住我心。

152 真我湧動，尊者的本質，遍及一切，存於我的本心。

153 尊者住於我的本心，使我獲得真我如實的力量。這種真我的境界，是無法藉由精通人文與科學而得到的。

154 璀璨光明的尊者住於我的本心，使我可以沉浸在真實的幸福中，毫無思緒的痕跡。

155 如實探究「我的實相本質」，尊者就像那顆如如不動的極星，住於本心。

156 尊者是真我般的歡喜之境，其形相就是在我本心生發的明覺，沒有任何思維能超越其範疇。

157 尊者是恩德，住於我本心暫置的神祠，就好像是一座富麗堂皇而永在的神廟。神廟翻修時，眾神祉移至他處暫放（「暫置神祠」），神廟完工後，再移回到永久的神廟裡。

158 光明的尊者取得了我本心的所有權狀，駐紮在那裡，使我不致落入習性這個敵人的勢力下。

尊者使我解脫

159 尊者慈愛地〔為我〕端上的瓠瓜，這是一道無上幸福之解脫佳餚，決非只是畫在紙上的畫面。

《真我語類》五三一頌：只有在專注如實探究存於本心的實相，才會獲得摧毀妄念的至上真知。要知道，書本上有關探究的知識，或從經文上學習的知識，就像畫在紙上的瓠瓜畫面，不能用來烹煮。

《真我語類》五三二頌：用圖畫上的熊熊烈火烹煮食物來吃，可以緩解飢餓嗎？同理，終結生命的苦難，安享真我的幸福，無法以口頭上的知識來實現，只有在本心滅盡自我才能獲得。因此，你應當知道。

160 尊者用他的獅子吼，擊潰了我夢中發情的大象，掃除了我的困惑。

161 我是個無知的傻瓜，被頑固有如樹幹般的心思蒙蔽了雙眼，但黃金般的尊者賜予我悟明。

162 尊者授與〔我〕這樣的覺悟：「當一切都以『不是這個，也不是這個』被排除時，你便是唯一留存的。」

163 尊者讓我意識到，生生世世僅是我的夢幻，而心思的虛妄之力使〔我〕與這些夢境相應。

164 真我乃濕婆之知，充滿在我本心而別無其他，我在真理中歡欣鼓舞。

165 尊者是絕對的一，主宰著我，終止我對實相的遺忘，使我的此生成為最後一世。

166 尊者是那熾熱的第三隻眼，以灼燒的火熱，烘乾了那片生生世世都難以跨越的漫漫淒涼之洋。當濕婆打開位於前額中央的第三隻眼睛時，其視線所及之處，不論何物，皆燒成灰燼。

尊者使我靜止

167 尊者讓我們了解到，深邃微妙的真我體驗，就是保持靜止。

168 尊者說道：「跳舞跳夠了，現在靜下來吧。」他授與我真知，以這個境界作為我的本性永住本心。

169 尊者引我進入他美麗光輝的聖足下，讓我體驗到靜止時，真我的熠熠生輝。

170 尊者以一句「靜下來」作為至上的加持，結束了我的修行。這是何等奇蹟！

尊者給與我真知

171 我因遺忘真我而迷妄，於是尊者讓我沉浸在真知加持的洪流之中。

172 尊者就像清晨海上升起的金色太陽，散發〔真知〕耀眼的光芒，那是在我體內升騰的燦爛金光。

173 尊者將我安頓在真我實相裡，使我頭腦剝落，確信真知就是真我的本來面目〔實相〕，而不僅僅是真我的屬性。

174 尊者是安頓在我本心中的喜樂、真知的精粹，因此我對其他的精髓沒有渴求，也沒有知覺。

175 〔對其他人而言，〕真知隱藏在虛空中，但尊者在我的本心化現為真知的廣闊。

176 燦爛的尊者在我的本心中湧動，除了濕婆智慧的美好生活，我的心沒有依賴著什麼。

177 尊者摧毀並終結了我的妄念，他的形體就是真知，對靈魂而言有至高無上的利益。

178 尊者為了我而展示瑜伽，助我〔獲得〕真知的利益。

179 尊者讓我知道，除了真知的勝利之外，其他的勝利都是起於不光彩的妄想，有其缺陷。

180 尊者拒絕了刻板的棄世，以真知的力量，使棄世與我合而為一，成為我的本質。

181 尊者賜予我真知，注入《蒂魯瓦伽肯》糖漿的精華。

《蒂魯瓦伽肯》是九世紀一部的著名詩集，由坦米爾詩聖瑪尼迦瓦吒迦爾譜寫的虔愛詩頌。詩頌都是在讚美濕婆，濕婆是瑪尼迦瓦吒迦爾的神明及上師。一九二三年，穆魯葛納二度訪見尊者時，尊者建議他仿傚瑪尼迦瓦吒迦爾作品的風格作詩。起初穆魯葛納認為自己的詩才不及，但經尊者鼓勵，終於寫出詩風接近瑪迦瓦吒迦爾的《拉瑪那讚頌集》。正如瑪尼迦瓦吒迦爾在詩中頌揚濕婆，穆魯葛納也只在詩中頌揚尊者。

穆魯葛納說尊者賜予他「《蒂魯瓦伽肯》的精華」，他的意思是說，尊者讓他與濕婆之知合而為一。

尊者本人非常推崇《蒂魯瓦伽肯》，常引述書中詩頌。尊者的母親逝世當晚，他開始讀誦整部作品，直到凌晨四時誦畢。穆魯葛納在下面〈獻給上師的花環〉的詩頌中，記錄了尊者對《蒂魯瓦伽肯》的評語及觀點：

> 瑪尼迦瓦吒迦爾的《蒂魯瓦伽肯》以文字表達對濕婆之知的覺受，優雅奔放，超越語言。《蒂魯瓦伽肯》是一部值得體驗的作品，甜美詩頌中的涵義，超越了知識的範疇。有人問到《蒂魯瓦伽肯》的意義時，偉大的詩聖瑪尼迦瓦吒迦爾指著精微廣闊的真知虛空，並融入其中。
>
> 《蒂魯瓦伽肯》是神聖的甘露，表達對神的覺受，終結受困於子宮的出世之苦。[8]

穆魯葛納在同一本書中，也透露了尊者賜予他同樣的體驗，那正是《蒂魯瓦伽肯》的精髓與意義所在：

尊者使我融入《蒂魯瓦伽肯》的精髓，〔開示它是〕吠陀的終極結論。[9]

尊者本人認為《拉瑪那讚頌集》是穆魯葛納版的《蒂魯瓦伽肯》，是重大的文學與靈性成就，下面這則軼事，顯示了尊者對這部作品及作者的推崇：

> 有一次，尊者偶然聽到道場有一些人在議論穆魯葛納。他立即駁斥道：「在《讚頌集》與《真我語類》出版的當天，穆魯葛納就成為信徒中最優異者。」
>
> 邁可·詹姆斯（Michael James）〔《拉瑪那的穆魯葛納》，第九十三頁〕評道：「『信徒中最優異者』這句話，尊者是用來比擬〔詩人〕聖者諸如：阿帕爾、桑德拉（Sundarar）、桑班達、瑪尼迦瓦吒迦爾等人……」

這樣有意思的詮釋，也在尊者自己譜寫的一則詩中，得到認可。其情景如下：

《拉瑪那讚頌集》出版前夕，對尊者朗讀這本書的手稿文本時，有一位信徒，名叫維斯瓦納特·史瓦米（Viswanatha Swami）不由自主地大加讚賞，驚呼道：「穆格瓦普里·穆魯甘（Mugavapuri Murugan）！」穆格瓦普里，是拉瑪那特普蘭（Ramanathapuram）的另一個名稱，也是穆魯葛納的出生地。於是尊者請維斯瓦納特〔史瓦米〕挑戰看看，用他所喊叫的這兩個字寫詩，不過他做不到，便祈請尊者作詩，於是尊者就以下面的幾行詩句回應，彷彿出於穆魯葛納之手。

「住在心蓮上的阿魯那佳拉．拉瑪那，對我凝眸微笑，傾注了豐盛的加持，滅盡我的靈魂。」這樣吟唱著，世人因此得救；穆格瓦普里．穆魯甘譜寫了媲美《蒂魯瓦伽肯》的《讚頌集》。

瑪尼迦瓦吒迦爾的鉅著《蒂魯瓦伽肯》，是坦米爾虔愛詩頌中，最著名、廣受推崇的詩集。在上述這首詩中，尊者公開肯定兩件事：穆魯葛納崇高的靈性地位，以及他躋身於歷年來偉大的坦米爾虔愛詩人之列，實至名歸。[10]

尊者給與我真正的學問和知識

182 尊者賜給我這樣的真知：「在真知的光輝裡，科學知識的榮耀，都成為了無明。」

183 尊者是真理，在我的本心輝照著「知」之明覺，使其他類型的知識顯得殘缺而失去意義。

184 當虛妄的黑暗消失的那一刻，燦爛的尊者在我的心智中閃耀，成為我真正的形相。

問：在《寶鬘辨》二六六頌，商羯羅說，至上絕對得以心智體認到，意思是心智的助益甚大。

事實上，要了悟必定少不了心智。

尊者：心智（buddhi）一詞正確譯為精微的心智，但這裡是指本心之穴……〔朗讀二六六頌：〕

在心智之穴裡，有個至上絕對，與粗質及精微都不同。存在、絕對、至上，是一而無二。以至上絕對住在此穴的人，喔，親愛的，這裡再也不能進入婦女的子宮。11

185 頃刻間，尊者在我之內開示了吠陀的祕密，指出吠陀崇高的目標就是加持，那是〔用頭腦〕不可能知道的恩德。

186 黃金般的尊者說道：「願你學到那個所不能學的。」他言而無言，照亮我的本心。

尊者給與我靜默

187 尊者特別為了我，萃取了真知的成熟果實的汁液，給我喝下靜默的最高境界。

188 燦爛的尊者使我的目標〔真我〕在靜默中閃耀，那是他存在之力所賜予的平靜。

189 尊者宣告，我把自己供養給靜默，〔尊者所〕賜予的深遠平靜就是回報。

190 尊者向我施展豐饒之術，使我在神性的第一因——靜默的擁抱中死去。

191 尊者把我〔與他〕結合，徹底摧毀了我宗教迷信的生活，使我能夠獲得平靜，真正的存在奉行（sat-achara）。

Achara通常指「行為守則」，在這裡的意思，是指「遵行安住於在、實相」。

尊者示我生命的本質

192 尊者對我示現顯赫如山的生命本質，賜予我真實的生命，其微妙是書籍無法表達的精髓。

193 尊者本身就是至高無上，是我生命的本質、我唯一的本心。

194 尊者使我自身的真理在內心閃耀，如同清淨之知僅因其自身的存在而閃耀。

195 尊者淨化〔我的〕意識，使之沉靜，使我參悟不二的真我本質。

196 光明的尊者在我之內閃耀，那是無形、精微、永恆無垢的真我。

197 尊者在我的本質中拯救了我，使我不再像迷途的群鹿在林間遊蕩，誤把幻影當作水塘。

198 尊者大放光明，帶我到深沉的寧靜，所謂的三摩地之中，使之與我合一，成為我的本質。

199 無論我逃至何處，試圖脫離生命的本質，尊者都緊追著我，不讓我離開。

尊者將我合為其身

200 不二的尊者是這樣的：無論如何，我都不可能脫離他而存在，而他也不能除卻我而存在。

201 尊者即是廣闊〔之知〕，不僅沒有體驗過的人看不見，縱使體驗過的人也看不見，他離我愈來愈近，近到成為我自身的存在。

202 在這世上，沒有任何事物可以描述我和尊者之間的那份融洽。

203 就像至上大力喜愛濕婆一樣，尊者使我心沉浸於「存在之知」之中。

204 尊者讓我的本心活出與濕婆合一的生命，讓出生〔與死亡〕這種病所引發的痛苦都消失。

205 尊者是靜默，是濕婆之在，以其甜美的本性結合我本心的內在特質，好像牛奶摻了蜂蜜。

206 尊者是真實，作為我的本源而存在、閃耀，也以尊者自己的本源如如其在。

207 雖然尊者與我看似兩者，但當我探究我的本來面目時，實相就只有一個。

208 尊者在本心中顯現為究竟至上，他與我合一，日夜發光。

209 尊者對我而言，是莫大的幸運，雖然不易以身擁抱，但我與他融為一體，在愛中（跟他）親密接近。

210 尊者讓我真正的認識到，自古以來似乎一直有別於我的實相，如今已與我恆常合一。

211 尊者是不偏離本心的自然（的境地），因此我不可能與他分離。

212 尊者是真理的澄澈明淨，在我的本心閃耀著，是值得讚美的圓滿合一。

213 我和尊者的一言一行，都心心相印。

尊者給與我濕婆之知

214 尊者是濕婆之知，在我本心無止盡的虛空中輝照，是我的真實存在，超越客體理解所及。

215 濕婆之知不可分割、無處不在，進入我的本心，那是個無法進入的皈依處，輝照著真理之光。

216 尊者促使我生命的真正本質煥發，成為濕婆之知的黃金形相，那是真我、恩德之知，驅除了我悲慘的不淨。

217 黃金般的尊者賜予我一份天賦，把我的本心帶入濕婆之知的極樂天堂，那裡既是絕對虛空，也是絕對圓滿。

218 尊者如同父親般，賜予我祝福，將濕婆之知當作禮物呈現在我的本心裡，這是一份豐富的隱形寶藏，讓我心滿意足。

219 尊者加持我的本心，讓我這一世得以安住在濕婆之知，過著清淨的生活。

220 尊者將我的心思安頓在真知的苦行，讓我在濕婆之知中徜徉。

只見尊者，只知尊者

221 不管我眼觀何處，凡所我見，都是尊者，那是永不暗淡的廣闊真知之光。

有一次，一群人準備前去朝聖，他們問穆魯葛納是否有興趣加入他們的行列。穆魯葛納回答說：「當我定睛看尊者時，他是真我明覺的太陽，我的雙眼被他燦爛的形相給迷住了。現在，除了我的尊者之外，我看不見任何人事物。既然如此，我去朝聖又有什麼用呢？」[12]

222 因為我把〔尊者的〕真我當作我的眼睛，他即真實，就會萌現而輝照，成為我一切感知的光明燈。

223 尊者就這樣打開了我的本心，使得原本不可見的崇高本質，隨處可見。

224 燦爛而祥和的尊者，澎拜如幸福的海洋，讓我的本心再也容不下外來的思維。

閱讀本書的裨益

225 凡念誦《真我精粹》、讚美、莊嚴尊者之人，尊者皆賜予加持，使他們永遠與心中恆在的真我實相，合而為一。

頌文序號對照及註釋

每個章節，先列有兩個號碼為一組的序號，其後列出本書的註釋出處。一組兩碼的序號，在冒號左邊的粗黑體號碼，是在本書中的序號；冒號右邊的號碼，是坦米爾文原書的序號。

譯序

1 David Godman, ed., *The Power of the Presence, Book Two* (Boulder, CO: Avadhuta Foundation, 2005) p.112.

2 David Godman, *Be As You Are* (Arkana, 1985)

導讀

1 'Tiruvandappahudi', Sri *Ramana Sannidhi Murai*, cited in *The Power of the Presence*, part two, p. 98.

第一章　薄伽梵拉瑪那尊者

1 *Sri Ramana Anubhut*i, volume two, verse 2.

2 *Non-Dual Consciousness – the Flood Tide of Bliss, Sri Ramana Anubhuti,* verse 252.

3 *Sri Ramana Anubhuti*, volume two, the dhyana verse printed below the frontis-piece.

薄伽梵拉瑪那尊者

1:1962, **2:**2098, **3:**75, **4:**938, **5:**71, **6:**732, **7:**675, **8:**2180, **9:**389, **10:**2866, **11:**1192, **12:**329, **13:**2593, **14:**145, **15:**175, **16:**218, **17:**738, **18:**1353, **19:**1713, **20:**1923, **21:**466, **22:**1103, **23:**1949, **24:**2695, **25:**1485, **26:**2031, **27:**2648, **28:**1508, **29:**1509, **30:**123, **31:**470, **32:**857, **33:**1840, **34:**1493, **35:**2652, **36:**416, **37:**1287, **38:**1354, **39:**2978, **40:**2684, **41:**2509, **42:**375, **43:**469, **44:**561, **45:**291, **46:**1722, **47:**2439, **48:**33, **49:**2093, **50:**1717, **51:**528, **52:**909, **53:**1917, **54:**2614, **55:**4365, **56:**674, **57:**2813, **58:**2696, **59:**1603, **60:**1038, **61:**1500, **62:**290, **63:**2446, **64:**468, **65:**3015, **66:**2217, **67:**2982, **68:**2090, **69:**289, **70:**1505, **71:**550, **72:**2321, **73:**1242, **74:**1263, **75:**723, **76:**1866, **77:**2365, **78:**241, **79:**944, **80:**2396, **81:**2007, **82:**1741, **83:**refrain.

1 *Ninaivil Niraindavai*, p. 199.

2 *Day by Day with Bhagavan*, 8th October, 1946.

3 *The Power of the Presence*, part three, p. 133.

4 *Bhagavan Sri Ramana, a Pictorial Biography*, p. 74.

5 *The Mountain path,* 1968, p. 236.

6 *Cherished Memories*, p. 144.

7 *Sri Ramana paravidyopanishad,* verse 562, cited in *The Power of the Presence*, part three, p. 189.

8 *Living by the Words of Bhagavan*, p. 191.

9 *The Power of the Presence*, part three, pp. 133-4.

10 *The Power of the Presence*, part two, p. 91,93.

11 *The Power of the Presence*, part two, p. 159.

12 *Living by the Words of Bhagavan*, pp. 33-4.

13 *Day by Day with Bhagavan*, 27th June, 1946.

14 *Letters from Sri Ramanasramam*, 26th Octover, 1947.

15 *The Power of the Presence*, part two, p. 65.

16 *Ramana Maharshi and the Path of Self-Knowledge*, p. 127.

17 *Self-Realization*, p. 66.

18 *The Power of the Presence*, part two, p. 94.

19 *The Power of the Presence*, part three, p. 33.

20 *Letters from Sri Ramanasramam*, 17th January, 1946.

21 *Living by the Words of Bhagavan*, pp. 86-7.

22 *Letters from Sri Ramanasramam*, 16th February, 1949.

23 *Living by the Words of Bhagavan*, p. 95.
24 *Letters from Sri Ramanasramam*, 7th April, 1947.
25 *Living by the Words of Bhagavan*, p. 72.
26 *Living by the Words of Bhagavan*, pp. 70-71.
27 *Living by the Words of Bhagavan*, p. 29.
28 *The Power of the Presence*, part two, p. 51.

尊者的允諾與昭示

1:149, **2:**525, **3:**916, **4:**994, **5:**367, **6:**368, **7:**995, **8:**996, **9:**1661, **10:**1662, **11:**230, **12:**371, **13:**360, **14:**1045, **15:**1619, **16:**2253, **17:**236, **18:**237, **17:**238, **20:**1656, **21:**262, **22:**521, **23:**522, **24:**1313, **25:**914, **26:**915, **27:**523, **28:**524,**29:**366, **30:**450, **31:**347, **32:**348, **33:**978, **34:**143, **35:**598, **36:**599, **37:**600.

1 *Ulladu Narpadu*, p. 142, 1979 ed.
2 *Day by Day with Bhagavan*, 24th June, 1946.
3 *The Power of the Presence*, part one, p. 234.
4 *The Power of the Presence*, part two, pp. 84-5.
5 *The Power of the Presence*, part one, pp. 114-5.
6 *Talks with Sri Ramana Maharshi*, talk no. 543.
7 *Sri Ramana Darsanam*, p. 11.

第11章　真我

1 *Guru Vachaka Kovai*, verse 901.
2 *Sri Ramana Jnana Bodham*, volume9, verse 15 of Bodha Arut Porul Vanakkam.
3 *Sri Ramana Jnana Bodham*, volume9, verse 3 of Bodha Arut Porul Vanakkam.

真理

1:1810, **2:**1529, **3:**2932, **4:**957, **5:**2849, **6:**2019, **7:**1502, **8:**1701, **9:**2727, **10:**2147, **11:**2628, **12:**2186, **13:**1043, **14:**1652, **15:**1079, **16:**2471, **17:**2686, **18:**1248,**17:**2763, **20:**1208, **21:**2834, **22:**3021 **23:**2257, **24:**870, **25:**76, **26:**1486, **27:**2860, **28:**1921, **29:**1827, **30:**1080, **31:**1997, **32:**2756, **33:**496, **34:**1213, **35:**2473, **36:**2503, **37:**954, **38:**166, **39:**92, **40:**267, **41:**2510, **42:**1044, **43:**585, **44:**512, **45:**2181, **46:**2677, **47:**492, **48:**2258, **49:**2551, **50:**1993, **51:**1982, **52:**1783, **53:**1372, **54:**2582, **55:**1544, **56:**576, **57:**1028, **58:**950, **59:**1605, **60:**2896, **61:**2897, **62:**2447, **63:**2448, **64:**272, **65:**1602, **66:**2979, **67:**2735, **68:**887, **69:**108, **70:**2313, **71:**2311, **72:**2774, **73:**2312, **74:**2681, **75:**1859, **76:**146, **77:**3010, **78:**945, **79:**2069, **80:**1309, **81:**1086, **82:**1087, **83:**2157, **84:**32, **85:**2654, **86:**20, **87:**551, **88:**3022, **89:**1977, **90:**2153, **91:**2998, **92:**2452, **93:**3035, **94:**955, **95:**1224, **96:**38, **97:**951, 98:2624, 99:494, **100:**2451, **101:**1426, **171:**952, **103:**953, **104:**2552, **105:**1346, **106:**205, **107:**1650, **108:**2050, **109:**2377, **110:**2701, **111:**2127, **112:**2693, **113:**2990, 1**14:**83, **115:**288, **116:**21, **117:**164, **118:**2758, **117:**1262, **120:**153, **121:**2403,**132:**1751, **123:**1874, **124:**2862, **125:**294, **126:**2971, **127:**407, **128:**1191, **129:**867.

1 *The Power of the Presence*, part three, p. 252.
2 *Spiritual Instruction, The Collected Works of Sri Ramana Maharshi*, pp. 55-6.
3 *Maha Yoga*, p. 241.
4 *Spiritual Instruction, The Collected Works of Sri Ramana Maharshi*, p. 57.
5 Unpublished translation by Sadhu Om.
6 *The Power of the Presence*, part one, p. 269.
7 *Sat Darshana Bhashya*, p. xxxi.
8 *Sat Darshana Bhashya*, p. xxxii.
9 *Talks with Sri Ramana Maharshi*, talk no. 529.
10 *The Collected Works of Sri Ramana Maharshi*, p. 80-1.
11 *Sri Ramana Reminiscences*, p. 37.
12 *Talks with Sri Ramana Maharshi*, talk no. 143.
13 *Letters from Sri Ramanasramam*, 30th October, 1947.
14 *The Power of the Presence*, part one, p. 261.
15 *Maharshi's Gospel*, p. 52.
16 *Talks with Sri Ramana Maharshi*, talk no. 208.

17 *Talks with Sri Ramana Maharshi*, talk no. 349.
18 *Letters from Sri Ramanasramam*, 22nd August, 1946.
19 *The Power of the Presence*, part one, p. 29.

真我

1:805, **2:**707, **3:**219, **4:**2413, **5:**1275, **6:**2412, **7:**2535, **8:**2131, **9:**2156, **10:**2294, **11:**842, **12:**900, **13:**851, **14:**1438, **15:**1021, **16:**2238, **17:**609, **18:**736, **17:**1114, **20:**1115, **21:**896, **22:**997, **23:**2964, **24:**2437, **25:**312, **26:**932, **27:**513, **28:**332, **29:**653, **30:**310, **31:**923, **32:**2101, **33:**514, **34:**2160, **35:**571, **36:**918, **37:**908, **38:**1108, **39:**305, **40:**2663, **41:**1180, **42:**311, **43:**2102, **44:**1724, **45:**1725, **46:**1174, **47:**165, **48:**991, **49:**617, **50:**2212, **51:**1930, **52:**1773, **53:**2940, **54:**2431, **55:**635, **56:**2821, **57:**2299, **58:**1276, **59:**917, **60:**1944, **61:**364, **62:**1095, **63:**875, **64:**1462, **65:**1672, **66:**594, **67:**223, **68:**689, **69:**1155, **70:**1451, **71:**1576, **72:**1847, **73:**2388, **74:**852, **75:**152, **76:**1575, **77:**740, **78:**965, **79:**2254, **80:**335, **81:**1889, **82:**1795, **83:**1754, **84:** 925, **85:**2625, **86:**2151, **87:**3039, **88:**420, **89:**1636, **90:**465, **91:**708, **92:**2318, **93:**1304, **94:**275, **95:**2387, **96:**802, **97:**2302, 98:2304, 99:1852, **100:**2425, **101:**2633, **171:**439, **103:**265, **104:**607, **105:**1201, **106:**1842, **107:**1215, **108:**676, **109:**1601, **110:**1163, **111:**1143, **112:**1475, **113:**170, 1**14:**299, **115:**473, **116:**1600, **117:**1113, **118:**228, **117:**569, **120:**556, **121:**629,**132:**1608, **123:**1540, **124:**1541, **125:**1832, **126:**2915, **127:**649, **128:**1121, **129:**308, **130:**555, **131:**2256, **132:**1127, **133:**1513, **134:**1515, **135:**700, **136:**547, **137:**1027, **138:**2418, **139:**1937, **140:**1176, **141:**1768, **142:**989, **143:**1390, **144:**1391, 1**45:**1392, **146:**2988.

1 *Ulladu Narpadu – Kalivenba, The Mountain path*, 1981, p. 221.
2 *Day by Day with Bhagavan*, 22nd March, 1946.
3 *Ulladu Narpadu – Kalivenba, The Mountain path*, 1981, pp. 218-9.
4 *Conscious Immortality*, 1984 ed., p. 181.
5 *Day by Day with Bhagavan*, 9th January, 1946.
6 *Talks with Sri Ramana Maharshi*, talk no. 551.
7 *Talks with Sri Ramana Maharshi*, talk no. 372.
8 *Guru Ramana*, p. 63.
9 *Talks with Sri Ramana Maharshi*, talk no. 289.
10 *Maharshi's Gospel*, 1994 ed., p. 48.
11 *Talks with Sri Ramana Maharshi*, talk no. 197.
12 *Talks with Sri Ramana Maharshi*, talk no. 122.
13 *Talks with Sri Ramana Maharshi*, talk no. 251.
14 *Sri Ramana paravidyopanishad*, verse 166, *The Call Divine*, vol. V, p. 563.
15 *Living by the Words of Bhagavan*, pp. 218-9.
16 *Letters from Sri Ramanasramam*, 28th January, 1947.
17 *Talks with Sri Ramana Maharshi*, talk no. 589.
18 *My Reminiscences*, p. 75.
19 *Talks with Sri Ramana Maharshi*, talk no. 98.
20 *Day by Day with Bhagavan*, 21st July, 1946.
21 *Talks with Sri Ramana Maharshi*, talk no. 30.
22 *The Power of the Presence*, part one, p. 246.
23 *Talks with Sri Ramana Maharshi*, talk no. 626.
24 *Talks with Sri Ramana Maharshi*, talk no. 591.
25 *Talks with Sri Ramana Maharshi*, talk no. 433.
26 *Day by Day with Bhagavan*, 19th October, 1945.
27 *Talks with Sri Ramana Maharshi*, talk no. 406.
28 *Talks with Sri Ramana Maharshi*, talk no. 152.
29 *Talks with Sri Ramana Maharshi*, talk no. 202.
30 *The Power of the Presence*, part one, p. 242.
31 *Talks with Sri Ramana Maharshi*, talk no. 294.
32 *Sat Darshana Bhashya*, p. ix.
33 *Conscious Immortality*, 1984 ed., p. 118.
34 *Self Enquiry, Collected Works*, p. 27.
35 *Conscious Immortality*, p. 117.
36 *alks with Sri Ramana Maharshi*, talk no. 294.
37 *T37 Talks with Sri Ramana Maharshi*, talk no. 406.
38 *Letters from Sri Ramanasramam*, 22nd January, 1949.

39 *Sadakarkuriya Sattana Nerigal*, no. 73.
40 散文版的〈我是誰〉收錄在《真我三論》(紅桌文化，2015, 2022)中。—譯注
41 *Maharshi's Gospel*, pp. 39-40.
42 *Day by Day with Bhagavan*, 18th October, 1945.
43 *Talks with Sri Ramana Maharshi*, talk no. 106.
44 *Letters from Sri Ramanasramam*, 18th May, 1947.
45 *Living by the Words of Bhagavan*, pp. 245-6.
46 *Talks with Sri Ramana Maharshi*, talk no. 627.

知

1:3020, **2:**1826, **3:**1969, **4:**2803, **5:**3036, **6:**317, **7:**21908, **9:**1893, **10:**2958, **11:**825, **12:**278, **13:**2058, **14:**788, **15:**2651, **16:**636, **17:**686, **18:**687, **17:**1218, **20:**1219, **21:**1220, **22:**505, **23:**1173, **24:**1804, **25:**1805, **26:**1340, **27:**2484, **28:**2782, **29:**1480, **30:**1534, **31:**552, **32:**460, **33:**2047, **34:**2300, **35:**1911, **36:**2104, **37:**1152, **38:**843, **39:**943, **40:**508, **41:**1165, **42:**631, **43:**568, **44:**2656, **45:**679, **46:**680, **47:**681, **48:**1743, **49:**724, **50:**2260, **51:**1024, **52:**1025, **53:** 1026,**54:**2887, **55:**1772, **56:**1730, **57:**1638, **58:**2130, **59:**1315, **60:**2282, **61:**970, **62:**1237, **63:**338, **64:**247, **65:**1211, **66:**1845, **67:**1892, **68:**2618, **69:**517.

1 這裡的「知」並非對境及物之知，而是指知其自身之知，或指自身之耀明。—譯注
2 *Talks with Sri Ramana Maharshi*, talk no. 289.
3 *Day by Day with Bhagavan*, 19th November, 1946.
4 *Letters from Sri Ramanasramam*, 30th October, 1947.
5 *Talks with Sri Ramana Maharshi*, talk no. 82.
6 Unpublished translation from Annamalai Swami' s diary. A partial translation of this answer is contained in Living by the Words, of Bhagavan, p. 252.
7 *Day by Day with Bhagavan*, 22nd November, 1945.
8 *Letters from Sri Ramanasramam*, 9th April, 1947.
9 *The Power of the Presence*, part one, pp. 263-4.

其他真我同義詞

1:1617, **2:**186, **3:**562, **4:**1212, **5:**2632, **6:**543, **7:**1831. **8:**779, **9:**2272, **10:**404, **11:**1547, **12:**434, **13:**1119, **14:**1245, **15:**442, **16:**663, **17:**1727, **18:**1817, **17:**984, **20:**630, **21:**453, **22:**983, **23:**454, **24:**1530, **25:**650, **26:**651, **27:**1286, **28:**974, **29:**2106, **30:**1118, **31:**1130, **32:**1175, **33:**1285, **34:**476, **35:**1549, **36:**2056, **37:**1377, **38:**833, **39:**2042, **40:**2848, **41:**2122, **42:**1919, **43:**421, **44:**2080, **45:**1395, **46:**1482, **47:**632, **48:**1267, **49:**1834, **50:**1099, **51:**1100, **52:**2315, **53:**841, **54:**545, **55:**2515, **56:**1512, **57:**684, **58:**1069, **59:**1144, **60:**1581, **61:**596, **62:**1076, **63:**1077, **64:**930, **65:**931, **66:**2904, **67:**2154, **68:**2226, **69:**634, **70:**2332, **71:**874, **72:**2669, **73:**1774, **74:**2262, **75:**2366, **76:**1112, **77:**1971, **78:**1078, **79:**1250, **80:**1251, **81:**240, **82:**1151, **83:**1536, **84:**2995, **85:**2571, **86:**2767, **87:**2339, **88:**232, **89:**233, **90:**721, **91:**418, **92:**1798, **93:**2338.

1 *Be As You Are*, p. 12.
2 *Day by Day with Bhagavan*, 16th Septembe, 1945.
3 *Day by Day with Bhagavan*, 16th Septembe, 1945.
4 *Talks with Sri Ramana Maharshi*, talk no. 238.
5 *Maharshi's Gospel*, p. 66.
6 *Talks with Sri Ramana Maharshi*, talk no. 27.
7 *Talks with Sri Ramana Maharshi*, talk no. 99.
8 *Ulladu Narpadu – Kalivenba, The Mountain path*, 1981, p. 219.
9 *Talks with Sri Ramana Maharshi*, talk no. 450.
10 *The Collected Works of Sri Ramana Maharshi*, p. 118.
11 *Sri Ramana Darsanam*, pp. 8-9.
12 *Day by Day with Bhagavan*, 18th April, 1946.
13 *Talks with Sri Ramana Maharshi*, talk no. 244.
14 *Talks with Sri Ramana Maharshi*, talk no. 68.
15 *Talks with Sri Ramana Maharshi*, talk no. 273.
16 *Talks with Sri Ramana Maharshi*, talk no. 450.
17 *Self Enquiry, Collected Works*, pp. 32-3.

第三章　上師和悟者

1 *Sri Ramana Jnana Bodham*, vol.7, verse 916.
2 *Sri Ramana Jnana Bodham*, vol.3, verse 842.
3 *Guru Vachaka Kovai*, verse 321, cited in *The Power of the Presence*, part one, p. 110.

上師

1:666, **2:**662, **3:**663, **4:**1056, **5:**1839, **6:**665, **7:**1188, **8:**1323, **9:**3014, **10:**346, **11:**695, **12:**696, **13:**697, **14:**698, **15:**699, **16:**625, **17:**626, **18:**1766, **17:**668, **20:**669, **21:**670, **22:**664, **23:**2229, **24:**2408, **25:**1880, **26:**830, **27:**1878, **28:**1879, **29:**1881.

1 *Letters from Sri Ramanasramam*, 26th February, 1947.
2 Taken from a Tamil essay by Muruganar on Bhagavan' s life, entitled 'Sri Ramana' , which appeared in appendix six of volume nine of *Sri Ramana Jnana Bodham*.
3 *Sadakarkuriya Sattana Nerigal*, no. 27.
4 *Sri Ramana Darsanam*, pp. 38-9.
5 *The Power of the Presence*, part one, p. 230.
6 *Letters from and Recollections of Sri Ramanasramam*, p. 26.
7 *Maharshi's Gospel*, p. 33.
8 *Talks with Sri Ramana Maharshi*, talk no. 32.
9 *Sadakarkuriya Sattana Nerigal*, no. 50.
10 *Sri Ramana Darsanam*, p. 35.
11 *Letters from Sri Ramanasramam*, 24th April, 1947.
12 *Talks with Sri Ramana Maharshi*, talk no.68. I have amended the Sanskrit quotation a little since the original citation was incomplete.
13 *Talks with Sri Ramana Maharshi*, talk no. 246.
14 A more detailed account of this exchange between Bhagavan and Muruganar can be found in *The Mountain path*, 1982, pp. 11-12.
15 *Spiritual Instruction, The Collected Works of Sri Ramana Maharshi*, p. 50.
16 *Talks with Sri Ramana Maharshi*, talk no. 282.

悟者

1:1138, **2:**2598, **3:**2609, **4:**1708, **5:**2429, **6:**1040, **7:**713, **8:**1660, **9:**1704, **10:**1950, **11:**2402, **12:**1705, **13:**2201, **14:**919, **15:**920, **16:**1436, **17:**1437, **18:**1618, **17:**639, **20:**2307, **21:**2245, **22:**1676, **23:**1134, **24:**714, **25:**1979, **26:**1436, **27:**2650, **28:**1980, **29:**958, **30:**1205, **31:**1272, **32:**1815, **33:**1816, **34:**2219, **35:**2833, **36:**2295, **37:**685, **38:**1427, **39:**784, **40:**354, **41:**1048, **42:**2337, **43:**2470, **44:**939, **45:**2330, **46:**1495, **47:**785, **48:**2713, **49:**405, **50:**2892, **51:**1649, **52:**992, **53:**1709, **54:**780, **55:**2273, **56:**2163, **57:**2111, **58:**3023, **59:**781, **60:**2291.

1 *Talks with Sri Ramana Maharshi*, talk no. 204.
2 *Sri Ramana Darsanam*, p. 25.
3 *Maha Yoga*, p. 230.
4 *The Power of the Presence*, part one, p. 231.
5 *Talks with Sri Ramana Maharshi*, talk no. 210.
6 *Talks with Sri Ramana Maharshi*, talk no. 20.
7 *Letters from Sri Ramanasramam*, 17th May, 1947.
8 *Talks with Sri Ramana Maharshi*, talk no. 155.
9 *Living by the Words of Bhagavan*, pp. 220-1.
10 *Day by Day with Bhagavan*, 16th July, 1946.
11 *My Recollections of Bhagavan Sri Ramana*, pp. 30-32. The first quote is from *Brahma Gita* and the Second from *Jnana Vasishta*.
12 *Letters from Sri Ramanasramam*, 3rd June 1946, p. 65.
13 *The Power of the Presence*, part one, p. 193.
14 *Talks with Sri Ramana Maharshi*, talk no. 449.
15 *The Power of the Presence*, part one, p. 245.
16 *Maharshi's Gospel*, p. 81.
17 *Conscious Immortality*, 1984 ed., p. 69.

18 *Sat Darshana Bhashya*, p. xx.
19 *Sri Ramana paravidyopanishad*, verse 565, cited in *The Power of the Presence*, part three, p. 190.
20 *Day by Day with Bhagavan*, 21st January, 1946.

第四章　心思及其所造

1 *Guru Vachaka Kovai*, verse 187.
2 *Guru Vachaka Kovai*, verse 188.
3 *Sri Ramana Jnana Bodham*, vol. 8, verse 588.
4 *Sri Ramana Jnana Bodham*, vol. 8, verse 417.

心思的本質

1:702, **2:**1531, **3:**1630, **4:**1036, **5:**1050, **6:**456, **7:**2487, **8:**2137, **9:**988, **10:**2419, **11:**1643, **12:**2876, **13:**2533, **14:**1109, **15:**1631, **16:**794, **17:**795, **18:**796, **17:**797, **20:**798, **21:**799, **22:**800 **23:**801, **24:**1364, **25:**2629, **26:**313, **27:**315, **28:**935, **29:**2094, **30:**2906, **31:**1473, **32:**1953, **33:**716, **34:**1644, **35:**1458, **36:**2329, **37:**1189, **38:**1283, **39:**3003, **40:**1190, **41:**2894, **42:**2579, **43:**2577, **44:**1073, **45:**1074, **46:**2335, **47:**1292, **48:**2148, **49:**1759, **50:**458, **51:**704, **52:**705, **53:**504, **54:**582, **55:**455, **56:**1164.

1 *Sadakarkuriya Sattana Nerigal*, no. 55.
2 此處心思比喻為女人，恐緣於傳統印度對婦女的觀念，然頌文亦可解為男性在修行上，應提防自己不當的情欲或心思。──譯注
3 *Day by Day with Bhagavan*, 8th November, 1945.
4 *Day by Day with Bhagavan*, 11th January, 1946.
5 *Talks with Sri Ramana Maharshi*, talk no. 26.
6 *Talks with Sri Ramana Maharshi*, talk no. 195.
7 *Sadakarkuriya Sattana Nerigal*, no. 43.
8 *Talks with Sri Ramana Maharshi*, talk no. 99.
9 *Crumbs from his Table*, p. 27.
10 *Sadakarkuriya Sattana Nerigal*, no. 19.
11 *Talks with Sri Ramana Maharshi*, talk no. 195.

客體認知

1:1129, **2:**1096, **3:**2472, **4:**1124, **5:**2375, **6:**1363, **7:**1128, **8:**2287, **9:**1011, **10:**1386, **11:**2239, **12:**575, **13:**1097, **14:**1005, **15:**807, **16:**502, **17:**808, **18:**574, **17:**1574, **20:**2479, **21:**1671, **22:**1474, **23:**1202, **24:**2589, **25:**787, **26:**2361, **27:**246, **28:**677, **29:**678, **30:**1102, **31:**2532, **32:**2564, **33:**946, **34:**947, **35:**1308, **36:**912, **37:**1158, **38:**2539, **39:**314, **40:**1457, **41:**1784, **42:**962, **43:**457, **44:**1094, **45:**986, **46:**2881, **47:**1178, **48:**2020, **49:**2398, **50:**1968, **51:**1684, **52:**845, **53:**216, **54:**1582.

1 *The Collected Works of Sri Ramana Maharshi*, p. 116.
2 *Talks with Sri Ramana Maharshi*, talk no. 323.
3 *Guru Ramana*, p. 46.
4 *Talks with Sri Ramana Maharshi*, talk no. 445.
5 *Ulladu Narpadu – Kalivenba*, *The Mountain path*, 1981, p. 219.
6 *Day by Day with Bhagavan*, 18th March, 1946.

個體身分

1:1710, **2:**2637, **3:**1460, **4:**1374, **5:**2384, **6:**2541, **7:**1094, **8:**692, **9:**693, **10:**203, **11:**2249, **12:**1447, **13:**2077, **14:**980, **15:**1927, **16:**435, **17:**1006, **18:**327, **17:**2660, **20:**2059, **21:**2649, **22:**2742, **23:**2129, **24:**2426, **25:**2639, **26:**2927, **27:**1181, **28:**2103, **29:**1378, **30:**440, **31:**1136, **32:**1229, **33:**718, **34:**2211 **35:**1385, **36:**1799, **37:**2526, **38:**1484, **39:**835, **40:**836, **41:**837, **42:**838, **43:**701, **44:**1473, **45:**1667, **46:**2830, **47:**1449, **48:**2342, **49:**1252, **50:**2659, **51:**1538, **52:**1070, **53:**2885, **54:**441, **55:**878, **56:**442, **57:**1227, **58:**688, **59:**1305, **60:**1235, **61:**1312, **62:**1376, **63:**2992, **64:**1268, **65:**929, **66:**579, **67:**580, **68:**581, **69:**583, **70:**1459, **71:**1020, **72:**1736, **73:**893, **74:**560, **75:**879, **76:**1015, **77:**2875, **78:**2916, **79:**725, **80:**1606, **81:**690, **82:**691, **83:**1014, **84:**2459, **85:**2264, **86:**148, **87:**1469, **88:**614, **89:**615, **90:**715, **91:**1145, **92:**2761, **93:**2297, **94:**1221, **95:**1137, **96:**2888 **97:**1707, 98:167, 99:2128, **100:**1714, **101:**1685, **171:**1042, **103:**1375, **104:**2298, **105:**1290, **106:**2544, **107:**849, **108:**298, **109:**743,

110:744, **111:**745 **112:**1243, **113:**1206, 1**14:**2874, **115:**2040, **116:**1046, **117:**2415, **118:**2416, **117:**2268, **120:**372, **121:**3029,**132:**515, **123:**516, **124:**1244.

1 *Sri Ramana paravidyopanishad*, cited in *The Power of the Presence*, part three, p. 174.〔譯按：上面頌文編號，是拉克希曼．薩瑪在其著作《拉瑪那至上之知奧義書》(*Sri Ramana Paravidyopanishad*)的原本序號。〕
2 *Five Hymns to Arunachala*, tr. Prof. K. Swaminathan, p. 68.
3 *Self Enquirey, The Collected Works of Sri Ramana Maharshi*, pp. 33-4.
4 *Sri Ramana Darsanam*, pp. 49-50.
5 *Five Hymns to Arunachala*, tr. Prof. K. Swaminathan, p. 125.
6 *Talks with Sri Ramana Maharshi*, talk no. 612.
7 *Talks with Sri Ramana Maharshi*, talk no. 146.
8 *Ulladu Narpadu – Kalivenba, The Mountain path*, 1981, p. 220.
9 *Maharshi's Gospel*, pp. 47-8.
10 *Day by Day with Bhagavan*, 2nd November, 1945.
11 意識繫縛於無覺性所形成的結。—譯註
12 *Maharshi's Gospel*, pp. 80-1.
13 *The Collected Works of Sri Ramana Maharshi*, p. 118.
14 *Talks with Sri Ramana Maharshi*, talk no. 383.
15 *Talks with Sri Ramana Maharshi*, talk no. 404.
16 *Talks with Sri Ramana Maharshi*, talk no. 503.
17 *Day by Day with Bhagavan*, 3rd January, 1946.
18 *Spiritual Instructions*, Collected Works, pp. 63-4.
19 *Letters from Sri Ramanasramam*, 3rd June, 1946.
20 *Talk with Sri Ramana Maharshi*, talk no. 565.

醒、夢、睡三境

1:2961, **2:**1448, **3:**2082, **4:**428, **5:**2168, **6:**1686, **7:**1761, **8:**1673, **9:**1700, **10:**971, **11:**972, **12:**973, **13:**566, **14:**567, **15:**274, **16:**771, **17:**227, **18:**553, **17:**554, **20:**273, **21:**1913, **22:**2267, **23:**1573, **24:**2107, **25:**772, **26:**826, **27:**1273, **28:**2108.

1 *Maharshi's Gospel*, pp. 83-4.
2 *Day by Day with Bhagavan*, 11th January, 1946.
3 *Talks with Sri Ramana Maharshi*, talk no. 609.
4 *Maharshi's Gospel*, pp. 25-6..
5 *Sri Ramana paravidyopanishad*, verse 32, *The Call Divine*, vol. IV, p. 530.
6 *Talks with Sri Ramana Maharshi*, talk no. 609.
7 *Day by Day with Bhagavan*, 21st November, 1945.
8 五個身層之一。—譯註
9 *The Mountain path*, 1969, pp. 108-9.
10 *Day by Day with Bhagavan*, 5th January, 1946.

第五章　實修

1 *Sri Ramana Jnana Bodham*, vol. 8, verse 462.
2 *Sri Ramana Jnana Bodham*, vol. 7, verse 340.
3 *Sri Ramana Jnana Bodham*, vol. 1, verse 683.
4 *Sri Ramana Jnana Bodham*, vol. 8, verse 192.

解脫與靜默

1:1698, **2:**2061, **3:**1744, **4:**894, **5:**895, **6:**610, **7:**548, **8:**2205, **9:**2405, **10:**1503, **11:**1000, **12:**1255, **13:**913, **14:**475, **15:**2877, **16:**2184, **17:**1439, **18:**2570, **17:**1716, **20:**834, **21:**1988, **22:**1888, **23:**694, **24:**2580, **25:**2221, **26:**2399, **27:**1217, **28:**2328, **29:**2114, **30:**2261, **31:**2436, **32:**1511, **33:**2240, **34:**2457, **35:**1924, **36:**839, **37:**1833, **38:**2432, **39:**748, **40:**749, **41:**1345, **42:**877, **43:**750, **44:**752, **45:**753, **46:**754, **47:**758, **48:**762, **49:**763, **50:**764, **51:**765, **52:**766, **53:**767, **54:**768, **55:**1646, **56:**1647, **57:**846, **58:**406, **59:**937, **60:**936, **61:**979, **62:**1976, **63:**820, **64:**1941, **65:**452, **66:**577, **67:**401, **68:**436, **69:**437, **70:**438, **71:**2548, **72:**751, **73:**761, **74:**769, **75:**770, **76:**809, **77:**810, **78:**811, **79:**812, **80:**813, **81:**814, **82:**815, **83:**816, **84:**817, **85:**818, **86:**819.

1 *The Garland of Guru's sayings*, verse 'Bhagavan 28', p. 234.
2 *The Power of the Presence*, part three, pp. 132-3.
3 *Day by Day with Bhagavan*, 22nd November, 1945.
4 *Talks with Sri Ramana Maharshi*, talk no. 266.
5 *Day by Day with Bhagavan*, 5th January, 1946.
6 *Ulladu Narpadu – Kalivenba*, verse 39, *The Mountain path*, 1981, p. 220.
7 *Letters from Sri Ramanasramam*, 20th February, 1946.
8 *Spiritual Instruction*, *The Collected Works of Sri Ramana Maharshi*, pp. 72-3.
9 *Day by Day with Bhagavan*, 24th December, 1945.
10 *Letters from Sri Ramanasramam*, 8th January, 1946.
11 *Maharshi's Gospel*, pp. 31-2.
12 *Talks with Sri Ramana Maharshi*, talk no. 322.
13 *Day by Day with Bhagavan*, 11th January, 1946.
14 *The Power of the Presence*, part three, pp. 131-3.
15 *Talks with Sri Ramana Maharshi*, talk no. 354.
16 *Letters from Sri Ramanasramam*, 19th July, 1947.
17 *Letters from Sri Ramanasramam*, 28th March, 1947.

探究真我

1:1770, **2:**1668, **3:**1193, **4:**321, **5:**821, **6:**300, **7:**2879, **8:**1342, **9:**934, **10:**424, **11:**2105, **12:**459, **13:**425, **14:**892, **15:**276, **16:**518, **17:**1055, **18:**337, **17:**304, **20:**706, **21:**504, **22:**640, **23:**641, **24:**642, **25:**344, **26:**234, **27:**1216, **28:**2921, **29:**998, **30:**356, **31:**2938, **32:**999, **33:**301, **34:**302, **35:**622, **36:**741, **37:**742, **38:**829, **39:**277, **40:**295, **41:**296, **42:**720, **43:**727, **44:**620, **45:**621, **46:**2280, **47:**643, **48:**2368, **49:**2369.

1 *Conscious Immortality*, p. 176.
2 *Talks with Sri Ramana Maharshi*, talk no. 29.
3 *Talks with Sri Ramana Maharshi*, talk no. 222
4 *Maharshi's Gospel*, pp. 24-5.
5 *Maharshi's Gospel*, pp. 78-9.
6 *Talks with Sri Ramana Maharshi*, talk no. 390.
7 *Maharshi's Gospel*, p. 77.
8 *Day by Day with Bhagavan*, 22nd March, 1946.
9 *Maharshi's Gospel*, p. 79.
10 *Talks with Sri Ramana Maharshi*, talk no. 486.
11 *Sat Darshana Bhashya*, p. iii.
12 *Sat Darshana Bhashya*, p. iv.
13 *Truth Revealed*, v. 30, 1982 ed.
14 Question three of *Vichara Sangraham*, translated by Sadhu Om, taken from page 98 of *The Mountain path*, 1982. The word order has been slightly changed in this version.
15 *Talks with Sri Ramana Maharshi*, talk no. 591.
16 *Conscious Immortality*, 1984 ed., p. 54.
17 *Maharshi's Gospel*, p. 47.
18 *Who am I?*, *The Collected Works of Sri Ramana Maharshi*, p. 44.
19 *Day by Day with Bhagavan*, 3rd January, 1946.
20 *The Power of the Presence*, part one, pp. 236-7.
21 *Talks with Sri Ramana Maharshi*, talk no. 596.
22 *Who am I?*, *The Collected Works of Sri Ramana Maharshi*, p. 42.
23 laya另一義是「消融」。—譯註
24 *The Power of the Presence*, part one, p. 56.
25 *Crumbs from his Table*, 1969 ed., pp. 46-7.
26 *Crumbs from his Table*, 1969 ed., pp. 35-6.

臣服、愛及虔愛奉獻

1:2766, **2:**2389, **3:**646, **4:**1246, **5:**623, **6:**2449, **7:**109, **8:**2346, **9:**1706, **10:**235, **11:**904, **12:**231, **13:**1110, **14:**659, **15:**2202, **16:**445, **17:**447, **18:**448, **17:**449, **20:**1970, **21:**2378, **22:**1972, **23:**1973, **24:**352, **25:**1120, **26:**1058, **27:**1853, **28:**2775, **29:**3013, **30:**683, **31:**1394, **32:**2442, **33:**1785, **34:**2317, **35:**510, **36:**1835, **37:**1836, **38:**2867, **39:**2263, **40:**1765, **41:**831, **42:**2481, **43:**2581,

44:1331, **45:**2925, **46:**403, **47:**1170, **48:**1171, **49:**2314, **50:**1762, **51:**2259, **52:**2814, **53:**2316, **54:**2383, **55:**1126, **56:**1882, **57:**1446, **58:**1049, **59:**1389, **60:**2176, **61:**1614, **62:**1516.

1 *Talks with Sri Ramana Maharshi*, talk no. 208.
2 *Maharshi's Gospel*, pp. 22-3.
3 *Ulladu Narpadu – Kalivenba*, *The Mountain path*, 1981, p. 217.
4 *Talks with Sri Ramana Maharshi*, talk no. 28.
5 *The Power of the Presence*, part one, p. 244.
6 *Talks with Sri Ramana Maharshi*, talk no. 244.
7 *The Collected Works of Sri Ramana Maharshi*, p. 125.
8 *Talks with Sri Ramana Maharshi*, talk no. 271.
9 *Day by Day with Bhagavan*, 1st March, 1946.
10 *Talks with Sri Ramana Maharshi*, talk no. 450.
11 *Maharshi's Gospel*, p. 22.
12 Sri Ramana pardvidyopanishad, vv. 232, 233, *The Call Divine*, VI, p. 60.
13 *The Power of the Presence*, part three, p. 125.
14 *Letters from Sri Ramanasramam*, 23rd May, 1947.
15 在此指「五字真言」（濕、婆、耶、那、瑪。）—譯註
16 *Letters from Sri Ramanasramam*, 2nd May, 1948.
17 *Day by Day with Bhagavan*, 7th January, 1946.
18 *Sadakarkuriya Sattana Nerigal*, no. 12.
19 *Letters from Sri Ramanasramam*, 26th April, 1948.
20 *Sat Darshana Bhashya*, p. vi.
21 *Talks with Sri Ramana Maharshi*, talk no. 650.
22 *Sri Ramana paravidyopanishad*, verse 18, *The Call Divine*, vol. IV, p. 18.
23 *Talks with Sri Ramana Maharshi*, talk no. 650.

修行的建議

1:1551, **2:**889, **3:**172, **4:**336, **5:**2635, **6:**1528, **7:**2115, **8:**888, **9:**1844, **10:**2352, **11:**1179, **12:**1022, **13:**850, **14:**1455, **15:**656, **16:**655, **17:**248, **18:**248, **17:**868, **20:**1813, **21:**911, **22:**443, **23:**1679, **24:**345, **25:**1362, **26:**169, **27:**1639, **28:**637, **29:**638, **30:**2303, **31:**824, **32:**1117, **33:**2096, **34:**966, **35:**2394, **36:**1161, **37:**1811, **38:**924, **39:**56, **40:**2213, **41:**2144, **42:**1388, **43:**2230, **44:**1116, **45:**2374, **46:**1931, **47:**1146, **48:**1241, **49:**860, **50:**2385, **51:**884, **52:**2341, **53:**1234, **54:**357, **55:**423, **56:**1001, **57:**1133, **58:**2125, **59:**2255, **60:**255, **61:**2360, **62:**542, **63:**2248, **64:**2138, **65:**1771, **66:**1225, **67:**1226, **68:**977, **69:**1085, **70:**396, **71:**1952, **72:**1569, **73:**1172, **74:**1548, **75:**2290, **76:**2074, **77:**863, **78:**1747, **79:**1149, **80:**1257, **81:**1258, **82:**2081, **83:**1270, **84:**1271, **85:**1682, **86:**2301, **87:**2497, **88:**1098, **89:**358, **90:**520, **91:**658, **92:**2467, **93:**2468, **94:**2556.

1 *Talks with Sri Ramana Maharshi*, talk nos. 26, 27.
2 *Conscious Immortality*, 1984 ed., p.58.
3 *The Power of the Presence*, part three, p. 145.
4 *Who am I?*, *The Collected Works of Sri Ramana Maharshi*, p. 44.
5 *Day by Day with Bhagavan*, 2nd January, 1946.
6 *Day by Day with Bhagavan*, 24th July, 1946.
7 *Talks with Sri Ramana Maharshi*, talk no. 78.
8 *Talks with Sri Ramana Maharshi*, talk no. 485.
9 *Talks with Sri Ramana Maharshi*, talk no. 338.
10 *Talks with Sri Ramana Maharshi*, talk no. 30.
11 *Conscious Immortality*, 1984 ed., p. 200.
12 *No Mind – I am the Self*, p. 103.
13 *Day by Day with Bhagavan*, 28th June, 1946.
14 *Talks with Sri Ramana Maharshi*, talk no. 197.
15 *Talks with Sri Ramana Maharshi*, talk no. 643.
16 *Day by Day with Bhagavan*, 2nd January, 1946.
17 *Day by Day with Bhagavan*, 12th April, 1946.
18 *Talks with Sri Ramana Maharshi*, talk no. 495.
19 *Talks with Sri Ramana Maharshi*, talk no. 502.
20 *Letters from and Recollections of Sri Ramanasramam*, p. 134.

21 *Letters from Sri Ramanasramam*, 19th December, 1946.
22 *Maharshi's Gospel*, p. 28.
23 *Maharshi's Gospel*, p. 82.
24 *Talks with Sri Ramana Maharshi*, talk no. 13.
25 *Talks with Sri Ramana Maharshi*, talk no. 317.

加持、努力及成熟

1:776, **2:**1830, **3:**251, **4:**2392, **5:**872, **6:**2034, **7:**279, **8:**2214, **9:**2194, **10:**1039, **11:**906, **12:**1539, **13:**1131, **14:**1132, **15:**1061, **16:**1062, **17:**1256, **18:**2242, **17:**2126, **20:**2177, **21:**1259, **22:**1260, **23:**1261, **24:**2751, **25:**2231, **26:**2401, **27:**1063, **28:**1621, **29:**960, **30:**2434.

1 *Sadakarkuriya Sattana Nerigal*, nos. 8, 21.
2 *Maharshi's Gospel*. Pp. 35-6.
3 *Letters from Sri Ramanasramam*. This story should have appeared at the end of the letter dated 27th July, 1948, but it was omitted from the English edition. It appears in both the Tamil and Telugu versions of the book.
4 *Day by Day with Bhagavan*, 27th June, 1946.
5 *Crumbs from his Table*, p. 30.
6 *Sat Darshana Bhashya*, p. v.
7 *Talks with Sri Ramana Maharshi*, talk no. 29.
8 *Self-Enquiry, The Collected Works of Sri Ramana Maharshi*, p. 12.
9 *My Reminiscences*, p. 3.
10 *Talks with Sri Ramana Maharshi*, talk no. 249.
11 *Talks with Sri Ramana Maharshi*, talk no. 427.
12 *Letters from Sri Ramanasramam*, 12th September, 1947.
13 *Letters from Sri Ramanasramam*, 29th November, 1947 (volume 2, letter 22).
14 *Day by Day with Bhagavan*, 31st March, 1945.
15 *The Power of the Presence*, part two, pp. 13-14.

第六章　世界及其創造者

1 *Non-Dual Consciousness – the Flood Tide of Bliss, Sri Ramana Anubhuti, verse* 256.
2 *Guru Vachaka Kovai*, verse 55.
3 *Sri Ramana Jnana Bodham*, vol. 5, verse 128.

創造

1:2244, **2:**417, **3:**2243, **4:**1396, **5:**2274, **6:**897, **7:**1123, **8:**1965, **9:**1966, **10:**1017, **11:**608, **12:**1357, **13:**1829, **14:**565, **15:**844.

1 *Talks with Sri Ramana Maharshi*, talk no. 388.
2 *Day by Day with Bhagavan*, 17th February, 1946.
3 *The Power of the Presence*, part one, p. 240.
4 *Spiritual Instruction, The Collected Works of Sri Ramana Maharshi*, p. 58.
5 *Talks with Sri Ramana Maharshi*, talk no. 589.
6 *Guru Ramana*, p. 56.
7 *The Power of the Presence*, part one, p. 262.
8 *Day by Day with Bhagavan*, 21st November, 1945.

觀者及被觀者

1:1197, **2:**136, **3:**1871, **4:**1872, **5:**1873, **6:**2331, **7:**397, **8:**1010, **9:**309, **10:**1317, **11:**2587, **12:**2588, **13:**1670, **14:**898, **15:**224, **16:**1321, **17:**2463, **18:**1851, **17:**414, **20:**729, **21:**2333, **22:**2334, **23:**717, **24:**1307, **25:**969, **26:**519, **27:**1068, **28:**2443, **29:**1196, **30:**1198, **31:**1320, **32:**1344, **33:**1990, **34:**2161, **35:**1945, **36:**1910, **37:**2856, **38:**1939, **39:**1693.

1 *Sri Ramana paravidyopanishad*, v. 147, *The Call Divine*, vol. V, p. 438.
2 *Talks with Sri Ramana Maharshi*, talk no. 25.
3 *Living by the Words of Bhagavan*, p. 236.
4 *Talks with Sri Ramana Maharshi*, talk no. 442.
5 *Talks with Sri Ramana Maharshi*, talk no. 566.

6 *Talks with Sri Ramana Maharshi*, talk no. 53.
7 *Talks with Sri Ramana Maharshi*, talk no. 427.
8 *Five Hymns to Arunachala*, tr. Prof. K. Swaminathan, p. 23.
9 *Day by Day with Bhagavan*, 21st July, 1946.
10 *Day by Day with Bhagavan*, 10th April, 1946.
11 Unpublished translation by Sadhu Om and Michael James.
12 *Maha Yoga*, 1973, p. 72.
13 *Day by Day with Bhagavan*, 18th April, 1946.
14 *Day by Day with Bhagavan*, 17th October, 1946.
15 *Talks with Sri Ramana Maharshi*, talk no. 2.
16 *Day by Day with Bhagavan*, 21st November, 1945.
17 *Aksharamanamalai Vritti Urai*, p. 103.

世界表象背後的真實

1:1894, **2:**1895, **3:**1016, **4:**2068, **5:**985, **6:**886, **7:**774, **8:**1200, **9:**394, **10:**341, **11:**1052, **12:**221, **13:**1399, **14:**967, **15:**2283, **16:**2804, **17:**339, **18:**168, **17:**2664, **20:**2791, **21:**871, **22:**873, **23:**2141, **24:**2142, **25:**1194, **26:**3006, **27:**2903, **28:**498, **29:**2143, **30:**601, **31:**602, **32:**603, **33:**604, **34:**605, **35:**557, **36:**885, **37:**1067, **38:**1053, **39:**2722, **40:**1012, **41:**1013, **42:**1254.

1 *Day by Day with Bhagavan* 19th March, 1945.
2 *Day by Day with Bhagavan*, 19th October, 1945.
3 *Ramana Smrti Souvenir*, '*Tales of Bhagavan*', no. 18.
4 *Talks with Sri Ramana Maharshi*, talk no. 455.
5 *Living by the Words of Bhagavan*, p. 222.
6 五元素指地、水、火、風、空。—譯注
7 *Talks with Sri Ramana Maharshi*, talk no. 33.
8 *Ulladu Narpadu – Kalivenba*, *The Mountain path* 1981, p. 219.
9 *Letters from Sri Ramanasramam*, 24th August, 1946.
10 *Day by Day with Bhagavan*, 7th April, 1946.
11 *Day by Day with Bhagavan*, 29th May, 1946.
12 *Letters from Sri Ramanasramam*, 31st January, 1946.
13 *Talks with Sri Ramana Maharshi*, talk no. 30.
14 *The Power of the Presence*, part one, p. 27.
15 *Sri Ramana Darsanam*, p. 62.

伊濕瓦若與命運

1:1007, **2:**1009, **3:**1030, **4:**1031, **5:**398, **6:**399, **7:**2869, **8:**1867, **9:**987, **10:**921, **11:**922, **12:**2070.

1 *Talks with Sri Ramana Maharshi*, talk no. 589.
2 伊濕瓦若是致使其五項勢能運作，分別為創造、維持、毀壞、障蔽、加持。—譯注
3 *Conscious Immortality*, pp. 10, 180-1.
4 *Letters from Sri Ramanasramam*, 21st November, 1947.
5 *Letters from Sri Ramanasramam*, 11th August, 1946.
6 *The Mountain path* 1982, p. 23.
7 *Conscious Immortality* p. 135.
8 *Sadakarkuriya Sattana Nerigal*, no. 78.
9 *The Power of the Presence*, part one, p. 47.
10 *Day by Day with Bhagavan*, 1st June, 1946.
11 *Talks with Sri Ramana Maharshi*, talk no. 426.
12 原書在此用〔ego〕self，但在*The Collected Works of Ramana Maharshi*及*Gems from Bhagavan*兩書，皆用Self，指真我，細查文意，應是指真我。—譯注
13 *Ulladu Narpadu – Kalivenba*, verse 19, *The Mountain path*, 1981, p. 219.

第七章　正確的知見、正確的行為、正確的態度

1 *Guru Vachaka Kovai*, verse 822.
2 *Guru Vachaka Kovai*, verse 71.
3 *Guru Vachaka Kovai*, verse 849.

宗教及宗教的知識

1:1032, **2:**1033, **3:**1034, **4:**2838, **5:**1035, **6:**537, **7:**538, **8:**539, **9:**540, **10:**1665, **11:**128, **12:**964, **13:**2045, **14:**2235, **15:**2117, **16:**2250, **17:**777, **18:**778, **17:**1846, **20:**2395, **21:**1140, **22:**558, **23:**1932, **24:**1054, **25:**1535, **26:**244, **27:**245, **28:**501, **29:**648, **30:**905, **31:**3008, **32:**2089, **33:**1233, **34:**1571, **35:**1210, **36:**1204, **37:**1355, **38:**1669, **39:**2783, **40:**2359, **41:**1141.

1 *Maha Yoga*, p. 220.
2 *Sri Ramana paravidyopanishad*, verse 61, *The Call Divine*, vol. IV, p. 586.
3 *The Power of the Presence*, part one, p. 271.
4 *Living by the Words of Bhagavan*, p. 218.
5 *Talks with Sri Ramana Maharshi*, talk no. 647.
6 *Living by the Words of Bhagavan*, p. 217.
7 *Talks with Sri Ramana Maharshi*, talk no. 275.
8 *Letters from Sri Ramanasramam*, 2nd July, 1949.
9 *Letters from Sri Ramanasramam*, 1st February, 1946.

死亡與苦難

1:2478, **2:**1750, **3:**1461, **4:**1059, **5:**782, **6:**2266, **7:**1071, **8:**1060, **9:**1857, **10:**1111, **11:**611, **12:**612, **13:**1823, **14:**1293, **15:**2039, **16:**2382, **17:**993, **18:**2038, **17:**968, **20:**2095, **21:**546, **22:**564, **23:**2617, **24:**1604, **25:**1680, **26:**1002, **27:**2110, **28:**1951, **29:**1968, **30:**1004, **31:**595, **32:**618, **33:**3007, **34:**1162, **35:**1122, **36:**597, **37:**563, **38:**712, **39:**1998, **40:**990, **41:**890, **42:**1387.

1 *Self-Enquiry*, *The Collected Works of Sri Ramana Maharshi*, p. 30.
2 *Talks with Sri Ramana Maharshi*, talk no. 396.
3 *Talks with Sri Ramana Maharshi*, talk no. 80.
4 *Talks with Sri Ramana Maharshi*, talk no. 435.
5 *Day by Day with Bhagavan*, 9th March, 1946.
6 *Letters from Sri Ramanasramam*, 11th September, 1947.
7 *Maha Yoga*, p. 228.
8 *Talks with Sri Ramana Maharshi*, talk no. 64.
9 *Maha Yoga*, pp. 227-8.
10 *Sri Ramana Reminiscences*, p. 110.
11 *Living by the Words of Bhagavan*, p. 238.
12 *Talks with Sri Ramana Maharshi*, talk no. 485.
13 *The Power of the Presence*, part one, p. 265.
14 *Talks with Sri Ramana Maharshi*, talk no. 420.

正確的知見、正確的行為

1:901, **2:**2296, **3:**2400, **4:**2493, **5:**2494, **6:**2568, **7:**3004, **8:**1975, **9:**343, **10:**2738, **11:**773, **12:**2233, **13:**2234, **14:**419, **15:**1203, **16:**1593, **17:**1594, **18:**511, **17:**703, **20:**1228, **21:**297, **22:**899, **23:**2714, **24:**606, **25:**1359, **26:**2575, **27:**1792, **28:**616, **29:**1974, **30:**1821, **31:**722, **32:**2228, **33:**1801, **34:**1802, **35:**1358, **36:**342, **37:**963, **38:**657, **39:**2573, **40:**2225, **41:**791, **42:**792, **43:**793, **44:**1655, **45:**1341, **46:**1029, **47:**1023, **48:**486, **49:**790, **50:**2943,, **51:**1849, **52:**1572, **53:**2709, **54:**927, **55:**928, **56:**862, **57:**1989, **58:**1177, **59:**2189, **60:**340, **61:**1683, **62:**2008, **63:**351, **64:**2006, **65:**487, **66:**1075, **67:**1915, **68:**710, **69:**711, **70:**215, **71:**2555, **72:**2453, **73:**2591, **74:**400, **75:**444, **76:**446, **77:**2721, **78:**1466, **79:**1467, **80:**982, **81:**3002, **82:**1166, **83:**709, **84:**2292, **85:**395, **86:**728, **87:**981, **88:**682, **89:**1150, **90:**1658, **91:**627, **92:**1967, **93:**1148, **94:**541, **95:**260, **96:**2072, **97:**2021, 98:1310, 99:1657, **100:**1153, **101:**2758, **171:**1837, **103:**1838, **104:**975, **105:**976, **106:**1088, **107:**2220, **108:**462, **109:**535, **110:**536, **111:**539, **112:**853, **113:**1294, **114:**1659.

1 *Ulladu Narpadu – Kalivenba*, *The Mountain path*, 1981, p. 221.
2 *The Collected Works of Sri Ramana Maharshi*, p. 128.
3 *The Power of the Presence*, part one, p. 49.
4 ashtanga譯為「八支」，通常是指「八支瑜伽」(ashtanga yoga)，八支是：持戒，精進，體位法，調息，內攝，專注，禪定，三摩地。—譯注
5 *Sri Ramana Darsanam*, pp. 40-1.
6 *The Power of the Presence*, part one, p. 234.

7 *Letters from and Recollections of Sri Ramanasramam*, p. 88.
8 *Living by the Words of Bhagavan*, p. 244.
9 *Letters from Sri Ramanasramam*, 6th April, 1947.
10 *Talks with Sri Ramana Maharshi*, talk no. 22.
11 *Talks with Sri Ramana Maharshi*, talk no. 24.
12 *Guru Ramana* Vachana mala, verse 178.
13 *Letters from Sri Ramanasramam*, 20th June, 1947.
14 *Talks with Sri Ramana Maharshi*, talk no. 17.
15 *Talks with Sri Ramana Maharshi*, talk no. 169.
16 *Who am I?, Collected Works*, p. 41.
17 *The Power of the Presence*, part two, pp. 65-6.
18 *Letters from Sri Ramanasramam*, 26th September, 1947.
19 *Sadakarkuriya Sattana Nerigal*, no. 49.
20 *Talks with Sri Ramana Maharshi*, talk no. 653.
21 *Sadakarkuriya Sattana Nerigal*, no. 72.
22 *Sri Ramana Darsanam*, pp. 77-8.

第八章　尊者對穆魯葛納的加持

1 *Sri Ramana Jnana Bodham*, volume 7, verse 851.
2 *Non-Dual Consciousness – the Flood Tide of Bliss, Sri Ramana Anubhuti, verse*, 248.
3 *Sri Ramana Jnana Bodham*, vol. 4, verse 1541.
4 *Sri Ramana Jnana Bodham*, vol. 3, verse 1398.

尊者對穆魯葛納的加持

1:2513, **2:**2514, **3:**252, **4:**1586, **5:**200, **6:**2703, **7:**199, **8:**2149, **9:**431, **10:**2150, **11:**201, **12:**1653, **13:**2433, **14:**229, **15:**526, **16:**2279, **17:**2507, **18:**386, **19:**1554, **20:**155, **21:**382, **22:**1347, **23:**1794, **24:**578, **25:**413, **26:**3049, **27:**2705, **28:**1065, **29:**2949, **30:**258, **31:**1591, **32:**44, **33:**1291, **34:**2308, **35:**1790, **36:**1690, **37:**1789, **38:**1860, **39:**3040, **40:**1824, **41:**1371, **42:**1596, **43:**2800, **44:**1302, **45:**2905, **46:**2634, **47:**2572, **48:**361, **49:**2779, **50:**409, **51:**1507, **52:**157, **53:**3048, **54:**2733, **55:**243, **56:**586, **57:**2277, **58:**3042, **59:**2702, **60:**584, **61:**587, **62:**120, **63:**121, **64:**256, **65:**1891, **66:**2698, **67:**1299, **68:**1864, **69:**2704, **70:**2795, **71:**1336, **72:**2121, **73:**119, **74:**1776, **75:**362, **76:**2719, **77:**647, **78:**2818, **79:**2590, **80:**318, **81:**482, **82:**2119, **83:**1404, **84:**334, **85:**2899, **86:**588, **87:**2227, **88:**1370, **89:**2465, **90:**78, **91:**194, **92:**477, **93:**755, **94:**2210, **95:**1413, **96:**1522, **97:**1561, **98:**2216, **99:**2720, **100:**2785, **101:**355, **102:**3050, **103:**268, **104:**2777, **105:**2754, **106:**1442, **107:**1417, **108:**2430, **109:**1419, **110:**1348, **111:**1300, **112:**2323, **113:**28, **114:**2771, **115:**464, **115:**2270, **117:**2271, **118:**1731, **119:**506, **120:**1719, **121:**379,**122:**490, **123:**1350, **124:**2674, **125:**531, **126:**530, **127:**2789, **128:**2825, **129:**2409, **130:**1843, **131:**26, **132:**2179, **133:**264, **134:**2585, **135:**2825, **136:**1414, **137:**1408, **138:**2945, **139:**115, **140:**1315, **141:**106, **142:**2428, **143:**1418, **144:**2574, **145:**2986, **146:**2586, **147:**2929, **148:**187, **149:**2691, **150:**333, **151:**2464, **152:**2805, **153:**1775, **154:**1440, **155:**591, **156:**2155, **157:**1899, **158:**2755, **159:**1453, **150:**427, **151:**1746, **152:**2438, **153:**942, **154:**2746, **155:**941, **156:**1568, **157:**384, **158:**1222, **159:**1540, **170:**471, **171:**1406, **172:**99, **173:**1702, **174:**2983, **175:**1589, **176:**2984, **177:**1303, **178:**2626, **179:**1918, **180:**1777, **181:**2018, **182:**2363, **183:**2973, **184:**2435, **185:**2411, **186:**463, **187:**156, **188:**667, **189:**757, **190:**1553, **191:**1525, **192:**2826, **193:**2694, **194:**2954, **195:**1527, **196:**412, **197:**2815, **198:**393, **199:**377, **200:**570, **201:**17, **202:**374, **203:**2170, **204:**2841, **205:**2175, **206:**127, **207:**2901, **208:**1402, **209:**2707, **210:**2364, **211:**1403, **212:**2489, **213:**2345, **214:**2604, **215:**2631, **215:**2810, **217:**2612, **218:**2715, **217:**1479, **220:**2215, **221:**1125, **222:**1435, **223:**2715, **224:**1563, **225:**3059.

1 *'Potri Tirumahaval'* , Sri *Ramana Sannidhi Murai*, cited in *The Power of the Presence*, part two, p. 146.
2 *Five Hymns to Arunachala*, tr. Prof. K. Swaminathan, p. 60.
3 *Cherished Memories*, p. 154.
4 *'Keerti Tiruvahaval'* , *Ramana Sannidhi Murai*, cited in *The Power of the Presence*, part two, p. 113.

5 *Five Hymns to Arunachala*, tr. Prof. K. Swaminathan, p. 96.

6 *Five Hymns to Arunachala*, tr, Prof. K. Swaminathan, p. 31.

7 *My Recollections of Bhagavan Sri Ramana*, pp. 110-11.

8 *Padamalai*, vv. 1296, 1295, 1324, 1325.

9 *Padamalai*, verse 1565.

10 *The Power of the Presence*, part two, pp. 127-8.

11 *Guru Ramana*, p. 80.

12 *Cherished Memories*, p. 143.

以下是《真我語類》(*Guru Vachaka Kovai*) 中出現在本書的詩句段落。粗體字是《真我語類》的編號，而冒號後面是該段落出現在英文原書的頁數。

29: 264, **46:**270, **55:**261, **62:**169, **71:**296, **73:**244, **84:**264, **100:**50, **116:**291, **132:**304, **133:**304, **143:**303, **146:**210, **147:**35, **149:**242, **152:**255, **178:**287, **187:**138, **188:**138, **204:**93, **207:**116, **221:**131, **222:**315, **227:**308, **310:**:116, **317:**26, **321:**109, **332:**130, **342:**297, **356:**179, **371:**240, **391:**210, **393:**209,**417:**92, **426:**64, **451:**232, **457:**183, **461:**183, **471:**219, 8326, **494:**332, **412:**250, **418:**212, **431:**353, **532:**353, **547:**85, **553:**178,**570:**174,**574:**328,**597:**284, **599:**255, **623:**318, **634:**253, **646:**159, **648:**252, **656:**112, **659:**222, **668:**174,**698:**294, **705:**134, **745:**209, **745:**209, **745:**209, **753:**251, **755:**212, **759:**87, **760:**180, **765:**75, **773:**343, **774:**343, **791:**318, **796:**196, **791:**318, **791:**318, **804:**120, **826:**319, **837:**171,**849:**296, **876:**269, **877:**269, **885:**146, **901:**32,**902:**236,**912:**248, **920:**143, **926:**315, **927:**316, **928:**316, **929P:**317,**930:**316, **945:**331, **947:**153, **952:**313, **953:**311, **954:**312, **965:**47, **966:**30, **969:**311, **989:**297, **991:**298, **993:**298, **1026:**82, **1028:**158, **1124:**167, **1758:**130,**1159:**131, **1168:**132, **1169:**132, **1170:**132, **1191:**295, **1192:**77, **1237:**55, **1238:**55.

參考書目

Aksharamanamalai Vritti Urai, by Muruganar, pub. Sri Ramanasramam, Tiruvannamalai, 1984.

Be As You Are, ed. David Godman, pub. Penguin, London, 1992.

Bhagavan Sri Ramana, a Pictorial Biography, comp. Matthew and Joan Greenblatt, pub. Sri Ramanasramam, Tiruvannamalai, 1981.

Call Divine, The, journal, published from various addresses in Bombay, starting 1952.

Cherished. Memories, by T. R. Kanakammal, pub. Sri Ramanasramam, Tiruvannamalai, 2002.

Collected. Works of Sri Ramana Maharshi, The, by Ramana Maharshi, pub. Sri Ramanasramam, Tiruvannamalai, 2002.

Conscious Immortality, by Paul Brunton, pub. Sri Ramanasramam, Tiruvannamalai, 1984.

Crumbs from his Table, by Ramanananda Swarnagiri, pub. Sri Ramanasramam, Tiruvannamalai, 1969.

Day by Day with Bhagavan, comp. Devaraja Mudaliar, pub. Sri Ramanasramam, Tiruvannamalai, 1977.

Five Hymns to Arunachala, by Ramana Maharshi, tr. Prof. K. Swaminathan, pub. Sri Ramanasramam, Tiruvannamalai, 2001.

Garland of Guru's sayings, The, by Muruganar, tr. Prof. K. Swaminathan, pub. Sri Ramanasramam, Tiruvannamalai, 1990.

Guru Ramana Vachana Malai, by 'who' (Lakshman Sarma), pub. Sri Ramanasramam,Tiruvannamalai, 1998.

Guru Ramana, by S. S. Cohen, pub. Sri Ramanasramam, Tiruvannamalai, 1980.

Guru Vachaka Kovai(Tamil), by Muruganar, pub. Sri Ramanasramam, Tiruvannamalai, 1998.

Kaivalya Navaneeta, Tandavaraya Swami, pub. Sri Ramanasramam, Tiruvannamalai, 1974.

Letters from and Recollections of Sri Ramanasramam, by Suri Nagamma, pub. Sri Ramanasramam, Tiruvannamalai, 1992.

Letters from Sri Ramanasramam, by Suri Nagamma, pub. Sri Ramanasramam, Tiruvannamalai, 1985.

Living by the Words of Bhagavan, 2nd ed., by David Godman, pub. Sri Annamalai Swami Ashram Trust, Tiruvannamalai, 1995.

Maha Yoga, by 'who' ,(Lakshman Sarmb), pub. Sri Ramanasramam, Tiruvannamalai,1974, 2002.

Maharshi's Gospel, pub. Sri Ramanasramam, Tiruvannamalai, 1994.

Mountain Path, The, journal, pub. Sri Ramanasramam, Tiruvannamalai.

My Recollections of Bhagavan Sri Ramana, by Devaraja Mudaliar, pub. Sri Ramanasramam, Tiruvannamalai, 1992.

My Reminiscences, by Balaram Reddy, pub. Sri Ramanasramam, Tiruvannamalai, 1996.

Ninaivil Niraindavai (Tamil), by T. R. Kanakammal, pub. Sri Ramanasramam, Tiruvannamalai, 1995.

No Mind – I am the Self, by David Godman, pub. Bhanumathy Ramanadham, Gudur,A. P. ,1988.

Non-Dual Consciousness – the Flood Tide of Bliss, Sri Ramana Anubhuti, by Muruganar, tr. Robert Butler, pub. Ramana Maharshi Centre for Learning, Bangalore, 1998.

Power of the Presence, The, parts one, two and three, edited by David Godman, pub.David Godman, Boulder, Colorado, USA, 2001, 2002.

Ramana Maharshi and the Path of Self-Knowledge, by Arthur Osborne, pub. B. I. Publications, New Delhi, 1970.

Ramana Smrti Souvenir, pub. Sri Ramanasramam, Tiruvannamalai, 1980.

Sadakarkuriya Sattana Nerigal (Tamil), by Muruganar, pub. Sri Ramana Mandiram, Madurai, 1996.

Sat Darshana Bhashya, by 'K' (Kapali Sastri), pub. Sri Ramanasramam, Tiruvannamalai, 1975.

Self-Realization, by B. V. Narasimha Swami, pub. Sri Ramanasramam, Tiruvannamalai, 1993.

Sri Ramana Anubhuti, volume two, (Tamil), by Muruganar, pub. Dharmalaya Publications, Madras, 1961.

Sri Ramana Darsanam, by Sadhu Natananananda, pub. Sri Ramanasramam, Tiruvanamalai, 2002.

Sri Ramana Gita, by Ganapati Muni, pub. Sri Ramanasramam, Tiruvannamalai, 1998.

Sri Ramana Jnana Bodham (Tamil), nine volumes, by Muruganar, pub. New Delhi Ramana Kendra, New Delhi, 1978 to 1996.

Sri Ramana Reminiscences, by G. V. Subbaramayya, pub. Sri Ramanasramam, Tiruvannamalai, 1967.

Talks with Sri Ramana Maharshi, comp. Munagala S. Venkataramiah, pub. Sri Ramanasramam, Tiruvannamalai, 1984.

Truth Recealed, by Ramana Maharshi, pub. Sri Ramanasramam, Tiruvannamalai, 1982.

Ulladu Narpadu (Tamil), by 'Yaar' (Lakshman Sarma), pub. Sri Ramanasramam, Tiruvannamalai, 1979.

Who am I? by Ramana Maharshi, unpublished translation based on one done by Sadhu Om and 4,38:1

Power of the Presence, The, partsone, two and three, edited by David Godman, pub. David Godman, Boulder, Colorado, USA, 2001, 2002.

詞彙表

本書中的許多專業術語在出現時都有解釋或定義，以下列表包含那些在出現頁面上沒有定義的術語。

濕婆典籍（Agamas）：描述祭祀儀軌的濕婆經文。

我（aham）：一般指「我」。有關其他可能性，請參見第六十七頁。

不智（ajnana）：無知；更具體地說，是不知曉真正的智慧。真知的表現就是直接體驗到真我。

未悟者（ajnani）：未覺醒的人；那些沒有真知（jnani）覺受的人。

幸福（ananda）：極度歡喜；是體驗真我而產生的幸福。

真我實相（Atma swarupa）：自己的真實本性。關於這個術語在本書中的用法，請參見第六十三頁的簡要說明。

阿特曼（Atman）：真我。當它與其他術語組合出現時，也偶爾會拼寫成Atma。

三境（avasthas）：交替出現的三種狀態：醒、夢、睡。

拜讚歌（bhajan）：獻給印度教神明或上師的敬虔歌曲。

信徒（bhakta）：信徒（devotees）。

虔愛（bhakti）：對神的虔誠。

至上究竟、究竟實相、梵（Brahman）：印度教無人格的究竟實相。

從「知」反射的光（chidabhasa）：「知」中的虛幻反射，顯示出心思投射在其中的世界圖像。

知（chit）：「知」，這個字不是「無意識」（unconsciousness）的反義詞，而是真我明覺（Self-awareness）的直接體驗。

知—無覺性（chit-jada）：字面上的意思是「知—惰性」，它是把「知」束縛或限制在身體上的虛幻約束。見第二三四頁。

供養（dakshina）：傳統上由弟子贈與上師的金錢禮物。

觀視（darshan）：看到上師，或被上師或神所看到。

法則、戒律、原則（dharma）：有多種含義，取決於上下文。它可能指正確的行為、道德義務、神聖法律或宗教傳統。

禪定（dhyana）：當拉瑪那尊者使用這個術語時，他通常指的是集中注意力於某個相或思惟的觀想。

蓋亞曲神咒（gayatri）：吠陀咒語，對太陽祈求，許多印度教徒每天都會吟唱。

三德（gunas）：構成心靈和物質表現的三種基本品質。更多細節請參見第二〇四頁。

這個（idam）：在本書中，用來表示由「我」（即感知者）所看到或思考的對境。

持咒（japa）：重複神的名號，或其他一系列神聖的詞語或音節組合而成。

生命個體（jiva）：靈魂、靈體；個體自我。見第六十三頁。

即身成就者（jivanmukta）：獲得解脫的人；有時這個術語意味著某人在仍然活著的時候就參透真我，而不是在死亡的那一刻才得到解脫的人。

真知（jnana）：真正的知識、真實之智；對真我這一實相的直接體認。

悟者（jnani）：直接意識到自己即是「真知」的人；開悟的人。

卡利紀元（Kali Yuga）：印度教宇宙論中一個漫長的時期，又劃分為四個更小的單位，其中卡利紀元是最後一個。我們目前正處於卡利紀元時期。

林伽（lingam）：圓頂的石柱。置於每一間濕婆寺廟的內壇中，信徒認為它是神的化身。

摩訶偈語（mahavakyas）：「大格言」；特別指奧義書中四個關鍵聲明，宣告實相的本質以及人的本質即實相。

靜默（mauna）：寂靜，拉瑪那尊者對於無念的真我體驗，最喜歡使用的同義詞。見第一四二頁。

幻象（maya）：摩耶、幻覺；使虛幻世界看起來真實的力量。

解脫（moksha）：解脫；更確切地說，從生死輪迴的循環中解脫出來。

解脫者（mukta）：獲得解脫的人。

解脫（mukti）：精神解脫；開悟的狀態。

無私功德（nishkamya punya）：不帶有特定動機進行的善行累積的功德。

精進（niyama）：積極盡義務或依教奉行。見「持戒」一條。

帕達姆（Padam）：字面上是「腳」的意思；「真我」的同義詞。在本書中，穆魯葛納用這個字描述或代表拉瑪那尊者。

米粥（payasam）：一種甜粥，通常由牛奶、糖、穀類和其他調味成分製成。

頌釋（Pozhippurai）：一首詩的散文白話翻譯；詳情請參見第五十八頁。

遺忘真我（pramada）：健忘；更確切地說，是對真我的遺忘。

今世業力（prarabdha karma）：人在一生中必須經歷的命定行為和體驗；神賦予特定轉世的劇本。

供品（prasad）：神聖的供品；任何奉獻給神或上師的東西，在部分或全部歸還給捐贈者或公開分配後，就成為prasad。

祭儀（puja）：又譯作普迦，對印度教神祇的崇拜。

功德（punya）：通過執行善行而積累的功德。參見「無私功德」一條。

羅闍（rajas）：躁動或活躍、興奮；三種構成心思和行為的品質之一。更多詳情請參見第二〇四頁。

自性上師（Sadguru）：又作真實上師，完全開悟的上師，安住於「在」（sat）、一切存在之基礎、實相之中。

修行（sadhana）：靈性修行；獲得解脫的途徑。

苦行者（sadhus）：全職的求道者，已放棄世俗責任以尋求開悟。

自然（sahaja）：意為「自然」；拉瑪那尊者用來指稱永久且最高層次的真我體驗。見第一三五頁。

濕婆信徒（Saiva）：崇拜者或崇拜者濕婆的人；形容詞，意為「與濕婆有關」。**濕婆教派（Saivism）**是用來表示將濕婆視為最終神祇的印度教分支的術語。

沙克提（sakti）：意為「力量」；更具體地說，是創造和維持宇宙的力量。這種力量通常被擬人化為女性神祇。

三摩地（samadhi）：對真我的直接但暫時的體驗，通常在一種恍惚的狀態中，沒有感知到身體或世界；這個術語也用來描述聖者的墳墓。

生死流轉（samsara）：個體靈魂在解脫之前，不斷經歷生死輪迴；也泛指世俗生活。

心識印記（samskaras）：心理傾向和習慣，通常是從前世帶來的。

經典（sastras）：經書典籍。

在（sat）：存在、實相、真理。

在、知、喜（sat-chit-ananda）：存在、真知、幸福。

薩埵（**sattva**）：純淨、和諧；三種構成心思和表現的品質之一。更多詳情請參見第二〇四頁。

薩埵（**satvam**）：同上。

平靜（**shanti**）：安寧，當人直接體驗到真我時所感受到的寧靜。

成就者（**siddha**）：成就者；悟者。

成就（**siddhi**）：達到的成就；更確切地說，是參透真我的成就。

神通（**siddhis**）：超自然的力量。

濕婆之知（**Sivam**）：濕婆的真實之知；真我。參見第一五七頁。

振動（**sphurana**）：一種悸動，一種脈動；拉瑪那尊者通常將其與“aham”、「我」、**我的振動**（**aham-sphurana**）相提並論，在這種情況下，代表持續地體驗到真實的我、真我。見第二八八頁。

保持安靜（**summa iru**）：「靜下來」；「保持安靜」。

客體認知（**suttarivu**）：虛假的認知，把自己分裂為觀者和對境。更多詳情請參見第二〇八頁。

實相（**swarupa**）：自己真正的本性；真我。見第六十三頁。

答摩（**tamas**）：懶惰、遲鈍；三種構成心靈和表現的品質之一。見第二〇四頁了解更多詳情。

苦行（**tapas**）：艱苦的精神實踐，通常涉及身體的苦修，目的是除去精神上的雜質。見第六十六頁。

實相（**tattva**）：真理；事物的本質；在濕婆教派中，有無數被稱為“tattva”的分支，描述並分類了實相的性質。

三重性（**triputis**）：「觀者、觀、所觀之物」之間的三重結構。

教誨（**upadesa**）：教法；通常是上師給弟子的教導。

觀想（**upasana**）：定於神的形體。

無執著（**vairagya**）：不熱衷；不附著。

習性（**vasanas**）：心理傾向；潛在的欲望和感覺，迫使人以特定的方式行事。見第六十五頁。

吠陀（**Vedas**）：印度教的最高經典權威。包括奧義書（Upanishads），是吠壇多（Vedanta）哲學的原始文本。

探究（**vichara**）：探究；當拉瑪那尊者使用此術語時，他特指探究真我的實法門。

頌註（**Vilakkam**）：解釋。有關詳細信息，請參見第五十八頁。

持戒（**yama**）：持戒與**精進**（**niyama**）是與世界和他人打交道的行為規範。

劫（**yugas**）：請參見卡利紀元一條。

真我 10

真我精粹
印度靈性導師拉瑪那尊者教誨進階版
Padamalai

Teachings of Sri Ramana Maharshi

作者 穆魯葛納 Muruganar
編注 大衛．高德曼 David Godman
譯者 蔡神鑫 Sheng-hsin Tsai
美術 Lucy Wright
總編輯 劉粹倫
發行人 劉子超
出版者 紅桌文化／左守創作有限公司
http://undertablepress.com
104 臺北市中山區大直街 117 號 5 樓
Fax: 02-2532-4986
印刷 約書亞創藝有限公司
經銷商 高寶書版集團
114 臺北市內湖區洲子街 88 號 3 樓
Tel: 02-2799-2788 Fax: 02-2799-0909
書號 ZE0159
ISBN 978-626-96032-7-5
初版 二〇二四年五月
新台幣 五五〇元
法律顧問 詹亢戎律師事務所

Padamalai : Teachings of Sri Ramana Maharshi
Chinese Translation by Sheng-hsin Tsai

undertablepress.com
117 Dazhi Street, 5F, 10464 Taipei, Taiwan

Printed in Taiwan.

國家圖書館出版品預行編目(CIP)資料

真我精粹：印度靈性導師拉瑪那尊者教誨進階版 / 穆魯葛納(Muruganar) 著；大衛．高德曼 (David Godman) 編注；蔡神鑫譯．-- 初版．-- 臺北市：紅桌文化，左守創作有限公司，2024.5

512 面；14.8*21 公分．--（真我；10）
譯自：Padamalai : teachings of Sri Ramana Maharshi
ISBN 978-626-96032-7-5(平裝)

1.CST: 印度教 2.CST: 靈修

274　　112002387